이제부터 아주 위험한
이야기를 하겠습니다
: 검열의 나라에서 페미니즘-하기

이제부터 아주 위험한 이야기를 하겠습니다

검열의 나라에서 페미니즘 - 하기

리인허 지음　김순진 옮김

arte

자신의 개성에 풍격을 주는 것,
그것은 숭고하면서도 보기 드문 예술이다.

진정한 자아는 드러나거나 발견되는 것이 아니라
창조되어야 하는 것이다.

왜 나는 성을 연구하는가

성에 대한 연구는 줄곧 논쟁으로 가득했다. 중국에서는 특히 그러했다. 왜냐하면 지금까지 중국에서 성은 즐길 수는 있지만 말해서는 안 되는 것이었기 때문이다. 그것은 인간 본성의 작은 약점이면서 모든 사람의 어두운 구석에 숨겨진 '더러운' 비밀이었다. 성과학이 그 더러운 비밀을 학술적 언어로 당당하게 폭로하자 작가와 독자 들은 다른 학문 분야에서는 경험하지 못한 불편함을 느꼈다.

종종 사람들은 "왜 성을 연구해요?" 하고 내게 묻는다. 처음에는 신경 쓰지 않았지만 그 질문을 많이 받으면서 나 자신도 스스로 묻지 않을 수 없었다. '나는 도대체 왜 성을 연구하는 것일까?'

답은 이렇다. 중국에서 성을 연구한다는 것은 모험과 위험을 무릅쓰는 도전이자 규범을 벗어나는 도발과 같으며, 심지어 전위적인 반역처럼 여겨지기 때문이다. 하지만 진짜 원인은 내가 성장한 환경을 따라가 보고 싶었기 때문이다. 나는 1950년대에 태어나 1960년대에 청춘기에 들어섰고, 1970년대에 결혼을 이야기한 세대에 속한다. 그 30년 동안 '성'은 중국에서 괴물이었다. 공공장소 어디에서든 그것은 공개적으로 모습을 드러낸 적이 없다. 하지만 은밀한 곳이라면 어디에든 항상 있었다. 왕샤오보王小波의 말을 인용하면, 당시에는 '밝은' 쪽과 '어두운' 쪽이 나뉘어 있었다. '밝은' 쪽에 있던 사람들의 얼굴과 '어두운' 쪽에 있던 사람들의 얼굴이 달랐다. '밝은' 상황에서 하는 말과 '어두운' 상황에서 하는 말이 달랐다. 그리고 '성'이라는 화제는 분명 '어두운' 세계에 속했다.

그 30년 동안 성이 사회의 어둠 속에 있었기 때문에 사회 전체의 성 관념은 상당히 왜곡되고 비정상적이었다. 집에서는 술을 마시면서 바깥에서는 물을 권하는 사람도 있었고, 말로는 도덕군자인 척하면서 온갖 지저분한 짓거리를 하는 사람도 있었다. 그러지 않는 사람들은 유치할 정도로 천진하고 순수하고 수줍음을 탔다. 지금까지도 사람 몸에 있는 기관 중 뇌, 심장, 손, 발, 이러한 기관들과는 아주 다른 의미와 중요성이 성적인 기관에 부여되었다. 마치 성이 모든 죄악의 집결지, 이른바 '모든 죄악의 우두머리'인 것처럼, 성과 관련된 모든 것을 심하게 막으려고 했다. 정상적이지 않은 이러한 현상이 내게 호기심을 불러일으켰다. 나는 중국인이 왜 성적인 문제에서 이렇게 왜곡되고 변태적이고 억압적인지 분명히 밝히고 싶었다.

중국인들은 성의 영역에 있는 많은 것이 인간의 기본권리와 관련이 있다고 생각하지 않을 것이다. 예컨대 이런 질문 말이다. 자위를 해도 될까? 여성이 먼저 성적 요구를 할 수 있을까? 동성애 파트너와 결혼할 수 있을까? 사도마조히스트들이 친목 단체를 조직해도 될까? 성을 표현한 문학이나 그림 또는 영상물을 합법적으로 구매하거나 즐겨도 될까? 자신의 몸을 팔아도 될까? 스리섬을 해도 되나?

중국 문화는 줄곧 의무를 강조하고 권리를 홀시해 왔다. 사람들은 의무를 다하기 위해 자신의 권리를 희생하는 데 익숙하다. 우리 문화에서 개인의 권리는 종종 사회와 국가의 이름 아래 억압받았다. 에리히 프롬Erich Fromm은 유럽 중세를 언급하면서 당시에는 아직 '개인'이 형성되지 않았다고 말했다. 현대 중국에서 사람들이 사회와 국가 그리고 문화의 이름으로 성이 드러나지 못하도록 억압하는 것은 바로 '개인'이 아직 형성되지 않았기 때문이다. 그래서 의무는 좋은 것이고 권리는 나쁜 것으로 여긴다. 의무를 다하는 것은 미덕이고 권리를 요구하는 것은 사악한 일이다. 의무를 다하면 상을 받지만 권리를 요구하면 비난을 받는다. 중국인들은 이미 경제, 정치, 신체 안전과 같은 개인의 권리를 어느 정도 요구할 수 있게 되었지만, 성의 영역에서 개인이 어떠한 권리를 지니는지에 대해서는 아무런 의식이 없다. 개인의 성적 권리 신장에 대해서는 누구도 떳떳하게 말하지 못한 채 마음을 졸이고 숨을 죽인다.

문화대혁명 중에 황당할 만큼 도덕적으로 순수한 분위기가 형성되었던 영향으로 오랜 시간 중국은 '성을 언급하면 안색을 바꾸는' 사회 분위기 속에 있었다. 도덕적 보수파는 사회를 도덕적으로 깨끗하게 하여 최대한 금욕주의로 향하게 하려는 목표를 포기하지 않았다. 그들은 일부 사람들의 보수적 도덕관념에 순응해서(혹은 그것을 이용해서) 다른 사람들의 권리를 억압했다. 한편 중국에서 일부 사람들이 현대화된 도시 생활을 영위하게 된 후, 개인주의가 점차 응당한 지위를 얻게 되었다. 그리고 사람들은 개인주의를 자신만을 챙기는 이기주의와 구분하게 되었다. 사람들은 점점 더 자신의 권리를 생각하게 되었고, '준집단quasigroup'이 '이익집단'이 되기도 했다. 그들은 자신의 권리를 이용해서 이익을 실현하고 한 인간의 보편적 권리와 함께 이익집단 성원으로서의 특수한 권리를 쟁취하고 지키기를 희망했다. 이러한 갈등 속에서 성과 관련된 권리가 중국인들의 시야에 들어오게 되었다.

내가 성에 대한 연구를 선택한 것은 이 영역이 사회학의 전통적 연구 영역의 하나이기 때문이기도 하지만, 더욱 중요한 것은 성이 현대 중국인의 삶에서 억압이 가장 심하고 딜레마가 가장 큰 영역이자, 지식인이 전문 지식으로 사회발전을 추동하는 최전방 진지이기 때문이다.

나는 이 분야를 선택해 연구했고, 연구에서 얻은 깨달음을 대중 앞에 공개했다. 돌멩이 하나가 큰 파장을 일으키자 어떤 사람들은 환호했고 어떤 사람들은 몹시 원망했다. 누구는 나를 영웅이라고 했고 누구는 내가 지옥으로 떨어질 것이라고 경고했다. 하지만 이런 반응에 아무런 느낌도 들지 않았다. 그저 지금 중국에는 분명 이러한 목소리, 이러한 논리, 이러한 논쟁이 필요하다고만 느꼈다. 그렇지 않다면 사람들이 이렇게 흥분할 리가 없었다.

이 책은 나의 생각과 글을 엮은 것이다. 블로그에 쓴 글도 있고 과거에 했던 연구도 있다. 여하간 성 연구 영역에서 내가 했던 탐색이고 느낀 점이다. 학술적 영역 밖에도 내 생각이 널리 전해져 성에 관한 혼란스럽고 잘못된 관념이 바뀌기를 희망한다. 그리고 건강한 성 관념을 세우는 데 조금이나마 힘이 되기를 희망한다.

✦ 차 례 ✦

일러두기

· 책은 겹낫표(『 』), 글과 논문 등은 홑낫표(「 」), 잡지·신문 등은 겹화살괄호(《 》),
  영화·그림·음악은 홑화살괄호(〈 〉)로 묶었다.
· 본문의 각주는 모두 옮긴이 주다.
· '여권주의女權主義'와 '여성주의女性主義'는 맥락상 구분이 필요한 경우를 제외하고는
  모두 '페미니즘'으로 옮겼다.
· 중국어 고유명의 경우는 원어 발음에 따라 표기했다.
  단, 한글 독음 표기가 국어와 유사해 의미 파악이 더 쉬운 경우 일부는 예외로 두었다.

1

젠더

정치적 권리 면에서 양성의 평등을 쟁취하고,
다른 방면의 차이는 인정하고 유지한다.

여권주의의 바른 명칭

오랜 시간 중국에서 여권주의는 요물 취급을 받았다. 중국 여성 작가 대표단이 해외에서 강연할 때 그들은 모두 "나는 절대 여권주의자가 아닙니다"라고 먼저 분명하게 밝혔다고 한다. 나는 그 안에 숨은 의미가 다중적이라고 생각한다. 한 가지 의미는 '내가 쓴 소설은 일반적인 의미에서의 문학이지 여권주의 문학이 아닙니다'라는 것이다. 또 한 가지는 '나는 현모양처이고 정상적인 여자이지, 여성 투사이거나 여성 동성애자가 아닙니다'라는 의미이다. 그리고 한편으로 '나는 남자를 미워하지 않고 좋아합니다'라고 말하는 것이다. 어떤 의미에서든 그 뒤에 숨은 논리는 모두 '여권주의는 좋은 것이 아니'라는 것이다.

중국의 주류 담론에서 인권人權이든 여권女權이든 또는 공민권公民權*이든 '권'이라는 글자는 비교적 민감하고 '소란'과 쉽게 연결된다. 그래서 일부 여권주의를 찬성하는 사람들이 온화한 느낌을 주기 위해 여권주의를 여성주의로 바꾸어서, 듣기에 그다지 민감

---

* '국민권'을 뜻한다. 중국은 중화인민공화국의 국민이라는 의미로 '공민'이라는 용어를 사용하는데, '공민권'은 법적 의미를 지닌 용어이기 때문에 그대로 가져왔다. 마찬가지로 이 책에서는 '국민'의 개념에 해당하는 '공민'이라는 용어를 그대로 사용했다.

하지 않고 그다지 세 보이지 않게 만들었다. 하지만 사실 이는 자신과 다른 사람 모두를 기만하는 것이다. 왜냐하면 여권주의와 여성주의는 모두 페미니즘feminism이라는 같은 용어이기 때문이다.

내가 보기에 여권주의와 중국 전통사회는 이중적으로 충돌한다. 하나는 허구적 충돌이고, 또 하나는 사실적 충돌이다.

허구적 충돌은 사람들이 상상하는 여권주의의 모습에서 일어난다. '여권주의는 남성을 미워하고 남성과 적대적이다.' '여권주의자는 모두 못생긴 여자들이고 결혼할 수 없는 노처녀들로, 하나같이 고독한 생활로 인해 이상해졌다.' 이런 생각이 바로 그 여성 작가들이 있는 힘껏 자신을 변호해야 했던 이유이다.

사실 여권주의에는 여러 갈래가 있다. 급진파도 있고 온건파도 있다. 자유주의 여권주의가 있고 사회주의 여권주의도 있다. 자유주의 여권주의가 공평한 출발과 공평한 기회를 강조한다면, 사회주의 여권주의는 실질적인 평등과 분배의 보장을 더욱 강조한다. 하지만 관점과 주장이 다른 각각의 여권주의에도 공통점이 한 가지 있으니, 바로 성평등을 주장하는 것이다. 이러한 의미에서 중국의 주류 이데올로기는 여권주의적이다. 왜냐하면 성평등이 중국의 국가정책이기 때문이다. 또 이러한 의미에서 중국 여성 절대다수가 여권주의자일 뿐만 아니라, 중국 남성 절대다수 역시 여권주의자이다. 이 점을 인정하는 것을 부끄러워할 필요가 없다. 5·4운동 이후 바로 남성 지식인들이 앞장서서 서구 여권주의 사상을 중국으로 들여오고 여성의 권리를 옹호하는 대변인이 되었다. 공산당이 정권을 잡은 이후, 성평등은 줄곧 주류 이데올로기로 인정과 지지를 받고 있다. 이는 누구도 부정할 수 없는 역사적 사실이다.

여권주의는 중국에서 늘 주류 이데올로기였고, 따라서 여권주의에 대한 사람들의 애매한 태도는 허구적 충돌이다.

또 다른 면에서 중국에는 몇천 년 동안 남성 권력이 통치했던 역사가 있기 때문에 여권주의와 중국 전통 가치의 충돌이 실제로 존재한다. 예컨대 성별에 따른 이중적 잣대가 여전히 존재하고, 성공한 남성이 '내연녀'를 두는 추악한 현상에 대해 속으로는 부러워하고 질투한다. 이러한 유치한 잘못을 저지를 수 있다는 것도 남성 중심 사상이 여전히 실재하고 있음을 증명한다. 여권주의는 여전히 중국 사회에 내재하는 남성쇼비니즘과 충돌을 일으키고 있다.

결론적으로 말해서, 중국에서 우리는 여권주의를 위해, 성평등 의식을 위해 그 이름을 신중하게 바로 세워야 한다. 우리의 정치생활, 경제생활, 사회생활 그리고 가치관 속에 있는 남성쇼비니즘을 반대하고, 여성이라는 젠더에 대한 질시를 반대해야 한다. 전국인민대표대회와 각계 지도자 대열에서 여성이 차지하는 비율을 높이고, 사회 생산노동에서 여성이 차지하는 비율을 높이고, 여성의 평균임금 수준(현재는 남성 평균임금의 70퍼센트 정도이다)을 높이고, 가정생활에서 여성의 지위를 높이기 위해 노력해야 한다. 사회 전체에서 성평등을 전면적으로 실시하자는 여권주의의 주장이 성평등을 실현한 이상적 사회를 만들 것이다.

✦

여자이기 전에 인간이다

나의 여성관은 아마도 조금 '앞선' 것으로 서구 포스트모던 페미
니즘 관점에 가깝다. 그 기본 관점은 전통적인 여남 양성의 구분을
점차 없애야 한다는 것이다.

나는 여성은 어떠해야 하고 남성은 어떠해야 한다는 기존 관점
이 모두 반드시 정확하지는 않다고 본다. 그런 구분은 사람들이 생
각하는 것처럼 '자연적인 것'이나 '천성적인 것'이 아니라 문화가
만들어 낸 것이다. 그리고 시간이 지나면서 '자연적'이라고 여겨질
정도로 '내면화'되었다.

내가 보기에 여자는 먼저 인간이고 나서 그다음에 여자이다. 카
를 마르크스Karl Marx는 "다른 사람이 가진 것은 나도 모두 가지고
있다"라고 말했다. 그렇다면 남자가 지닌 것을 왜 여자는 가질 수
없는가? 포스트모던 페미니스트들은 소위 여성의 기질을 규범화
하는 것에 대해 강하게 비판한다. 그들은 이것이 남성문화가 여성
에게 가하는 억압의 수단이라고 여긴다. 포스트모던 페미니스트
들은 젠더 문제에서 본질주의를 반대한다. 그들의 주요한 논점은
양성과 그 특징을 분명하게 양분하는 것을 부정하는 데 있다. 그
들은 여성의 특징을 육체적, 비이성적, 온유함, 모성적, 의존적, 감

정적, 주관적, 추상적 사유 능력의 부족 등으로 철저하게 일반화하는 데에 찬성하지 않는다. 마찬가지로 남성의 특징을 정신적, 이성적, 용맹함, 넘치는 공격성, 독립적, 이지적, 객관적, 추상적·분석적 사유 능력 등으로 일반화하는 데에도 찬성하지 않는다. 그들은 여남의 젠더적 특징이 자연적이지 않고 고정적이지 않다고 강조한다. 모든 남성 개인과 모든 여성 개인은 천차만별이고 천태만상이다. 그들은 모든 것을 이분법적으로 보는 서양철학의 사유 방식에 반대한다. 그래서 그들은 성별 대립적인 이원 구조를 '남존여비'에서 '여존남비'로 뒤엎는 작업을 하려는 것이 아니다. 그들은 이 구조 자체를 철저하게 뒤엎어 성별에 따른 특징이 다원적이면서 다양한 계조(그러데이션)를 포함한 색표준 체계를 만들고자 한다. 이러한 관점이 현실과 동떨어져 보이고 매우 이해하기 어렵게 들리겠지만, 매우 큰 매력을 지니고 있음은 분명하다. 그것은 우리가 기존의 모든 논쟁에서 벗어나 젠더 문제를 이해하는 데 새로운 세계를 열어 줄 수 있다.

최근 몇십 년 동안, 중국 언론에서도 여성의 '남성화' 문제에 대해 토론하고 있다. 이 토론은 포스트모던 페미니스트들과 같은 문제를 다루고 있지만 방향은 완전히 반대이다. 포스트모던 페미니즘은 젠더 구분을 모호하게 하고자 노력한다. 여성을 더욱 '남성적'으로 만들고, 남성을 더욱 '여성적'으로 만드는 것이다. 하지만 중국 언론은 오히려 모호해진 젠더 차이를 다시, 여자는 '더욱 여자처럼' 남자는 '더욱 남자처럼' 만들고자 한다.

분명 중국에서는 1950년대에 성인 여성들이 가정에서 나와 사회 생산 활동에 참가하도록 독려한 이후 '성별을 구분하지 않기'가

풍조가 되었다. 그것은 현실에서 불평등한 여남의 사회적 지위에 대한 도전이자 남존여비라는 전통 관념에 대한 도전이기도 했다. 이러한 풍조는 '문화대혁명' 시기에 최고조에 이르렀다. 여성은 남성과 똑같은 일을 해야 했으며, 알게 모르게 양성의 생리적이고 심리적인 차이까지 감추어질 정도였다. 그 시대에 스스로 '남성적 기질'이 있다고 여기거나 남성들에 의해 '남성적 기질'이 있다고 여겨지는 여성들이 만들어졌다. 당시에 여성들은 자신의 여성적 특징을 감추려고 했다. 여성적 특징을 드러내고 싶은 생각은 시대에 뒤떨어진 낙후한 발상이라고 여겨 부끄러움을 느꼈다. 몇십 년간 잠자고 있던 여성들의 젠더 의식이 1980년대 이후 다시 수면 위로 떠올랐다. 가장 분명하게 드러난 것은 여성들이 다시 옷과 화장을 중요하게 여기기 시작한 점이다. '여성적 특징'을 표현하려는 의식은 깨어나자마자 매우 세찬 열기를 띠었다. 그리고 각종 언론 매체에서 앞다투어 여성 의식의 부활을 대량으로 다루었다.

하지만 이전 몇십 년 동안 진행된 여성의 '남성화'를 부정하는 과정에서 잘못을 바로잡으려다 오히려 지나친 경향이 나타났다. 그리고 이러한 경향은 본질주의에 근접한 사상으로 표현되었다. 여성은 인류 생명의 직접적인 창조자이고 양육자이기 때문에 본능적으로 생명을 사랑하는 마음을 지니며, 이러한 천성으로 인해 문화적으로 독특한 의식과 심리를 지니게 되었다는 주장이다. 따라서 여성은 마땅히 생명의 창조자이자 양육자로서의 능력을 발휘해 어머니로서 그리고 여성으로서 고유한 사회적 구실을 해야 한다는 것이다. 이러한 본질주의적 사상이 몇몇 방면에서 드러났으며, 의문 역시 생겨났다. 먼저, 여성이 아이를 낳고 기를 수 있기 때문에 '본능적'으로 생명을 사랑한다는 가정이다. 하지만 남성 역시 생명을 위해 정자를 기여했으니 생명의 '직접'적인 창조자인데 왜 그들은 '생명에 대한 본능적인 열정'이 없는 것일까? 다음으로, 남성문화는 '생명을 기계화하고' 여성문화는 인간의 '생물적 특성'을 강조한다고 가정하는데, 이것은 근거가 없다. 이러한 말은 남성을 '문화culture'와, 여성을 '자연nature'과 연결시키는 서양의 특정 견해와 조금도 다르지 않다. 그리고 이러한 구분은 본질주의적이다. 이러한 본질주의적 젠더 관념이 사회의식 속으로 깊이 파고들었고, 때로는 심지어 과학적 지식으로 표현되기도 했다. 예를 들어 '여성은 남성보다 논리적으로 사유하지 못한다', '여성은 감성이 강하고 남성은 이성이 강하다'라고 말이다.

중국의 전통적 젠더 관념이 서양과 크게 다른 점이 있다면 서양 사람들은 종종 양성의 관계를 투쟁적인 관계로 보지만 중국인은 오랜 시간 여성과 남성의 관계를 협조적이고 보완적으로 보았다는 사실이다. 음양의 조화, 음양의 보완이라는 관념은 줄곧 사람들의 마음속에 매우 깊이 자리해 왔다. 하지만 그렇다고 해서 중국인들이 본질주의적 입장에서 벗어난 것은 결코 아니다. 즉 어떤 특징은 '남성적 기질'로, 어떤 특징은 '여성적 기질'로 일반화하고 이러한 기질이 태생적으로 형성되었다고 여긴다.

본질주의적 입장을 반대하는 포스트모던 페미니즘은 매우 전복적이다. 왜냐하면 그것은 근본적으로 소위 여성과 남성이라는 분명한 이분법을 부정하기 때문이다. 음양 이분법을 확고하게 믿는 중국인들이 이러한 입장을 받아들이기는 쉽지 않다. 심지어 서양 사람들보다 더 받아들이기 어려워한다. 이것은 형식적으로 보자면 프랑스혁명과 영국혁명으로 비유할 수 있다. 프랑스혁명은 억압도 반항도 강렬했다. 양자는 결코 양립할 수 없었다. 결과적으로 유혈혁명이 있어났고 공화정이 건립되었다. 하지만 영국혁명은 온화하고 온건했으며 쌍방이 계속 타협과 양보를 했다. 결과적으로 평화로운 '명예혁명'이 있었고 군주제를 유지했다. 성평등이 진행되는 과정에서 서양의 페미니스트들은 흥분하고 격앙되어 크게 분노하고 기세등등했다. 대립하고 적대시하는 정서가 팽배했다. 하지만 중국의 부녀운동은 온화하고 온건하며 평온하다. 외유내강하며 조화를 이루고 보완하는 분위기가 있다. 하지만 바로 이러한 이유 때문에, 중국인들에게 본질주의적 관념을 버리는 일에 어쩌면 서구보다 더 어렵고 긴 시간이 필요할지도 모르겠다.

✦

여남 '차이'에 관한
다섯 가지 입장

서양 페미니즘 역사에서 '차이'는 가장 논쟁적이고 가장 중요한 개념이다. 젠더 관계에서 평등을 쟁취할지 아니면 차이를 유지할지는 페미니즘 이론의 핵심적인 문제이다. 도대체 여성은 남성과의 평등을 쟁취해야 하는가 아니면 차이를 유지해야 하는가? 이 난제는 시종 페미니즘 사조와 여성운동을 휩감고 있다. 그래서 같음과 다름의 문제는 페미니즘 이론 논쟁에서 가장 많은 관심을 불러일으키는 문제가 되었다.

개괄적으로 말해, 이 문제에는 다섯 가지 입장이 있다.

1. 양성은 서로 다르다: 남존여비, 부권제, 남권제

2. 양성은 서로 같다: 성평등, 사회주의 페미니즘

3. 양성은 서로 다르다: 성평등, 자유주의 페미니즘

4. 양성은 서로 다르다: 여존남비, 문화적 페미니즘과 급진적 페미니즘

5. 양성 혼합: 양성의 경계가 분명하지 않기에 높고 낮음을 구분하기 어렵다, 포스트모던 페미니즘

이 다섯 가지 입장은 병존하기는 하지만, 입장들의 주요한 영향력은 기본적으로 시대에 따라 흥하기도, 잦아들기도 했다. 전통적인 젠더 관념은 남자는 강하고 여자는 약하다, 남자는 존귀하고 여자는 미천하다, 남자가 중심이고 여자는 따르는 존재다, 남자는 바깥일을 하고 여자는 집안일을 한다는 주장으로 나타났다. 양성의 구별과 차이를 강조하고 이를 젠더 불평등의 기초로 삼았다. 하지만 현대의 젠더 관념에서는 양성의 차이를 강조하지 않고 '양성은 모두 같다'고 하며 남성 기질과 여성 기질에 대한 고정관념을 비판한다. 이어서 부정의 부정이 생겨나 페미니즘은 또다시 양성의 차별을 강조한다. 하지만 더욱 급진적이고 극단적인 사람들은 여성의 기질에 이전에 없던 가치를 부여해 각종 '여존남비'의 문화와 윤리 그리고 도덕관념을 발굴해 냈다. 마지막에는 포스트모던 젠더 관념이 양성의 경계를 약화시키고 질적인 이분법을 양의 차이로 대체하고자 했다.

젠더 차이의 문제에서 첫 번째 입장은 전통적인 남권제 사상이다. 이는 양성이 당연히 하늘과 땅의 차이만큼 다르고 남존여비는 지극히 자연스럽고 정상적인 질서라고 여기는 사상이다. 이러한 관점은 이미 몇천 년간 성행해 왔다. 하지만 의식 있는 많은 사람이 점점 이를 공정하지 못하고 정의롭지 못하며 구태의연하다고 여기게 되었다.

과거 수천 년 동안 이러한 관점은 당시의 사회 현실과 상호 보완하며 인과관계를 이루었기에 많은 뛰어난 사상가조차 그 관점에서 벗어날 수 없었다. 지혜롭고 유명한 사상가들이 남존여비의 시각을 지니고 있었다. 이따금 나는 이전 사람들을 지나치게 책망

해서도 그들의 예견력에 너무 높은 기대를 해서도 안 된다고 생각한다. 당시의 사회 현실에서는 여자들이 평생 사적영역에만 머물러야 했다. 공적영역에서는 결코 여성들이 능력을 발휘할 수 없었다. 기득권 집단에 속한 사람이 주변부의 이익과 요구를 알 수 있기를 바란다면 그것은 너무 과한 욕심이다. 젠더 문제에서 사람들을 유감스럽게 만든 많은 대사상가의 천박한 견해는 사실 당시 사람들의 일반적인 시각에 불과했을 뿐이다. 그렇기 때문에 우리는 그것이 고명하지 않다고 말할 수 있을 뿐 특별히 깔볼 수는 없다. 오히려 21세기의 대변혁과 여성들이 살아가는 환경이 크게 변한 이후에도 여전히 이러한 입장을 지닌 사람들이야말로 정말 약도 없는 사람들이다.

젠더 차이 문제의 두 번째 입장은 초기 페미니즘의 관점으로, 양성에 아무런 차이가 없기에 성평등을 쟁취해야 한다는 입장이다.

여성운동의 첫 번째 시기(19세기)에 페미니스트들은 여성과 남성이 본질적으로 다르지 않으며 교육 등의 후천적 원인으로 인해 등급이 나뉘어졌다고 여겼다. 원래 차이가 없기 때문에 양성은 평등해야 한다는 것이다. 시몬 드 보부아르Simone de Beauvoir는 이성적인 각도에서 차이를 부정했다.

여성과 남성 사이에 차이가 없다는 사상을 분명히 담은 기록물은 1588년에 처음 등장했다. 프랑스 계몽주의 사상가 미셸 드 몽테뉴Michel de Montaigne는 "나는 남성과 여성이 같은 틀에서 만들어졌다고 생각한다. 만일 교육과 풍속을 염두에 두지 않는다면 양성의 구별은 크지 않다"라고 말했다. 이러한 입장을 지닌 페미니스트들은 양성이 차이를 지니고 있음을 인정하기는 했지만 양성의 비슷한 점이 다른 점보다 훨씬 우세하다는 사실을 반드시 강조하려 했다.

남자와 여자는 당연히 다르다. 하지만 그들의 차이는 낮과 밤, 하늘과 땅, 음과 양, 삶과 죽음처럼 그렇게 다르지 않다. 사실 자연의 관점에서 보자면 남자와 여자는 그들과 산, 혹은 캥거루나 카카오와 같은 많은 다른 사물과의 관계보다 더 가깝다. 남자와 여자의 차이가 그들과 다른 사물의 차이보다 크다는 관점은 분명 자연에 부합하지 않는다. (…) 서로 배척하는 젠더 정체성은 자연의 차이를 드러낸 것이 아니라 자연의 유사성을 억압하는 것이다. 이러한 억압에 사용된 기준은 남성은 '남성'적 특징에 근거한 부분적 틀이고 여성은 '여성'적 특징에 근거한 부분적 정의이다. 젠더의 각기 다른 기준은 남녀를 막론하고 모든 사람의 개성적 특징이 드러나는 것을 억압한다.

젠더 문제에서 양성이 다르다고 여기는 입장에서부터 양성이 같다고 주장하고, 다시 차이를 강조하는 부정의 부정에 이르기까지, 모두 프랑스 페미니스트들이 가장 먼저 주장했다. 1970년대 중반에 후기구조주의 페미니스트들은 보부아르의 관점에 반대했다. 그들은 차이를 강조하며 남성의 기준을 자신에게 요구하지 말라고 주장했다. 프랑스 현대 페미니즘 학자 뤼스 이리가레Luce Irigaray는 정치의 중심을 반작용식 대응에서부터 남성의 가치에 반대되는 긍정적 가치를 인정하는 것으로 바꾸고, 성평등을 전제로 여성과 남성의 차이를 강조해야 한다고 주장했다. 이러한 주장이 나온 직접적 원인은 이전의 페미니즘이 여성의 특징을 없앴다고 여겼기 때문이다.

미국의 현대 페미니즘 학자 케이트 밀릿Kate Millett 역시 이러한 관점을 지녔다. 그녀는 "남성과 여성은 확실히 서로 다른 문화에 속해 있다"라고 말했다. 이러한 관점은 차이를 과장하는 것도 반대하지만 차이를 축소하는 것도 반대한다. 즉 '알파 편견'과 '베타 편견' 두 유형의 편견을 동시에 반대해야 한다고 주장한다. 알파 편견은 차이를 과장하는 것을 가리킨다. 알파 편견이 있는 이들은 여성과 남성이 서로 받아들일 수 없는 대립적인 자질과 특징을 가진다고 여긴다. 베타 편견은 차이를 홀시하거나 축소시키는 것을 가리키는데, 베타 편견이 있는 이들은 남성의 특징만 중요하게 여긴다.

중국에서 이러한 관점의 전형적인 표현은 다음과 같다. "남녀 해방 과정에서 여성에 대한 새로운 견해가 많이 생겨났다. 예를 들어 '남녀가 모두 같다'며 남성이 우세하다는 시각에서 여성을 끌어올리려는 견해가 있다. 그리고 현재 서양 학계를 풍미하는 '포스트모던'은 '반反본질주의'의 기치 아래 남녀 양성 사이의 '질'적인 차이를 단호히 거부하고 더욱 철저하게 여성해방을 하려고 한다. 하지만 정치적으로나 이론적으로 어떠한 입장을 취하든 간에 남녀는 여전히 다르다. 최소한 지금까지 상당히 긴 시간 동안, 타고난 '생리적' 차이 그리고 바꿀 수 없는 '역사적' 차이가 여전히 남녀 양성이 완전히 똑같을 수 없는 '집단 운명'을 구성하고 있다. 많은 남자와 여자는 여기서 벗어날 수 없다." "생물학 결정론을 반대한다는 의미에서 나는 보부아르의 입장에 찬성한다. 하지만 이러한 생물학적인 차이가 사회적 존재로서의 여성에게 '아무런 의미가 없다'고는 생각하지 않는다. 여성이 남성보다 '못하다'는 것을 증명할 수는 없지만 분명 여성이 남성과 '달라지게' 할 수는 있다."

이러한 견해에서는 여성과 남성이 서로 같다는 관점에 찬성하지도 않지만 양성의 경계를 말살하는 관점에도 찬성하지 않는다. 성평등을 주장하지만 차이도 굳건하게 인정한다.

네 번째 관점은 비교적 급진적이고 극단적인데, 양성의 차이를 인정하며 이러한 구별에서 여성이 비교적 뛰어난 쪽에 있다고 여긴다. 예를 들어 여성이 남성보다 더 윤리적이고 도덕적이라고 본다. 여성의 자기희생, 모성, 배려의 윤리가 자기중심적이고 잔인하며 공격성과 경쟁을 중시하는 남성의 도덕 기준보다 높다고 여긴다. 미국의 현대 페미니스트이자 윤리학자인 캐럴 길리건Carol Gilligan은 저명한 『다른 목소리로』*에서 과거의 윤리는 정의와 권리에만 주목하고 책임은 낮게 평가하여 여성의 독립성을 박탈하고 여성 기질의 우월성을 부정했다고 주장했다.

이러한 관점은 전도된 생리 결정론이라는 비판을 받기도 한다. 이런 관점은 양성의 기본적 구별을 인정할 뿐만 아니라 그중 여성 기질을 높이 평가하여 페미니즘 혹은 동성애의 정치적 어젠다에 포함시킨다. 예를 들어 평화, 관심, 양육과 같은 여성적 특징을 찬미하고 공격성, 호전성, 파괴성을 전형적 특징으로 하는 남성적 특징을 낮게 평가한다. 19세기 여성 다윈주의자 엘리자 갬블Eliza Gamble은 '지구의 어머니', '대지의 여신'을 찬미한다. 그녀는 다윈의 주장을 반대하면서 여성이 본질적으로 남성보다 뛰어나다고 주장했다. 이와 똑같이 남성 동성애자를 변호하는 학자는 남성 동성애자가 매우 뛰어나게 민감해서 예술적 창조성이 더욱 많고 감

* 캐럴 길리건 지음, 허란주 옮김, 『다른 목소리로』, 동녘, 1997.

정적으로 더욱 발달했기 때문에 이성애 남성보다 우월하다고 주장하기도 한다.

사회학자 벤 애거Ben Agger는 말했다. "남녀의 구별을 강조하는 것이 여성들이 가장 기뻐하는 해방이다. 여성들은 더 이상 남성의 세계에 참여할 필요가 없을 뿐 아니라 남성의 세계를 넘어설 수 있다. 남성은 이런 비선형적 상상력을 박탈당했다."

양성의 차이를 강조하는 행위는 페미니즘 운동에서 분명한 전략적 동기를 지닌다. 페미니즘 운동에는 전략상 차이를 최소화하는 세력과 차이를 최대화하는 세력이 있다. 예를 들어 투표권을 놓고 싸울 때, 전자는 여성이 남성과 같은 면이 비교적 많고 다른 면이 별로 없다고 강조한다. 그래서 남성처럼 투표권을 가져야 한다고 주장한다. 하지만 후자는 양육에 대한 생각이나 도덕성이 강한 점 등 여성적 장점을 강조하면서 선거권을 가져야 한다고 주장한다. 1960년대와 1970년대에는 차이 최소화 세력이 우위를 차지했지만, 1980년대 이후에는 차이 최대화 세력이 우위를 차지했다.

1990년대 들어와 페미니즘에서 새로운 사조가 일어났는데, 이 사조는 근본적으로 두 가지로 구분하는 사유의 틀을 반대한다. 이들은 양성의 경계는 사실 모호해서 구분하기 어렵다고 여기고, 한 발 더 나아가 양성 사이의 경계를 해체해야 한다고 주장한다. 젠더 문제에 대한 이러한 생각은 포스트모던 사조와 다원문화주의의 영향을 받았다.

이들은 과거에 사람들 마음속에 있던 차이는 항상 상하 등급으로 양분되어 있었는데 이는 마땅히 비판받고 부정되어야 할 사유 방식이라고 생각한다. 이들은 같음 속에 차이가 있고 차이 속에 같음이 있다고 주장한다. 또 과거 양분된 세계의 대립 정치와는 다른 차이의 정치를 주장한다. 사람들은 각각의 차이가 있지만 반드시 그 차이가 대립적이거나 확연하게 양분되지 않고, 검은색과 흰색을 양 끝에 놓고 다양한 간색을 채워 나가는 색표준 체계와 같다고 본다. 그들의 눈에 젠더 문제는 단순하게 양극으로 분화된 것이 아니라, 복잡하고 다면적이며 동태적인 체계이다.

포스트모던 존재론에서는 존재성의 전통적 틀을 부정하고 정신과 몸이라는 이분법적 틀을 극복하기 위해 애쓴다. 그들은 몸은 변할 수 있는 것이지 타고난 것이 아니라고 주장한다. 심지어 페미니즘이 초기에 주장했던 생물학적 성과 사회적 성이라는 고전적인 구별을 반대한다. 그리고 생물학적 성은 자연적, 생리적, 육체적인 것이고, 사회적 성은 정치적, 문화적인 것이라는, 지금까지 지배적 지위를 차지했던 보편적 시각을 부정한다. 그들은 생물학적 성 역시 사회가 만들어 낸 흔적이라고 여긴다.

같음과 다름의 문제에서 차이를 강조하는 것은 일찍이 파시즘이 인간에게 등급을 매기는 기초이기도 했다. 차이에는 사실 '~보다 못하다'는 의미가 있다. 생리 결정론과 본질주의의 기본 관념은 일부 사람들이 다른 사람들보다 저급하다는 사유이다. 같고 다름의 문제에서 딜레마는 현실 생활의 요구에서 비롯한다. 현실 생활에서 차이를 부정하는 것은 옳지 않다. 왜냐하면 현실에서 두 성의 요구에 차이가 있고 서로 다른 대우를 필요로 하기 때문이다. 이는 주로 아이를 낳고 양육하는 방면의 차이에서 드러난다. 하지만 양성의 차별을 인정한다면 마치 여성과 남성이 불평등한 상황에 대한 근거를 찾아 주는 것과 같다.

내가 보기에 젠더의 같고 다름의 문제는 사실 단순한 원칙에 근거해 처리하면 된다. 정치적 권리에서는 성평등을 실천해야 하지만 다른 방면의 차이는 승인하고 유지해야 한다. 젠더 문제에 관한 입장을 단기적 전략과 장기적 전략 두 측면으로 나눌 수 있다. 단기적인 전략 면에서는 양성의 동일성을 강조해 현실 생활에서 성별과 상관없이 평등한 권리를 쟁취해야 한다. 하지만 장기적인 전략 면에서는 남성과 여성의 젠더 신분을 없애고 개인의 차이는 남겨 두어 풍부하고 다채로운 개성이 실현되기에 충분한 조건을 만들어야 한다.

✦

남권제 비판

지금까지 전 세계의 대다수 문화는 남권제를 형성하고 수천 년 동안 지속해 왔다. 소수의 예외가 있을 뿐인데, 예를 들어 인류학자 마거릿 미드Margaret Mead가 연구한 섬나라 문화와 차이화蔡華가 연구한 중국 윈난성 모쒀摩梭 문화가 그러하다. 그래서 단언컨대 남권제는 초문화적인 현상이다.

페미니즘 이론이 천차만별이기는 하지만 어떤 점에서는 최고의 일치를 보여 준다. 바로 "남권제는 '자연적'인 것도 영원한 것도 아니며, 인위적으로 만들어진 것이다"라는 점이다. 사실 최근 100년 사이에 이미 큰 변화가 발생했다. 그리고 이러한 변화는 페미니즘 이론가와 실천가 들의 노력과 관련이 있으며, 거세게 일어난 여성 운동의 직접적인 결과이다.

개괄적으로 말해 남권제는 다음과 같은 내용을 포괄한다.

첫째는 남성 통치이다. 정치, 경제, 법률, 종교, 교육, 군사, 가정 어디에서든지 권위적 지위는 모두 남성의 것이다. 남성의 기준으로 여성을 평가하지만 그 반대는 아니다. 예를 들어 남성 대통령에 대해 신문에 이렇게 실렸다고 상상해 보라. "나는 그가 여성스러운 훌륭한 대통령이 될 수 있을지 궁금하다." 아마 모든 사람이 어색해하고 이런 말은 있을 수 없다고 느낄 것이다. 하지만 신문에서 여성 대통령 경선자에 대해 "나는 그녀가 남성스러운 훌륭한 대통령이 될 수 있을지 궁금하다"라고 평하는 것은 매우 '자연스럽고' 흔히 볼 수 있는 일이다.

둘째는 남성 정체성이다. 무엇이 좋고, 지향할 만하고, 추구할 만한지 혹은 정상인지에 관한 핵심적인 문화적 관념은 늘 남성, 남성적 성격과 연결되어 있었다. 예를 들어 인류mankind를 나타낼 때는 '남성'인 '그man'를 사용한다. 남성은 무대 앞에 있고 여성은 배경이다. 여성은 주변화되고 규범 밖의 인간으로 내몰리며 예외가 된다. 남자는 바깥이고 여자는 안이라는 전제 아래 돈을 버는 노동은 일로 여기고 돈을 벌지 않는 집안일은 일이라고 생각하지 않는다.

셋째는 여성 객체화이다. 남성들이 일을 하고 거래를 하면서 여성을 객체로 사용한다. 여성의 창조력을 제약하고 가로막으며, 여성이 사회적 지식과 문화적 성취를 거둘 수 있는 다양한 영역을 접하지 못하게 한다. 여성의 성적 요구와 성적 즐거움을 부정하며, 남성의 성을 여성에게 강요한다. 여성의 노동력을 착취하고 그 생산물을 규제한다. 육체적으로 여성을 속박하고 여성의 활동을 막는다. 문화 이데올로기와 정보에서 여성을 낮게 평가하고 여성의 역할, 일, 생산물, 사회적 환경을 폄하한다. 부호 디자인에는 여성 비하가 은밀하게 내포되어 있다. 사회구조는 사회의 최고 권력 시스템에서 여성을 배제하도록 유도한다.

넷째, 남권제의 사유 틀이다. 그중에 이분법적 사유가 있다. 즉 이것 아니면 저것이라는 사고방식으로 모든 사물을 흑과 백 양극으로 나누고 그 중간에 있는 상태를 무시한다. 예를 들어 양강陽剛과 음유陰柔, 주체와 객체, 이지와 감정, 영혼과 육체, 선과 악 등으로만 세상을 파악한다. 또한 시간과 역사 모두 직선적으로 발전한다고 여기고 순환을 홀시하는 선형적 사유 방식, 다르지만 높낮이의 구분이 없는 사물이 있음을 홀시하는 등급 사유가 있다. 때문에 남성이 여성을 통치하는 것은 신 혹은 자연이 여성이 남성에게 복종하도록 시킨 것이라고 본다. 신 혹은 자연이 남성에게 이성, 논리, 지력, 영혼과 같은 품성을 주고, 여성에게는 혼란한 감정, 통제할 수 없는 정욕 등의 다른 품성을 주었다고 말함으로써 여성을 주변화한다.

오늘날 사회에서 남성 엘리트들은 더 이상 여성이 이등 공민으로 태어났다는 말을 감히 하지 못한다. 어떤 부류의 사람이 다른 사람보다 열등하다는 말은 21세기 담론에서 합법성을 상실했다. 하지만 젠더를 차별하는 담론과 관념은 여전히 공공 담론의 무대에서 내려가지 않고 있다. 성평등의 사업은 아직 길고도 험난한 과정에 있다.

✦

중국의 성평등은
어디까지 왔는가

　중국인은 성평등을 쟁취하기 위해 많은 우여곡절을 겪었다. 몇천 년간 중국은 기본적으로 남권 지상의 사회였다고 해도 크게 틀리지 않는다. 중국에서는 남성이 제1의 성이고 여성은 제2의 성이라는 것이 기본 사실이었다. 물론 그래도 서양과 비교해 중국만의 문화적 특색이 있다. 예를 들어 중국 가정에서 어머니의 지위는 종종 서양 가정에서보다 높다. 하지만 그렇다고 이러한 점이 여성이 열등한 지위에 처해 있다는 기본 사실을 바꾸지는 못한다.

　중국공산당 혁명의 승리는 여성의 사회적 지위를 크게 개선시켰다. 여러 방면에서 그 원인을 찾을 수 있지만 가장 주요한 것은 대부분의 여성이 사회 노동에 참가하게 되었다는 점이다. 개혁개방 이전 수십 년 동안 젠더는 중요하지 않은 요소였다. 성평등을 강조하는 기본 정신은 '시대가 달라졌다, 남자와 여자는 모두 같다'는 것이었다. 이러한 사회환경에서 성장한 신세대 여성들은 자신의 '여성적 특징'을 홀시하거나 심지어 덮어 버리려는 성향을 지니게 되었다.

　개혁개방 이후, 중국은 젠더 문제에서 풍조가 완전히 바뀌었다.

많은 여성과 남성이 다시 '여성적 특징'을 발견했고 많은 사람이 그것을 갈망하고 '여성이 될' 권리를 획득한 즐거움에 새롭게 빠져들었다. 화장품업과 의류업의 비약적 발전이 이러한 변화의 증거이다. 그리고 이러한 변화의 극단적 양상은 '전업주부' 집단의 출현이다.

중국 개혁개방 이후의 여성지위 문제에 대해 서구 페미니즘계의 시각은 여러 가지이다. 예를 들어 해리엇 에번스Harriet Evans는 중국이 1978년 이후에 가정을 다시 경제, 사회 그리고 도덕의 중심으로 만들었고, 다시 일부일처제를 강조했으며 가정에서의 여성지위에 자긍심을 키워 주었다고 말했다. 그래서 여성들은 더 많은 자유를 얻어야 할 때, 가정 밖의 활동에 더 많이 참가해야 할 때, '가정이야말로 여성들의 기본적인 사회 책임이 있는 곳'이라는 말을 듣게 되었다고 말이다.

나는 이러한 현상이 주로 농촌의 '가정 생산량 도급제'*에서 비롯했다고 생각한다. 이 문제는 도시와 농촌으로 나누어서 봐야 한다. 도시에서는 '여성이 집으로 돌아가는' 문제가 존재하지 않았다. 누군가 이러한 건의를 하기는 했지만 여성계의 강렬한 반대에 부딪혔고 지금은 실시할 가능성도 없다. 여성 취업이 여러 가지 어려움을 맞고는 있지만, 1979년에서 1988년까지 10년 동안 성진城鎭**의 여성 취업 증가율은 줄곧 남성보다 높았다. 연평균 성장률은 4.9퍼센트로 전국 노동자의 연평균 성장률보다 1.27퍼센

---

* '가족 단위 농업생산 책임제'라고도 함.
** 도시와 읍.

트 높았다. 1982년과 1990년을 비교하면 도시에서 금융, 문화와 교육, 방송, 보건, 체육, 사회복지, 서비스업, 기관 단체 등의 분야에서 여성 노동자 수는 21퍼센트에서 78퍼센트 정도로 증가해 남성 노동자 수의 증가 속도를 넘어섰다.

농촌에서는 가정이 생산대*를 대신해 새롭게 생산 단위가 되었다. 하지만 이러한 점이 여성에게 어떤 영향을 주었는지는 분명하지 않다. 무엇보다, 집단 생산 시기에도 농민의 생활 기본 단위는 계속 가정이었고, 개혁개방 전후에도 아무런 변화가 없었다. 다음으로, 가정을 단위로 한 생산이 결코 여성이 온전히 가정으로 돌아가 집안일만 했다는 것을 의미하지는 않는다. 여성은 다양한 생산 노동에 참가했다. 예를 들어 양식업에 종사하는 노동자의 절대다수는 여성이었고, 여성이 중심인 양식업 경영 농가가 많았다. 심지어 농업에서도 여성이 가정에 벌어 오는 수입이, 남성의 수입을 넘어서는 경우가 많았다. 또 많은 지역에서 남성들이 밖에 나가 일하게 되면서 여성들이 농업 노동에서 주요한 노동력이 되었다. 마지막으로 많은 여성이 연해 지역과 도시로 흘러가 여공을 반기는 신흥 향진기업**과 삼자기업三資企業***으로 투입되었다. 통계에 따르면, 주변에 있는 성의 농촌에서 주강삼각주珠江三角洲****로 흘러 들

---

* 농촌 부흥을 위해 중국의 인민공사 시기에 만들어진 농업생산 작업 조직이다. 1958년부터 1984년까지 존재했다.
** 중국 농촌지역에서 생산과 판매, 경영을 공동으로 시행하는 기업 형태.
*** 중국 내의 외국 독자 기업, 중외 합자 기업, 중외 합작 기업의 통칭.
**** 주강 하구에 위치한 광저우, 홍콩, 선전, 마카오를 연결하는 삼각지대로 '세계의 공장'으로도 불렸다.

어간 노동자 중에 여공이 대략 60퍼센트를 차지한다. 이러한 중국의 상황을 해외 연구자들은 모두 등한시하고 있다. 21세기에 중국 여성은 가정 밖의 생산 활동에 더욱 활발하게 참여하고, 그로 인해 가정에서의 지위 역시 높아질 것으로 예측된다.

세계적으로 21세기에 가정은 더욱 다원화될 것이다. 가족구조가 더욱 핵가족화되어, 가족 규모는 더욱 작아질 것이다. 독신이 증가하고 동거하는 사람이 증가할 것이다. 이혼율이 증가하고 자녀가 없는 가정과 한부모가정 역시 증가할 것이다. 주요한 원인은 세 가지로, 첫 번째로 높아지는 가사 노동의 사회화 비중을 들 수 있다. 탁아소와 유아원 사업의 발전, 가사 노동 서비스업의 발전, 패스트푸드 배달업의 발전, 세탁업의 발전 등등을 그 예로 들 수 있다. 두 번째로 소형 가전이 더 많이 보급되어 가사 노동의 강도를 낮추고 노동시간을 단축시킬 것이다. 세 번째로는 남성이 가사를 분담하는 비율이 높아지고 이로 인해 여성의 가사 노동 부담이 줄어들 것이다.

한마디로, 세계적 범위에서 살펴보든 중국의 상황에서 살펴보든 21세기에 가정에서 여성의 지위는 높아질 것이다. 여성의 생활 영역은 더욱 넓어져 가정이 중심이던 삶에서 사적영역과 공적영역을 같이 중시하는 삶으로 변할 것이다. 전 세계에서 여성지위가 높아짐으로써 양성 관계는 더욱 조화롭고 충돌은 더욱 적어질 것이며 세계는 더욱 아름답게 바뀔 것이다.

✦

관습과 성평등

    신문보도에 따르면, 어느 나라에서는 탈레반이 정권을 잡은 5년 간 여성의 직업 활동이 대부분 금지되었고, 하이힐을 신는 것도 금지되었으며, 남성 친척이 동행하지 않으면 거리에 나갈 수도 없고, '얼굴을 내놓고' 다닐 수도 없게 되었다고 한다(여성들이 얼굴을 가리지 않았다는 이유로 거리에서 경찰에게 채찍질당하는 모습을 뉴스에서 보았다). 심지어 간통 행위로 사형에 처해지기도 한다. 1950년대 이후 출생한 중국인들이 이러한 상황을 보면 대부분 깜짝 놀라고 상상할 수 없는 일이라고 여길 것이다. 만일 여성이라면 그런 끔찍한 사회에서 살지 않는다는 사실을 기쁘게 생각할 것이다.

    관습과 관념은 무형의 힘이다. 그것이 여성에게 가하는 억압과 금지는 소홀히 여길 수 없다. 잠재적인 관념과 드러난 사실 사이에는 인과관계가 있다. 나라마다 풍속과 인식이 서로 같지는 않지만, 오늘날 세계에서 여성의 사회적 역할에 대한 문화적 규범에는 비슷한 점이 많다. 예를 들어 여성을 온유하고 약소하며 온순한 존재로 규정하고 여성이 낮은 자리에 만족하기를 바란다. 여성이 남성에게 순종하기를, 남성의 이익을 위해 자신을 바치고 희생하기를, 남성에게 의지하기를 요구한다.

성평등을 반대하는 사람들은 여성이 남성보다 못하다는 것을 증명하기 위해 종교와 신학에서 경전이나 고사를 끌어오기도 하고 생리학과 심리학 같은 과학에서 근거를 찾기도 한다. 탈레반보다 많이 깨어 있고 앞서 있다는 서양 사회에서조차 마음속으로는 속된 관습에서 벗어나지 못한다.

서양의 기독교문화는 여성에 대해 두 가지 중대한 부정적 평가를 했다. 첫 번째로 여성을 모든 악의 시초로 꼽았다. 인류 최초의 타락이 하와가 선악과를 훔쳐 먹어서 생겼기에 그는 인류가 에덴 동산에서 쫓겨나도록 만든 원흉이다. 여성에 대한 두 번째 부정적 평가는 여성이 남성의 종속물이라는 것이다. 여성이 존재하게 된 최초의 이유는 바로 남성에게 짝을 지워 주기 위해서였다. 하나님이 여성을 만든 이유는 단지 남성이 "혼자 있는 것이 좋지 않았기" 때문이다. 『성경』에서 하나님이 남성의 갈비뼈로 여성을 만들었다고 하는 것처럼, 많은 사람이 남성은 완전한 사람이고 여성은 남성의 변이이거나 정상 상태가 아닌 존재에 불과하다는 관점을 지니고 있다. 예를 들어 아리스토텔레스Aristoteles와 지그문트 프로이트Sigmund Freud는 '여성은 불완전한 남성'이라고 표현한 적도 있다.

중국 여성과 서양 여성이 놓인 상황을 비교하면, 예교적 속박만 받아 온 중국 여성의 지위가 아주 조금 더 높다. 몇몇 서양 학자들이 비슷한 시각을 지니는데, 중국 여성이 일본, 인도 여성과 비교해서 더 많은 지위를 누리며 지위도 조금 더 높다고 여긴다. 그들은 중국인이 대를 잇는 것과 비교해 성생활은 보잘것없다고 생각하며, 중국인이 비록 성을 좋아하지만 그것이 아주 중요하다고는 여기지 않는 것이 그 원인이라고 분석했다. 그래서 여성들은 종종 남편과 동등한 자격으로 대접받고 남성들의 사업에 참여할 수도 있었다. 심지어 영국의 어떤 관찰자는 삶에 대한 중국인의 기본 태도가 인도 사람들과는 사뭇 다르며 오히려 현대 서양 사람들과 비슷한데, 서양 사람들도 받아들이려 하지 않는 관념을 중국 사람들은 신속하고도 철저하게 받아들인다고 했다. 중국에서 강연한 적이 있는 영국의 사상가이자 문학가인 버트런드 러셀Bertrand Russell이 바로 이러한 인상을 받았다.

전통 중국 문화의 젠더 개념은 서양의 문화와 다르다. 이러한 차이는 무엇보다 중국 문화가 양성 구분을 자연적인 것으로 보며, 여성 및 여성과 관련된 모든 것을 자연스럽게 수용하고 받아들일 수 있다는 데에서 나타난다. 반면 서양 문화에서는 여성이 남성처럼 그렇게 자연스럽고 쉽게 세계에 받아들여지거나 혹은 남성과 평등하게 인류에 공헌한 사람으로 여겨진 적이 없다. 여성은 한편으로는 남성의 부속물로 전락하고 다른 한편으로는 허위적으로 이상화된 인물로 추켜세워졌다.

동서양 문화가 젠더 문제에서 보이는 차이는 중국 문화가 음양의 조화를 강조한다는 점에서도 나타난다. 중국 문화는 음이 성하고 양이 쇠하는 것을 반대할 뿐 아니라 양이 성하고 음이 쇠하는 것도 반대한다. 그래서 이상적인 상태는 양이 음을 내리누르거나 없애 버리는 것이 아니며, 음이 양을 내리누르거나 없애 버리는 것 역시 아니다. 하지만 서양 문화에서는 양자 사이의 모순적 의미를 강조한다. 그래서 '여성혐오', '남성혐오'와 같은 정서와 경향이 생기곤 한다. 중국 문화에는 이러한 경향이 거의 없다.

하지만 전통 중국 사회에서 여성의 지위가 남성보다 낮다는 점은 부정할 수 없다. 이것은 '삼강오상三綱五常' 중에서 남편이 아내의 근본이라는 '부위처강夫爲妻綱', '삼종사덕三從四德' 중에서 '출가하기 전에는 아버지를 따르고, 출가해서는 남편을 따르고, 남편이 죽으면 아들을 따른다'는 내용, 그리고 남자가 아내를 내쫓는 '칠거지악(七去之惡, 부모에게 효도하지 않으면 내쫓고, 자식이 없으면 내쫓고, 음란하면 내쫓고, 투기하면 내쫓고, 몹쓸 병이 있으면 내쫓고, 말이 많으면 내쫓고, 도둑질을 하면 내쫓는다)'을 통해 확실히 알 수 있다.

중국인의 가치관에서 양은 여전히 음보다 우월하다. 설사 유약함이 강함을 이길 수 있더라도, 부드러움·약함·어두움·아래는 결국 비천한 것이며, 단단함·강함·밝음·위는 존귀한 것이다. 양자는 조화로워야 한다고 여기면서도 상하존비의 구분은 있다. 그래서 중국 문화의 젠더 이념이 다른 문화의 젠더 이념과 비록 문화적 차이는 있을지언정 남권이라는 울타리를 완전히 벗어나지는 못했다. 중국 여성이 완전한 성평등을 쟁취하기 위해서는 아직 먼 길을 가야만 한다.

✦

젠더 본질주의는
여남 양성을 억압한다

젠더 문제에서 본질주의자들은 젠더 역할의 고정된 틀을 매우 강조한다. 또 양성의 기질적 차이를 강조하며 당연하다고 여긴다. 예를 들어 과학 대 시적 감수성, 활력 대 조화, 능력 대 아름다움, 지력 대 감정, 이성 대 낭만 등으로 구분한다.

양성 기질에 관한 논쟁은 철학적 측면에서 다음 몇 쌍의 개념으로 모아진다.

첫째는 감정과 이성에 관한 구분이다. 여성은 본래 감정이 풍부하고 이성이 결핍되어 있으며 논리적 사유 능력이 부족하다고 여긴다. 어떤 사람은 인간이 원칙에 근거해서 행동해야 한다는 도리를 여성은 근본적으로 이해하지 못한다고 여긴다. 여성은 연속성을 지니고 있지 않기 때문에 자신의 사유 과정에서 논리적 증거를 갖추어야 할 필요를 깨닫지 못해 '논리적으로 명쾌할 수 없다'고 여긴다. "여성은 다 큰 아이일 뿐이다. 여성은 다른 사람을 즐겁게 하는 말재간을 지니고 있으며 때로는 기지가 넘친다. 하지만 실재적인 이성과 이지력은 없다. (…) 사실상 여성들에게는 허영과 사랑이라는 두 가지 감정만 있을 뿐이다." 영국 정치가 필립 체스터

필드Philip Chesterfield가 한 말이다.

둘째는 자연과 문화에 대한 젠더적 구분이다. 많은 사람이 여성은 자연에 더 가깝고 남성은 문화에 가깝다고 믿는다. 이유는 여자의 몸이 자연에 더 가깝게 보이고, 여자의 사회적 역할이 자연에 더 가깝고, 여자의 마음이 자연에 더 가깝다는 것이다. 이러한 구분에 동의하지 않는 사람들은 결코 여자가 남자보다 자연에 더 가깝지는 않으며, 여자와 남자 모두 의식이 있는 존재이고 모두 죽게 되어 있으며, 한 젠더가 다른 젠더보다 자연에 더 가깝다거나 자연에서 더 멀다고 할 현실적 증거는 없다고 반박한다.

셋째는 양육에 대한 문제이다. 사람들은 쉽게 양육을 여성과 연결시킨다. 여성의 출산과 수유 행위로 인해 여성이 양육자로서의 특성을 갖추었다고 보고, 그래서 간호사나 보육사 같은 보육 직업에 종사하기를 더 원한다고 여긴다. 하지만 아이를 낳고 기르는 역할로 양성을 구분하더라도 이러한 요소가 여성과 남성이 일하는 데에 미치는 영향이 항상 같지는 않다고 하는 사람들도 있다. 예를 들어 서양 사회에서 의학은 주로 남자들의 일이지만 구소련에서는 주로 여자들의 일이었다. 유럽에서 농업은 주로 남자들의 일이지만 제3세계 국가에서 농업은 주로 여자들의 일이다.

넷째는 공격성에 관한 문제이다. 사람들은 늘 공격성을 남성과 연결하고 유순함을 여성과 연결한다. 사람들이 남자를 평가할 때 사용하는 기준은 강함, 호방함, 능력, 자신감이고, 여자를 평가할 때 사용하는 기준은 아담함, 섬세함, 유약함, 자상함, 아름다움, 우아함 등이다. 그리고 사회생물학자들은 진화론의 관점에서 남성의 공격성을 해석하려고 시도한다. 그들은 '왜 많은 동물의 수컷이 암컷에 비해 몸집이 크고 공격성을 지닐까?'라는 문제를 제기한다. 그러고는 수컷 동물이 암컷과 교미하는 특권을 얻기 위해 수컷들끼리 경쟁을 벌인 결과로 본다. 수컷은 결투를 하고 암컷은 선택을 한다. 이 논리에 따르면 공격성은 수컷이 성교를 하기 위한 산물이다.

다섯째는 공적영역과 사적영역에 대한 구분이다. 인류 활동의 영역은 공적영역과 사적영역 두 가지로 나뉘곤 한다. 그중 공적영역은 남자의 활동 영역이고 사적영역은 여자의 활동 영역이다. 돈을 버는 직업과 가정이 분리되면서 남자가 가정의 부양자라는 관념이 강화되었다. 태어날 때부터 여성의 자리는 가정에 있고 가정이라는 사적 세계가 여성의 주요한 활동 영역이지만, 남성은 일과 정치라는 공공의 세계를 주 무대로 삼는다고 많은 사람이 생각한다. 사회에서 유행하는 속담이 있다. "남자는 땅을 위해 태어났고 여자는 부뚜막을 위해 태어났다." "남자는 칼을 위해 태어났고 여자는 바늘을 위해 태어났다." "남자는 머리를 쓰고 여자는 마음을 쓴다." 쉽게 말해 "남자는 밖을 다스리고 여자는 안을 다스린다"는 것이다.

페미니즘 사상이 최근 100년 사이에 점차 퍼지면서 사람들 대부분은 앞에서 언급한 젠더 역할 공식이 여성에 대한 억압이라고 인식하게 되었다. 약 100년 사이에 성평등의 외침이 점점 더 높아지면서 여성은 사적영역에서 걸어 나와 공적영역으로 들어갔다. 그리고 여성들은 점점 더 많은 이성과 공격성을 드러내고 성역할을 깨뜨렸으며 더욱 자유롭고 자신감 있는 삶을 살고 있다. 하지만 사람들이 쉽게 인식하지 못하는 점은 성역할 공식이 남성에게도 억압이라는 사실이다. 이러한 억압은 여성에 대한 억압만큼 직관적이지 않고 미묘한 방식으로 행해진다. 예를 들어 어떤 남성은 이성보다 감성이 더 강하거나 양육적 특성이 공격성보다 더 강한 개성을 지닐 수도 있다. 혹은 그가 사적영역에 열중하고 공적영역의 생활 방식을 싫어할 수도 있고, 공적영역에서 그다지 성공을 거두지 못했을 수도 있다. 그렇다면 그가 받는 스트레스는 매우 심할 것이다. 바로 이것이 성역할 공식이 남성에게 가한 억압이다. 그런 남성들은 자신이 바라는 바에 따라 자유롭고 자신 있게 생활할 수 없다. 그렇기 때문에 우리는 성역할 공식이 여성과 남성 모두에 대한 억압임을 인식해야 한다. 남자든 여자든 모두 방법을 찾아 이러한 억압에서 벗어나 자유로운 생활을 누리도록 해야 하며 모든 사람의 개성이 충분히 실현될 수 있도록 해야 한다.

✦

여성이 남성보다
도덕적으로 우월할까

남권제 사회의 윤리 도덕 기준을 비판하면서 길리건 같은 일부 급진적 페미니스트들은 커다란 논쟁을 야기시킨 관점을 제기했다. 여성의 도덕이 남성의 도덕보다 우월하다는 것이다. 길리건은 도덕적 문제를 해결할 때 여성은 저마다 독특한 방식을 취한다고 봤다. 즉 다른 사람들을 비교적 고려할 수 있고, 우승열패의 관념과 추상적이고 합리주의적인 원칙을 비교적 덜 지닌다고 주장한다. 그는 여성문화가 양육과 보살핌을 중시하고, 양보하고 평화를 가져오는 데 익숙하다고 본다. 하지만 현재의 세계는 과도하게 용맹한 추상적 도덕 추론에 익숙한 남성들이 독차지하고 있고 그들이 이 세계에 가져온 것은 잔혹한 경쟁과 전쟁이다. 그래서 여성의 윤리 도덕만이 이 세계를 구할 수 있다는 것이다.

길리건은 여성과 남성이 지닌 도덕의 차이에 관한 유명한 실험인 '하인츠 딜레마'에 대해 언급했다. 이 실험에서 실험자는 가상의 문제 상황을 남자아이와 여자아이에게 들려주었는데 윤리 도덕적으로 서로 다른 답을 얻었다. 가상의 문제 상황은 이러하다. 하인츠의 아내는 희귀한 약을 구하지 못하면 죽을 것이다. 하지만 하인츠는 그 약을 살 돈이 없고 약을 파는 사람은 약값을 내릴 생각이 없다. 아이들에게 던진 질문은 '하인츠가 약을 훔쳐야 하느냐 마느냐'였다.

제이크(남자아이)는 구체적인 상황에서 두 가지 원칙, 생명의 가치와 자산의 가치를 추론해 냈다. 그리고 생명의 가치가 자산 가치보다 우선하기 때문에 하인츠는 약을 훔쳐야 한다고 답했다.

에이미(여자아이)는 구체적인 상황에 대해 추상적 사유를 하기보다 세부 사항을 더 많이 알고 싶어 했다. "하인츠는 아내를 사랑하나요? 그는 약 파는 사람과 연락한 적이 있나요? 그가 돈을 빌릴 수 있나요? 만일 하인츠가 약을 훔쳐서 감옥에 가면 아내는 어떻게 되나요?"

두 가지 답에 대해 길리건이 내린 평은 다음과 같다. 이것은 수학과 논리의 문제가 아니라 관계에 대한 문제이다. 두 대답은 다른 방향으로 향했다. 우리는 구체적인 상황을 떠나서 추상적으로 원칙을 이야기해서는 안 된다. 마땅히 구체적인 상황을 보고 정의와 보살핌 사이에서 균형점을 찾아야 한다. 남성은 경쟁을 중시하고 여성은 화목을 중시한다. 이것은 본능이다.

여기에서 얻을 수 있는 결론은 성별에 따라 윤리적 도덕관념의 차이가 존재한다는 것이다. 여성의 도덕관념은 보살핌의 윤리학이다. 남성은 경쟁을 중시하고 냉혹하고 무정하지만, 여성은 보살핌과 인간 사이의 감정을 더욱 강조한다. 이성과 감정 중에 남성은 이성의 작용을 강조하고 여성은 감정의 작용을 강조한다. 유감스러운 점은 이 사회에서 성과나 객관 등 남성적 가치에 대한 평가가 늘 협력과 주관이라는 여성적 가치보다 높다는 것이다. 보살핌의 윤리가 정치의 영역에 운용된 것이 바로 '보살핌의 정치'와 '평화 정치'이다.

하지만 소위 여성 윤리와 양성의 서로 다른 윤리 경향은 매우 큰 논쟁을 불러일으켰다. 심리학계의 반대파들은 경험적 연구 대부분이 양성 간 도덕 윤리에 실질적인 차이가 존재한다는 논점을 지지하지 않는다고 지적했다. 그들은 '여성의 도덕 윤리가 남성보다 우수하다'는 페미니즘 윤리학을 반박한다. 왜냐하면 여성이 남성과 비교해서 '지구를 더 구할 수 있고 평화를 더 주장하고 사람의 마음을 더 살피고 만물을 더 사랑한다'는 것을 증명할 증거가 부족하기 때문이다. 여자도 남자와 마찬가지로 권력과 폭력을 남용할 수 있고 심지어 잔인한 폭력을 즐거움으로 삼을 수도 있다. 여성이 태어나면서부터 만물을 생육하고 타인을 보살피는 본능을 지님을 보여 주는 증거는 없다. 이러한 관점의 증거로 나는 문화대혁명 기간에 여학생이 선생님을 구타했던 모습을 떠올린다. 그들의 잔혹함과 흉악함의 정도는 남학생들과 비교해 조금도 덜하지 않았다. 때론 더하면 더했지 못하지 않았다. 여학생들의 온유하고 화목한 천성은 어디로 가 버렸을까? 그들은 정말 그런 천성을 지니고 있었을까?

여성 윤리 도덕에 대한 높은 평가는 양날의 칼이다. 한편으로는 남권 사회에 널리 퍼져 있는 경쟁을 중시하고 추상적 원칙을 중시하는 윤리 도덕 외에, 보살핌을 중시하고 화목함을 중시하는 윤리 도덕도 있음을 깨닫게 할 수 있다. 다른 한편으로 이러한 윤리 도덕의 차이에 본질주의적 해석을 하고, 그중 어떤 것은 남성적인 것으로 또 어떤 것은 여성적인 것으로 나누고, 그것들을 모두 생득적인 것으로 인식함으로써 심리학 실험의 근거를 상실하게 되었다.

내가 보기에 옳은 방법은 사람들이 경쟁을 중시하는 익숙한 가치관에서 벗어나 보살핌의 윤리와 조화의 윤리를 배우는 것이며, 전자를 남성의 윤리 도덕으로 후자를 여성의 윤리 도덕으로만 보지 않도록 하는 것이다.

✦

여성과 아름다움

　중국이 먹고사는 문제를 해결한 것이 불과 최근 10여 년의 일이
지만, 현대화된 도시 생활에서 미용과 다이어트는 이미 새로운 풍조
가 되었고 각종 '미녀 선발' 대회 역시 매우 활발하게 열리고 있다.
아름다움의 문제는 줄곧 페미니즘의 난제였다. 1960년대와 1970년
대에 서양 페미니즘 운동은 미녀 선발을 반대하는 것으로 시작했다.
이와 마찬가지로 1980년대 중국부녀연합회中國婦女聯合會(이하 부련)
에서 행한 유일한 개성 있는 선언 역시 미녀 선발 반대였다.

　1968년, 미국 여성운동 활동가들은 시위하면서 양의 머리에 왕
관을 씌우고 '자유 쓰레기통'을 만들어 브래지어, 거들, 코르셋, 인
조 속눈썹과 같은 것들을 쓰레기통에 버렸다. 당시에 정말 브래지
어를 불태운 사람은 없었지만 방송에서 제멋대로 적의에 찬 보도
를 했기 때문에 '브래지어 불사르기'는 뉴스가 되었을 뿐만 아니라
페미니즘의 상징이 되었다. 사람들은 페미니즘이 '비非여성'적이고
못생기고 연애 좌절감 그 자체이며 진정한 '미인'에 대한 질투에서
비롯했다고 여겼다.

　페미니즘 운동에서는 미녀 선발을 굴종적인 여성지위의 한 부분
으로 보고 있다. 용모의 아름다움과 신체의 아름다움을 추구하는

것은 여성 주체를 객체화하는 것이며 그 속에는 여성에 대한 경시가 담겨 있다고 여긴다. 여성운동이 미녀 선발을 반대하는 이유는 그것이 여성을 낮게 평가하고 여성을 영혼 없는 성적 대상으로 바꾸어 놓는다고 여기기 때문이다. 또 여성운동 지지자들이 미녀 선발을 반대하는 것은 여성이 따라야 하는 규칙과 여성 신체 기준을 배척하기 위해서이다. 페미니스트들은 일상생활에서도 끊임없이 미녀 선발을 하고 있다고 증오에 찬 지적을 한다. 여성은 남성을 위해 자신을 꾸미고 얼굴을 가꾸고 다이어트를 하면서 자신의 외모와 몸매가 남성의 심미적 기준에 미치지 못할까 봐 몹시 걱정한다.

아름다움을 좋아하는 마음은 누구에게나 있다. 아름다움의 유혹에서 자유로운 여성은 이 세상에 없다. 1979년 미국 여성에 대한 통계를 보면, 여성들이 화장품에 30억 달러, 머리 손질에 20억 달러, 향수 소비에 20억 달러, 피부 관리에 15억 달러, 다이어트 식단 조절에 4억 달러를 썼다고 한다. 1990년대에는 다이어트 식단 조절비로 330억 달러, 화장품 300억 달러, 성형수술 3억 달러가 쓰였다. 많은 여성이 다이어트로 인해 거식증에 걸리고 몸매를 유지하기 위해 장기적으로 음식을 줄여 배고픔 속에서 생활한다. 여성의 성형수술은 지방흡입술, 유방확대술, 주름제거술, 지방제거술, 코 수술 등을 포괄한다. 중국의 미용 사업은 나날이 발전하고 있으며 한창 붐을 이루고 있다.

많은 학자가 여성들이 신체를 매만질수록 여성의 지위가 낮아지고 객체화된다고 여긴다. 많은 남권제 문화에서 여성은 외모, 자태, 동작, 목소리, 몸매, 정신 그리고 가치 측면에서 소위 여성적 기준에 도달해야만 비로소 사랑받고 고용되고 발탁되고 선택될 수 있다. 거부와 반항은 그것이 무엇이든 값비싼 대가를 치러야만 한다. 그 과정에서 여성은 남성 통치 사회에서 징벌과 지탄을 받는다. 이러한 징벌에는 이성과 친밀한 관계를 만들 수 있는 기회를 상실하고 떳떳한 삶을 살 수 없는 것 등이 포함된다.

페미니즘은 이러한 현상에 대해 어떤 반응을 보일까? 이는 매우 어려운 문제이다. 미녀 선발, 다이어트, 미용이라는 문제에서 페미니즘은 매우 신중해야 한다. 왜냐하면 이러한 것들은 여성의 이해에 반하지만 또 많은 여성이 원하기 때문이다. 이런 이유로 페미니즘은 진퇴양난에 빠지게 되었다.

해결 방안은 세 가지뿐이다.

첫 번째 방안은 서양 페미니스트와 중국의 부련처럼 미녀 선발을 반대하고, 여성의 몸을 객체화하고 병리적인 것으로 만드는 데 반대하는 것이다. 또 정상적인 신체와 신체 기능을 문제 있고 개조가 필요한 것으로 보는 데 반대하고, 불필요한 성형과 다이어트를 줄이고 여성들이 과도하게 외적인 아름다움과 육체의 아름다움에 관심을 갖기보다 내적인 아름다움과 정신적 아름다움에 관심을 갖도록 이끄는 것이다.

두 번째 방안은 일방적으로 여성의 '아름다움'만 선발하는 것을 반대하고 여남 모두의 '아름다움'을 선발하는 것이다. 바꾸어 말하면 여성과 남성 모두의 신체를 객체화하는 것으로 여성의 신체만을 일방적으로 객체화하는 것을 대체하는 방안이다. 사실상 영상 매체에서 보면 남성미는 점점 더 심미적 대상이 되고 있다. 멋진 남성들의 화보집이 대량으로 나오고 남성을 심미적 대상으로 삼는 잡지와 미남 선발 대회 등이 이러한 주장의 근거가 될 수 있다.

그리고 세 번째 방안은 바로 아름다움의 개체화, 다원화 그리고 민주화이다. 즉 저마다의 아름다움을 직접 선택하는 것이다. 마른 몸매를 선택할 수도 있고 뚱뚱한 몸매를 선택할 수도 있다. 어떤 사회적 척도에 따른 '아름다운' 모습(예를 들어 34-25-34인치의 몸매)을 선택할 수도 있고, 이런 기준에 따라서 '아름답지 않은' 개인의 모습을 선택할 수도 있다. 이것이 가장 자유롭고 가장 억압하지 않는 방법이다. 만일 어떤 사회가 이러한 선택을 허락한다면 그 속에서 살아가는 모든 사람이 자유와 편안함과 즐거움을 느끼게 될 것이다.

오르가슴과 '오르가슴 강박증'

2004년 조사에 따르면 60세에서 64세 사이에 속한 중국 여성 중 28퍼센트는 평생 오르가슴이 무엇인지 알지 못하며, 80퍼센트에 가까운 사람들이 음핵이 어디 있는지 모른다고 한다. 정말 너무나 깜짝 놀랄 만한 결과이다. 통계수치를 보면 서양 각국의 여성들은 단지 10퍼센트 미만만이 오르가슴을 경험하지 못했다고 한다. 지역과 문화 차이가 이처럼 큰 차이를 만들 수 있다니 정말 뜻밖이고 불가사의하다.

인류는 다른 동물과 비교해서 성적인 면에서 두 가지 독특한 점이 있다. 첫 번째는 1년 중 아무 때나 섹스를 할 수 있다는 것이고, 두 번째는 여성이 오르가슴을 느낄 수 있다는 점이다. 다른 암컷 동물들은 오르가슴이 없거나 거의 보기 드물다. 그래서 인류라는 종의 여성 오르가슴은 영장류동물 중에서 유일무이한 현상이라고 할 수 있다. 이에 대해 사회생물학 관점에서 출발한 진화론식의 분석이 있다. 여성의 오르가슴 발전은 영아가 태어나자마자 자립할 수 없고 부모의 돌봄이 필요한 것이 원인이라고 한다. 또 여성 오르가슴과 여성이 생리 기간 중 특정 시기에 성에 흥미를 느끼는 것은 배우자와의 관계를 오래도록 유지하고 발전시키기 위해서라고 한다.

여성의 오르가슴에 대한 인류의 인식은 부정의 부정 과정을 거쳤다. 일찍이 프로이트는 여성의 성적 쾌감은 음핵 쾌감과 질 쾌감으로 구분된다는 관점을 제시했다. 전자는 미성숙의 표현이고, 후자야말로 여성이 성적으로 성숙했다는 표시이다. 프로이트의 후계자 중에서 누군가는 이러한 이론을 한 걸음 더 발전시켜 여성이 사춘기로 가는 주요한 과정이 음핵 쾌감에서 질 쾌감으로의 변화를 배우는 것이라고 주장하기도 했다. 이러한 전환은 능동성에서 피동성으로의 변화를 보여 준다. 음핵 쾌감은 능동성을 나타내는데, 그렇다면 진정으로 여성화된 여인은 남성적 요소를 버려야 한다는 의미이다.

이러한 이론에 대한 첫 번째 부정은 윌리엄 마스터스William H. Masters와 버지니아 존슨Virginia E. Johnson이 기구를 사용하여 발견했다. 즉 자위와 섹스로 도달할 수 있는 오르가슴은 동일한 생리적 반응의 과정이라는 것이다. 이 연구 성과가 발표된 이후 프로이트식의 쾌감 구분을 믿는 사람은 거의 사라졌다.

하지만 존 페리John Perry와 베벌리 휘플Beverly Whipple이 1981년에 '지스폿G-spot'을 제시하면서 여성 오르가슴에 대한 인류의 인식은 부정의 부정을 완성했다. 두 사람은 에른스트 그라펜베르크Ernst Grafenberg의 작업을 이어받아 다음과 같은 결론을 도출했다. 질 앞벽에 매우 예민한 성감대가 있는데 이 성감대를 그라펜베르크 점 또는 지스폿이라고 부른다. 그것은 음경과 음핵처럼 불룩 튀어나온 조직으로, 남성이 클라이맥스에서 사정하는 것처럼 화학적으로 동일한 성분의 분비물을 방출한다. 지스폿의 발견으로 음핵 오르가슴과 질 오르가슴의 구분을 다시 한 번 인정하게 되었다. 하지만 그들의 이론에는 프로이트의 이론과 중요한 차이가 있었다. 그들은 두 오르가슴 중에서 어느 것이 더 우세하고 더 성숙하다고 판단하지 않았다. 오히려 그것은 여성이 다양한 경로로 성적 쾌감을 얻을 수 있다는 사실을 설명하는 것이라고 여겼다. 주목할 만한 사실은 질 앞 벽의 성감대, 즉 지스폿이 있는 여성은 10퍼센트도 안 된다고 주장한 학자도 있다는 점이다.

서양에서는 수 세기 동안 사람들이 여성의 오르가슴을 부도덕하고 타락한 것이고 사악한 것, 혹은 정상적이지 않은 체험이라고 보았다. 중세 교회의 성 관념이 유럽을 지배했을 때는 성관계에서 남성이 사정하는 시간이 짧으면 짧을수록 좋다고 강조하면서 여성이 오르가슴에 도달하지 못하도록 했다. 이러한 관념을 깨뜨리기 위해 서양학자들은 종종 중국 고대문화에 나오는 여성 오르가슴에 대한 관념을 인용해 반박하기도 했다. 이와 관련된 중국 고서적에서는 최대한 성교 시간을 늘리는 것이 남자에게 이상적이라고 주장한다.* 성교 과정에서 남자가 흡수하는 음기가 얼마인지는 성교 시간에 따라 정해진다. 남자는 반드시 여자를 오르가슴에 성공적으로 도달하도록 해서 성적 능력을 최대한 발휘할 수 있도록 해야 한다. 서양인들이 보기에 중국인들은 독특한 관념을 하나 지니고 있다. 즉 여성의 오르가슴이 여성뿐 아니라 남성에게도 똑같이 중요하다고 여긴 것이다. 중국 고대의 성문화가 비록 근현대에 변화되기는 했지만, 이러한 문화적 바탕은 사회심리에 깊이 잠재해 있다.

* 『소녀경少女經』이 대표적이다.

'킨제이 보고서'가 발표되고 마스터스와 존슨이 선진적인 수단으로 오르가슴에 대한 과학적 연구를 완성한 이후, 여성 오르가슴에 대한 서양인의 부정적 태도는 비로소 완전히 바뀌었다. 마침내 사람들은 오르가슴이 자연적이고 인류의 중요한 생리적 기능이라는 관점을 받아들였다. 설사 그렇더라도, '킨제이 보고서'에 따르면 약 10퍼센트의 여성들이 한 번도 오르가슴에 도달해 본 적이 없다고 한다. 결혼 후 1년 사이에 약 75퍼센트의 여성들이 최소한 차례 도달한 적이 있고, 결혼한 지 20년이 넘으면 오르가슴 누계 발생률은 90퍼센트에 도달한다.

불행한 일은 오랜 시간 '오르가슴 공포증'을 겪은 뒤에 사람들이 또다시 다른 극단으로 향했다는 것이다. '오르가슴은 정상적인 것'이라는 관점이 모든 섹스에서 자신과 파트너가 반드시 쾌감을 얻어야만 한다는 관점으로 바뀌었다. 남성들은 여성과 섹스할 때마다 반드시 상대방이 오르가슴에 도달해야 한다고 생각한다. 그리고 여성들은 자신이 매번 오르가슴을 느낄 수 없다면 틀림없이 무슨 문제가 있다고 여긴다. 이에 성 전문가 시릴 코널리Cyril Connolly 는 '오르가슴 강박증'이라는 개념을 내놓았다. 그는 사람들이 강박증에 가깝게 오르가슴을 추구하는 것은 일종의 소외 표현이라고 설명한다. 사람들은 늘 오르가슴을 느끼고 상대방을 만족시켜야 한다며 걱정한다. 남자들은 상대 여자가 '오르가슴에 도달했는지' 아닌지, '엄청난 쾌감'을 느꼈는지 아닌지 매우 진지하게 묻는다. 그러지 않으면 완곡한 말로 여자가 만족했는지 아닌지 묻는다. 보부아르 같은 사람은 그런 상황에서 하는 그런 식의 말은 여성들이 가장 듣고 싶지 않은 질문이라고 했다.

성적 쾌감이 가져다주는 즐거움을 넘어서서 '오르가슴 강박증'
으로 어려움을 겪고 있는 서양 여성들과 비교해, 중국 사회의 여성
들은 정말 원시사회에 사는 사람들처럼 소박하다. 쾌감을 모르는
상황에서 많은 중국 여성이 즐거움이라고 할 만한 것이 조금도 없
는 성행위를 참아 내고 있다. 남자를 위해 봉사하고 또 수억 명의
아이를 낳았으니, 정말로 여성들은 너무 고되다.

　　미셸 푸코Michel Foucault의 '응시' 이미지를 빌려 분석하면, 서양
여성들은 쾌감을 얻는다는 면에서 사회적 응시의 스트레스를 더
느낄 수 있다. 하지만 중국 사회에서 '응시'하는 눈빛은 아직 서양
인들과 같은 방향을 향하지 않았다. 이것은 결코 중국 사회의 '응
시' 범위가 좁다거나 덜하다는 말이 아니라 응시의 시선이 다른 방
면에 집중되었다는 의미이다. 예를 들어 혼외 성관계처럼 각종 '변
태'적 성 활동 같은 방면이다. 프로이트 역시 오르가슴을 대하는
태도에 문화적 차별이 분명 존재한다는 점을 주목했다. 어떤 사회
는 여성의 성생활이 서양보다 단순해서 자기 애인이나 남편이 자
신과의 성생활을 즐기기만 하면 그것으로 만족한다. 그는 자신이
불감증인지 아닌지 혹은 오르가슴에 도달할 수 있는지 아닌지에
대해 걱정해 본 적이 없다. 아마도 그 여성들은 오르가슴이 무엇인
지도 알지 못할 것이다. 하지만 서양 사회에서 남성은 여성이 소위
말하는 '오르가슴 체험'을 할 수 있도록 해야만 스스로 사내대장부
라 말할 수 있다고 믿을 것이다. 여자 쪽에서는 남자가 오르가슴을
경험하도록 해서 그가 사내대장부임을 증명해 줘야 할 뿐 아니라,
그녀 자신도 그 경험을 해서 자신이 여자라는 사실을 증명해야 한
다. 그러지 않는다면 자신이 성불감증이라는 병에 걸리지는 않았

나 걱정해야 한다.

주목할 만한 것은, 최근 몇 년 사이에 문호가 개방되면서 서양 문화가 들어와 점점 더 많은 중국인이 성적 쾌감에 대한 서양 문화의 시각을 접하게 되었다는 점이다. 그것은 성적 쾌감에 대한 중국 여성들의 생각에 다소 영향을 미쳤다. 우리는 '오르가슴 공포증'을 반대해야 하지만 한편으로는 '오르가슴 강박증'도 피하면서 수많은 중국 여성이 건강하고 아름다운 성생활을 누릴 수 있도록 해야 한다.

✦

남자가 여자보다
감자를 더 많이 먹을까

　사람들은 일반적으로 남성이 여성보다 더 성욕이 강하고 성생활에 흥미가 더 많고 섹스 파트너 수에 대한 요구 역시 더 많다는 선입견을 가지고 있다. 이러한 선입견은 경험을 조사한 연구로 증명되었다. 두 가지 예를 들겠다. 한 가지는 미국을 대상으로 한 조사이다. 18~59세의 미국인 3500명을 대상으로 진행한 조사에서, 미국 남성은 일생 동안 평균 여섯 명의 섹스 파트너를 두지만 여성은 평균 두 명의 섹스 파트너만 둔다는 결과가 나타났다. 또 한 가지 실례는 1950년대 원시생활 공동체를 대상으로 한 조사이다. 태평양 한 섬에 있는 마을에서 진행된 이 조사에서, 남자가 여자보다 자위를 더 많이 하고 성에 대해 더 많은 흥미를 느낀다는 결과가 나왔다. 이러한 현상에 대해 저명한 성 연구가 앨프리드 찰스 킨제이Alfred Charles Kinsey는 "세계 각 지역에서 남성이 여성보다 다른 파트너와의 성관계를 더 많이 원한다"라고 권위 있는 설명을 한 바 있다.

　왜 이러한 차이가 나타날까? 이에 대해 각기 다른 사회와 문화에서 서로 다른 해석을 내놓았다. 그중 하나는 자유로운 교제의 결과가 여성과 남성에게 다르게 나타나기 때문이라는 해석이다. 여성은 다음 세대의 생명을 처음 몇 년 동안 돌봐야 하기 때문에 가장 훌륭한 배우자를 찾아야만 한다. 반면 남성의 자유로운 교제는 후대를 남길 기회를 늘릴 수 있다. 다른 해석은 성관계에서 찾을 수 있는데, 남성은 양을 따지고 여성은 질을 따지기 때문이라는 것이다. 또 다른 해석은 여성의 성은 늘 정精과 연관되지만 남성은 정이 없는 성도 받아들이기 때문이라고 한다. 다양한 설명 가운데 한 원시생활 공동체 구성원이 내놓은 견해가 가장 재미있는 해석으로 손꼽힌다. 그들은 이러한 차이가 생기는 원인이 남자가 여자보다 감자를 더 많이 먹기 때문이라고 생각한다.

남자가 여자보다 성에 흥미를 더 많이 느끼는 현상에 대한 평가 역시 다양하다. 어떤 사람은 이에 근거해 남성이 여성보다 더 우월하다고 여긴다. 왜냐하면 남성의 생명력이 여성보다 강하기 때문이라는 것이다. 누구는 반대로 이는 여성이 남성보다 더 우월하다는 뜻이라고 상반된 평가를 한다. 왜냐하면 여성의 도덕성이 남성보다 훌륭하기 때문이라는 것이다(물론 이러한 평가는 성은 나쁜 것이라는 것을 전제로 한다). 또 누구는 어느 한쪽에 치우치지 않고 여성과 남성의 차이는 생리적으로 결정되므로 각자의 욕구를 충분히 만족시켜야 한다고 말한다. 그들은 여기서 일부다처제의 근거를 찾기도 한다.

내가 보기에 이 현상을 정확히 파악할 수 있는 요점은 세 가지이다. 첫째는 사실이고, 둘째는 원인이며, 셋째는 평가이다.

먼저 사실을 살펴보자. 과연 남성이 정말로 여성보다 성욕이 강할까? 일생 동안 성 파트너를 몇 명 두느냐 하는 것만으로는 이 점을 설명할 수 없다. 남자가 '바람기가 있는' 것은 '마음을 너무 많이 사용'*한다는 것을 말해 줄 뿐(어떤 도덕적 기준으로 볼 때 지조가 좋지 않은 것이다) 성별과 연관된 생리적 근거는 없다. 성이 쾌락을 줄 수 있는데 여성이 남성보다 이러한 쾌락을 더 좋아하지 않고 더 원하지 않는다는 것을 보여 주는 증거가 있기는 할까? 반대로 상반된 생리적 증거는 찾을 수 있다. 여성은 여러 차례 오르가슴에 도달할 수 있지만 남성은 한 번 사정한 이후 한동안 불응기가 온다. 이렇게 보면 남성과 여성 어느 쪽이 성욕이 더 강한 것일까? 이러한 소위 '생리적 사실'은 분명 의문으로 남겨 두어야 한다.

다음으로 원인을 살펴보자. 사회현상으로 볼 때 남성이 확실히 여성보다 성욕이 강하고 남성의 섹스 파트너가 여성의 섹스 파트너보다 많다고 할지라도, 생리적인 면에서만 원인을 찾을 수는 없다. 역사적으로 살펴보면 남성은 대부분의 문화에서 여성보다 더 많은 경제 자본과 사회 자본, 문화 자본을 점유해 왔다. 그것들로 남성들은 성별에 따른 이중적 도덕 기준을 만들어 냈으며(다음 장에서 자세히 다룬다) 여성이 더 조심하고 욕구를 억압하도록 요구해 왔다. 심지어 여성이 자신의 성욕에 대해 수치심과 부끄러움을 느끼기를 요구했다. 하지만 남성은 그럴 필요가 없었다. 만일 어떤 남자에게 섹스 파트너가 많다면 그것은 성공과 섹시함을 나타내는 기준이다. 하지만 어떤 여자에게 섹스 파트너가 많다면 그것은 오히려 염치없고 타락했다는 징표이다. 내가 보기에 이러한 이중

---

* 중국어로 '바람기가 있다'는 '花心'이다. 술어와 목적어로 이루어진 이 단어의 문장성분 순서를 바꾸어 '心花'라고 이야기한 것이다.

적 도덕 기준은 이미 여성의 섹스 파트너가 남성보다 적은 현상에 대한 충분한 설명이 될 수 있다. 더 이상 다른 생리적 원인을 찾을 필요도 없다.

마지막으로 우리는 이러한 현상을 어떻게 평가해야 할까? 나는 남자가 여자보다 섹스 파트너가 많다는 것이 남성이 여성보다 더 강한 생명력을 지녔다거나 여성이 태생적으로 남성보다 더 정결하고 절개가 있음을 설명하는 것은 아니라고 생각한다. 그것은 수천 년 동안 남권 사회의 문화가 축적되면서 여성과 남성이 자신의 성적 욕망을 대하는 태도와 행동 양식에서 불평등해졌음을 보여줄 뿐이다. 남성은 더 자유롭게 자신의 성적 욕망을 표현하고 실현할 수 있다. 하지만 여성은 자신을 억누르는 데 익숙해 있다. 그래서 더욱 합리적인 사회에서는 여남 양성의 욕망이 더욱 자유롭게 표현되고 실현되며, 그럼으로써 여성과 남성 모두 현재보다 더욱 즐거울 것이라고 추론할 수 있다.

✦

성의 '이중기준' 비판

수천 년간 지속된 남권제 사회에서는 성별에 따른 이중적 성규범이 성행해 왔다. 이 이중기준은 통속적으로 표현하자면 남자의 성생활은 많을수록 좋고, 여자의 성생활은 적을수록 좋다는 것이다.

남자의 성생활에 대해 사람들은 언제나 긍정적으로 평가했다. 만일 어떤 남자가 성 경험이 많다면 그는 돈이 많고 권력이 있고 여유가 있으며 매력이 넘치고 심지어 몸이 좋다고 말할 수 있다. 반면 여자의 성생활에 대해 사람들은 부정적으로 평가한다. 만일 어떤 여자가 성 경험이 많다면 그녀는 천박하고 방탕하고 염치없다는 뜻이다. 그래서 사람들은 가차 없이 그녀에게 침을 뱉고 그녀를 무쯔메이木子美*처럼 대할 것이다.

쌍방이 모두 이익을 얻고 좋아하고 스스로 원했던 행위라 할지라도, 전통적인 관념에서 한쪽은 이익을 얻고 다른 한쪽은 손해를 보았다고 생각한다. 이것이 성행위의 손익 논리이다. 남권제 사회에서는 수천 년 동안 이 손익 논리가 인정되었다. 성행위에서 남자는 이익을 보고 여자는 손해를 본다. 남자가 여자와 관계를 하면 남자는 이익을 보는 것이고, 여자가 남자와 관계를 하면 여자는 손해를 보는 것이다. 모든 사람이 이렇게 생각하고, 또 아주 오랫동안 이렇게 생각했기 때문에, 이 손익 논리는 불변의 진리가 되고 논쟁할 여지도 없는 사실이 되었다.

손익 논리가 형성된 근원은 여자가 남자의 사유재산이지, 이 세상에서 독립된 개인이 아니었다는 데 있다. 매매결혼의 본질은 남자가 돈을 써서 여자를 사는 것이다. 사 온 물건은 재산이니 당연히 잘 관리해야 한다. 다른 사람이 빼앗아 가거나 훔쳐 가도록 해서는 안 된다. 그래서 여자들이 정절을 잃으면 손해 보고 밑지는 일이고 남 좋은 일을 시키는 셈이다.

이 손익 논리는 1000년을 이어 끊임없이 강화된 정절 교육으로 공고해졌다. 그 교육을 정부가 직접 실시했다. 만일 어떤 여자가 결혼 전에 정조를 잃고 자결했다면, 또 어떤 과부가 남편을 잃었는데 수절하며 재가하지 않았다면, 정부는 그녀들을 절부節婦, 열녀烈女로 봉하고 열녀문을 세워 주었을 뿐만 아니라 역사책에도 기록했다. 『이십사사二十四史』**에는 남성들의 공적이 사방에 가득하지만 여성들은 매우 드물게 등장한다. 그런데 역사에 기록된 여성들 중에서 절부, 열녀는 상당한 비율을 차지한다. 전 세계에서 정부가 이렇게 은밀한 개인의 행위를 표창하는 관례는 매우 찾아보기 어렵다.

1000년간 강화된 교육이 지속되면서 중국 사회의 각종 성생활 지표에서 늘 여성의 비율이 남성보다 낮은 것이 조금도 이상하게 보이지 않았다. 혼전 성행위 비율이든, 혼외 성행위 비율이든, 하

---

* 본명은 리리李丽이고 무쯔메이는 필명이자 닉네임이다. 2003년부터 인터넷에 자신의 섹스 일기를 공개하면서 큰 파장을 일으켰다.
** 청나라 건륭제乾隆帝 때 정사正史로 인정된 24종류의 중국 역대 왕조 역사서.

롯밤 정사의 비율이든, 상업적 성행위('성매수') 비율이든, 성인용품 소비 비율이든 항상 여성이 남성보다 낮았다. 성적 쾌감을 느낀 적이 있는 남성은 거의 100퍼센트에 이르지만, 성적 쾌감을 느껴 보지 못한 나이 든 여인의 비율은 28퍼센트나 된다. 어느 대학에서 여학생들에게 혼전 순결 교육을 했다는 말은 들었어도 남학생들에게 그 같은 교육을 했다는 말을 들은 적은 없다. 어느 대학 여학생들이 '청춘무결점소녀단'을 발기해 혼전 순결을 지키겠다고 선언했다는 말을 들었다. 하지만 남학생들이 '청춘무결점소년단'을 만들어 같은 선언을 했다는 말을 들어 본 적은 없다. 부련이 몇 년 전에 실시한 순결 관념에 대한 조사에서 '정절과 목숨 중에서 어느 것이 더 중요한가?'라는 질문에 놀랍게도 70퍼센트가 넘는 농촌 여성들이 '정절이 더 중요하다'를 선택했다. 지금까지 남자에게 같은 질문을 한 사람은 없었다. 이는 우리 사회가 제창하는 정절이 여성에게만 일방적으로 요구하는 정절이기 때문이라고밖에 설명할 수 없다. 그리고 이것은 성생활에서 여성과 남성에게 적용되는 이중기준을 보여 주는 증거이다.

성생활에서 이 이중기준은 여성에 대한 압박이다. 여성에게 자신의 욕망을 억압하고 자신의 신체를 미워하도록 강요한다. 가장 심각한 것은 여성들이 한 인간으로서 자신의 독립과 자유로운 감각을 잃어버려 감히 즐거움을 추구하지도 못하고, 마비되고 억압된 삶을 살 수밖에 없도록 만든다는 사실이다.

나는 합리적인 사회라면 구성원이 최소한으로 억압받는 사회여야 하고(억압이 완전히 사라지는 것은 불가능하다), 각각의 사람들이 최대한으로 즐거움을 얻고 자아를 실현할 수 있는 사회여야 한다는 신념을 가지고 있다. 여기서 말하는 각각의 사람에는 당연히 여자도 포함되는데 사실, 각각의 사람이 특별히 여자를 가리키기는 말이기도 하다. 왜냐하면 여자가 받는 억압이 남자보다 훨씬 더 심각하기 때문이다.

✦

'섹스와 상하이' 사건

몇 년 전, '섹스와 상하이Sex and Shanghai' 사건이 인터넷에서 큰 풍파를 일으켰다. 사건의 주요 내용은 다음과 같다. 한 외국 남자가 블로그에 중국 여성들과의 성관계를 자랑했다가 사이버테러를 당했다.

이 사건 배후의 요인을 나는 몇 가지 측면으로 나눠 분석했다.

첫째, 어떤 사람이 자신의 성적 능력을 자랑한 것에 대한 반감이다. 중국에서 일반인들은 평균적으로 평생 1.3명의 섹스 파트너만을 갖는다(미국인은 평균 13명, 영국인은 15명, 프랑스인은 16명의 섹스 파트너를 갖는다). 그중에는 이혼 후 재혼한 경우와 상처하고 재혼한 경우가 포함된다. 그래서 어떤 사람에게 섹스 파트너가 2명 있다면 그 자체로 사람들의 질투를 불러일으키기에 충분하다(그가 너무 많은 이익을 얻었다고 느끼는 것은 긍정적인 평가이고, 그가 아주 타락했다고 느끼는 것은 부정적인 평가이다). 만일 어떤 사람에게 섹스 파트너가 3명 이상이라면 그는 정말 천하에 몹쓸 잡놈이 된다. 그런데 이 외국인이 인터넷에서 자신에게 섹스 파트너가 많다고 자랑했으니 사람들의 분노를 사는 것은 당연하다. 설사 그가 외국 남자가 아니라 중국 남자이든 중국 여자이든 혹은 외국 여자였다고 하더라도 마찬가지로 사람들의 분노를 샀을 것이다. 설사 그가 정말 그렇게 하지 않고 단지 상상 속에서만 섹스 파트너를 많이 차지했다 할지라도, 마찬가지로 분노를 샀을 것이다. 그 사건이 있은 후에 외국인의 연애 이야기가 단지 상상의 산물이지 사실이 아니라는 말이 흘러나왔지만 여전히 사람들은 비난을 멈추지 않았다.

둘째, 남자가 여자를 범한 것에 대한 반감이다. 남권제 사회에서 성 문제는 독특한 손익 논리를 담고 있다. 성행위에서 남자는 이익을 얻고 여자는 손해를 본다. 이러한 논리에 따르면 한 남자가 여자를 범하면 남자가 여자의 덕을 보고, 범해진 여인은 손해를 본 셈이다. 그래서 여성들을 위한 정의를 내세워 그 남자가 공연히 이익을 얻지 못하게 하려는 것이다. 설사 그가 외국인이 아니고 중국 남자라고 해도 마찬가지로 손해를 본 여성들을 위해 정의를 되찾으려 했을 것이다.

셋째, 한 남자가 많은 여자를 범했다는 것에 대한 반감이다. 남권제 사회에서는 성 문제에 관해 이중기준이 성행했다. 한 남자가 많은 여인을 취할 수 있다든가, 소위 '처첩성군妻妾成群'*, 수컷의 공격성, 남자의 바람기 같은 것이다. 하지만 여자는 많은 남자와 관계해서는 안 된다. 현재 우리는 성평등을 소리 높여 외치고 있는데, 만일 한 남자가 여자를 인격적으로 존중하지 않고 여자를 자신과 평등한 반려자로 보지 않으면 원망을 받게 될 것이다. 여자는 그를 100퍼센트로 대하는데, 그 남자가 10명의 여자를 대한다면 각각의 여자

---

* 처와 첩이 한 무리.

는 10퍼센트밖에 받지 못한다. 이렇게 공개적인 불평등은 당연히 사람들의 원망을 불러일으킨다. 그가 외국 남자가 아니라 중국 남자라 할지라도 역시 원망을 받았을 것이다.

넷째, 외국 남자가 중국 여성을 범했다는 것에 대한 반감이다. 앞에서 말한 손익 논리에 따르면 외국 남자가 중국 여자를 범한 것은 당연히 중국 쪽에서 손해를 보고 외국 쪽에서 이익을 얻은 것이다. 많은 사람이 이 외국 남자를 작살낸 이유는 중국 사람들이 손해를 보았고 외국인이 이익을 얻었다고 느낀 손익 논리에서 기인한다. 이 손익 논리는 많은 외국 여성을 범한 중국 남성이 왜 중국인의 눈에는 나쁜 사람이 아닐뿐더러 도리어 매우 능력 있는 사람으로 보이는지를 설명해 준다. 이러한 능력은 심지어 과장되기도 하고 부러움을 사기도 한다. 또 그 중국 남성을 작살낸 사람도 없고 그의 행위에 분개하는 중국인도 없다. 간단히 말해 외국 남자가 중국 여자를 범하면 중국 쪽이 손해를 본 셈이고, 중국 남자가 외국 여자를 범하면 중국 쪽이 이익을 얻은 셈이다.

앞에서 전개한 분석에 따라, 나는 인터넷에서 이 외국 남성을 공격한 것은 이치에 맞지 않는다고 생각한다.

우선 자신보다 다른 사람의 섹스 파트너가 많다고 그 사람을 공격하는 것은 이치에 맞지 않는다.

다음으로, 손익 논리는 남권제 사회의 논리로, 면밀히 생각해 보면 역시 이치에 맞지 않는다. 그것은 성행위에 대한 오해이다. 사실 성행위에서 쌍방은 평등하게 대가를 지불하고 이익을 얻어야 한다. 한쪽이 손해를 보고 한쪽이 이익을 얻는 것은 아니다.

또 다음으로, 만일 어떤 사회에서 남자만이 많은 여자와 관계할

수 있고 여자는 많은 남자와 관계하지 못한다면 최소한 그 사회는
양성이 평등하지 않다는 것을 증명하는 셈이다. 이러한 불평등한
사회를 바꿀 수 있는 방법은 많은 여성과 관계한 남성을 쫓아가 죽
이는 것이 아니라, 많은 남성과 관계한 여성이 나타나서 이러한 불
평등에 평등을 더하는 것이 아닐까?

　마지막으로 외국 남자가 중국 여성과 성관계를 했다고 그를 공
격하는 것은 애국주의가 아니다. 이는 외국 여성을 범한 중국 남자
를 추켜세우는 것이 애국주의가 아닌 것과 같다.

✦

이제는 여자와 여자가 다르다

　'여성다움'은 본래 문제시되어서는 안 된다. 원시사회에서부터 인간은 남자와 여자로 나뉘었고, 그때부터 남자는 남성다움을, 여자는 여성다움을 지녔을 것이라고 추측된다. 다만 다른 시간과 공간, 다른 사회, 다른 문화 심지어 다른 계층에서 '여자다움'에 대한 정의가 달랐을 뿐이다.

　수렵채집 시대에는 고라니를 잡는 것이 '남성답다'는 표현이었을 테고, 과일을 따고 먹을 수 있는 식물뿌리를 찾는 것이 '여성답다'는 표현이었을 것이다. 중국 전통사회에서 수많은 처첩을 거느리거나 마누라를 때리는 것은 '남성다움'의 표현이었다. 전족을 하고 길을 걸을 때 흔들흔들거리는 모습은 '여성다움'의 표현이었다. '여성다움'은 심지어 서로 다른 계층에서 서로 다르게 정의된다. 미국의 어떤 흑인 여성이 한 여권 대회에서 했던 유명한 연설이 떠오른다. 미국 여권운동 안에 있는 백인 중산층의 주류 가치관을 비판한 이 여성의 연설은 대회장에 대포를 한 방 쏜 것이나 다름없었다. 연설의 제목은 '도대체 난 여자가 아닌가요?'였다. 그녀는 노예로서 어떻게 채찍을 맞았고 거친 일을 했는지를 격앙된 어조로 말했다. '여성다움'에 대한 그녀의 정의는 백인 은행가 사모님의 정의와는 달랐다.

중국에서 '여성다움'이 심각한 문제로 제기된 것은 개혁개방 초기였다. 그때 국가에서는 방치되었던 일들을 막 시행할 참이었고, 사람들 마음이 변하고 있었다. 사람들은 이전의 모든 가치를 전복하고 싶은 과열된 충동에 사로잡혀 있었다. 오랜 시간 '시대가 달라졌다, 남자와 여자는 모두 같다'는 생각이 주류 이데올로기가 되었다. 여자들은 규방에서 뛰쳐나왔고 전통적으로 남자에게 속해 있던 영역으로 들어갔다. 밭에 나가 땅을 파고 버스를 운전했으며 가장 앞장선 사람들은 탄광으로 내려갔다. 그곳은 완전히 남자들의 영지였다.

당시 화장품은 아무 곳에서나 살 수 있는 것이 아니었고, 전국적으로 여성들은 무대에서 공연할 때 외에는 화장을 하지 않았다. 1988년에 내가 미국에서 사회학을 공부하고 돌아온 후 어느 날 갑자기 기발한 생각이 떠올랐다. 베이징 차도의 갓돌에 앉아 길 위의 여성들이 몇 명이나 화장을 했고 안 했는지 세어 보자는 생각이었다. 순간적인 재미에서 시작한 작은 조사의 결과를 기억하는데, 여성들 중 3분의 1만이 화장을 했었다. 아마도 사회에 '여성다움'이 심각하게 결핍되었기 때문일 것이다. 여성 연구를 하는 사람들을 비롯해 많은 사람이 여성은 '여성적 기질'을 회복해야 한다고 소리치기 시작했다. 쉽게 말해 여성들이 '여성스러움'을 지녀야 한다는 것이다.

현대 중국 여성이 갈수록 남성들과 평등해지고 있다는 점은 부정할 수 없는 사실이다. 전통적으로 남성에게 속했던 영역으로 성큼 들어섰을 뿐 아니라 많은 분야에서 남성을 넘어서고 있다. 전체적으로 본다면 국제경기 성적을, 개인적으로 본다면 성공한 여성 기업가를 예로 들 수 있다.

이러한 변화를 누구나 기뻐하고 흔쾌히 받아들이는 것은 아니다. 어떤 사람은 벌써부터 여성해방에 담긴 '위험'을 모두가 주의해야 한다고 촉구한다. 즉 여성이 남성화하는 위험이다. 어떤 기자가 예를 들어 말하길, 그가 '중국 신시기* 여성영화 토론회'에 참가한 적이 있는데, 앞줄에 앉은 여성 감독들은 하나같이 모습이 철탑 같고 목소리도 우렁찼지만, 뒷줄에 앉은 남성 평론가와 이론가 들은 가늘고 섬세한 용모에 목소리도 작았다고 한다. 이러한 강렬한 대비는 그에게 고통을 주었다. 이 관찰자는 여성이 젠더 특성을 상실한 것이 '소외'라고 설명하려고 마르크스의 소외 이론을 인용했다(마르크스가 소외 이론에서 말한 것은 기본적으로 이런 의미가 아니다). 그는 또 여성이 타고난 온유함, 자비로움, 인내, 섬세함 등의 장점은 사회와 정치, 생산관계의 변화에 따라 바뀌지 않는다고 단언하기도 했다. 이러한 관점을 지닌 사람들은 현대화 과정에 의해 모호해지는 젠더 차이를 다시 강조해 여성을 '더 여성처럼', 남성을 '더 남성처럼' 만들기를 희망한다.

객관적으로 말해, 현대 중국 사회에서 여성들은 이미 대부분 '여성스러움'을 회복했다. 많은 패션잡지가 이 흐름을 이끌고 있고, 전국 잡지 표지의 90퍼센트를 차지하는 미녀들이 모범을 보이고 있다. 물론 중국 여성들이 하나같이 임대옥林黛玉**이 되려고 노력한다고 말할 수 없고, 하나같이 현모양처의 기준에 자신을 맞추려고 한다고 볼 수도 없다. 하지만 많은 여성이 분명 우리가 젊었을 때처럼 '강철 아가씨'(문화대혁명 시기에 노동하느라 고생하는 여성을 존경해 부른 호칭)를 목표로 삼지 않으며, 자신만의 '여성다움' 기준을 가지고 있다. 그 속에는 온유함과 아름다움이 있고 아마도 순종과 심지어 섹시함이 있을 것이다. 하지만 총명함과 능력이 있는지는 확실하지 않고 공격성, 카리스마는 더더욱 없을 것이다. 비유적으로 말하자면, 작은 새가 사람에게 의지하고 담쟁이가 나무에 휘감겨 있듯이 의존적이다.

오늘 우리는 중국 고대사회의 여성 기질에 대한 부정의 부정 과정을 어떻게 봐야 할까? 내가 보기에 어쩌면 우리는 '시대가 달라졌다. 남자와 여자는 모두 같다'라는 낡은 구호를 버려야 할지도 모른다. 하지만 대신하는 구호는 '시대가 달라졌다. 남자와 여자가 다르다'가 아니라 '시대가 달라져서 여자와 여자가 다르다'여야 한다. 부정의 부정을 경험한 신시대에 여성은 결코 송나라 때나 청나라 때로 돌아가지 않았다. 어떤 여성들의 가치관은 순종을 그다지 좋아하지 않고 남자를 보좌하는 역할을 그다지 달가워하지 않는 것으로 변했다. 어떤 여성들은 작은 새가 되기를 원하지만 또 어떤 여성들은 사람이 되기를 원한다. 어떤 여성들은 담쟁이가 되기를 원하지만 또 어떤 여성들은 나무가 되기를 원한다.

나는 여성들이 이미 송대나 청대 여인들과 달리 각양각색의 다양한 모습으로 변했다고 생각한다. 그런 모습 역시 '여성다움'이라고 할 수 있다. 왜냐하면 여성다움은 고정불변하는 것이 아니라 시

---

* 중국에서는 문화대혁명이 끝난 이후부터 지금까지를 '신시기'라고 부른다.
** 『홍루몽』의 여주인공으로 병약하지만 용모가 아름답고 서화에 뛰어나다. 『홍루몽』의 남주인공인 가보옥과 서로 사랑하지만 끝내 이루어지지 못한다.

간과 공간의 변화에 따라 끊임없이 새로 정의되어야 하기 때문이다. 예를 들어 밖으로 나오지 않고 집에서 현모양처가 되기를 원하는 여성도 있고, 경제적 독립을 위해 사회에서 최선을 다하고 싶은 여성도 있다. 남자를 보좌하는 역할을 원하는 여성도 있고, 남자를 지도하길 원하는 여성도 있다. 전자만이 '여성다움'이고 후자는 '남성다움'이라고 단언해서는 안 된다. 인성은 매우 풍부하고 다채롭고, 여성(여성적 기질) 역시 매우 풍부하고 다채롭다. 그래서 신시대의 '여성다움'에는 온유함, 아름다움, 순종은 물론이고 총명함, 능력이 포함되어야 하고 심지어 공격성과 카리스마도 포함되어야 한다.

여성 기질 문제에서 정확한 관점은 소위 여성 기질이라는 것은 결코 천성적이지 않고 장기적인 사회적 실천이 구축한 결과라는 시각이다. 다시 말해, 전통사회에서 여성의 온유하고 완곡하며 의존적인 점과 현대사회에서 여성이 강인하고 억세며 자신의 능력을 펼치려는 것은 사회발전의 산물이지 결코 자연의 섭리를 위반한 것이 아니다. 또 회귀할 수 있는 기준이 되는 여성 기질의 틀이 정해져 있는 것도 아니다. 본질적으로 우리는 어떤 여성이 '더욱 여성스러운지' 알지 못한다. 또 어떤 남성이 '더욱 남성스러운지'도 알지 못한다. 인간, 먼저 인간이고 그다음에 남성이거나 여성이다. 여성은 아이를 낳는 능력 말고는 남성과 근본적으로 차이가 전혀 없다. 그래서 우리는 정말이지 여성의 '남성화'나 혹은 남성의 '여성화'를 걱정할 필요가 없다.

✦

중성화 불안감을
어떻게 볼 것인가

최근 몇 년 사이에 '중성화 불안감' 즉, 남성이 남성답지 않게 변하고 여성이 여성답지 않게 변한다는 불안감이 나타났다. 특히 스타 선발 프로그램에서 중성적으로 꾸민 참가자들이 빈번하게 우승하면서 이러한 불안감은 더욱 심해졌다.

세계 각국의 전통사회에서는 대부분 양성의 기질을 엄격하게 구분한다. 남성적 기질과 여성적 기질은 독립성과 의존성, 능동성과 피동성, 지배성과 복종성, 주체성과 객체성, 약탈성과 피약탈성, 논리성과 비논리성, 생산성과 생식성, 능력과 아름다움, 지력과 사랑, 이성과 감성, 강인함과 유순함, 정신과 육체, 문화와 자연 등등으로 개괄된다. 만일 하나하나 열거하자면 이러한 대비는 무한히 이어질 수 있다.

전 세계가 현대화 과정에 들어선 뒤, 앞에서 언급한 양성 기질의 구분이 모호해졌다. 이러한 모호함 혹은 중성화 추세는 남권제가 쇠약해지면서 점점 더 강해졌다. 전통적으로 남성에게 속했던 영역으로 여성들이 들어서면서 소위 남성적 기질과 여성적 기질을 나누는 것은 더욱 근거 없는 일이 되었다. 여성과 남성의 복장

변천은 이러한 큰 변화의 물결에서 찾아볼 수 있는 작은 예시이다. 유럽 중세에 여성이 치마 대신 긴바지를 입는 일은 매우 일탈적 행위였다. 하지만 현재 세계 각지의 여성들을 보면 긴바지 차림은 이미 일상적 옷차림이 되었다. 이는 전형적인 중성화 현상인데 왜 사람들은 이 때문에 불안해하지 않는 것일까? 리위춘李宇春*과 같은 사람이 경연 프로그램에서 우승하면 중성화 불안감이 나타나야 하는 것 아닌가?

젠더 기질 문제를 다루는 올바른 관점은 양성과 그 특징을 확연하게 양분하는 행위를 부정하는 것이다. 즉 여성의 특징을 육체적, 비이성적, 온유함, 모성적, 의존적, 감정적, 주관적, 추상적 사유 능력의 부족 등으로 일반화하는 것을 반대하고, 남성의 특징을 정신적, 이성적, 용맹함, 넘치는 공격성, 독립적, 이지적, 객관적, 추상적·분석적 사유 능력 등으로 일반화하는 것을 반대한다. 이러한 관점은 두 성별의 특징이 자연적이지 않고 고정적이지 않음을 강조하는 것이다. 그리고 모든 남성과 모든 여성 각자가 천차만별이고 천태만상이라고 여긴다. 이러한 관점은 이분법적 사유 방식을 반대하고, 대립 구조를 완전히 뒤엎어 양성의 특징을 다원화하고 간색을 포함하는 색체계를 만들어야 한다는 주장으로 나타난다.

하지만 양성 기질에 대한 고정관념이 존재하는 것은 의심할 나위 없는 현실이다. 이러한 현실을 어떻게 바라보아야 할까?

---

* 짧은 머리에 중성적인 분위기를 가진 여성 가수이자 배우로, 영어 이름은 Chris Lee 이다. 2005년 〈슈퍼 여성 목소리超級女聲〉라는 프로그램에서 우승을 차지했다. 그 후 중국 대륙뿐 아니라 싱가포르, 홍콩, 한국 등에서 많은 음악상을 받았다.

우리는 우선 소위 남성적 기질과 여성적 기질이 완전히 문화와 사회가 만들어 낸 산물임을 인식해야 한다. 설사 고정관념이 가리키는 것과 같은 차이가 여성과 남성에게 분명히 존재한다고 해도, 그 차이 역시 사회가 만들어 낸 것이지 여성과 남성의 해부생리학적 차이에서 비롯한 것이 아니다.

우리는 남성적 기질과 여성적 기질의 구분이 전통적인 젠더 질서를 유지하는 도구임을 알아야 한다. 젠더 고정관념은 사람들이 어떤 젠더가 어떤 모습이어야 한다고 오인하는 직접적인 결과를 부른다. 그럼으로써 독립적이고 자유로운 선택을 제한하고 규범에 맞게 행동하기를 요구한다. 실제 생활에서 여성들은 남성화에 대해 공포를 느낀다. 공격적이고 포부가 있고 지능적이고 심지어 짧은 머리에 중성적으로 꾸미면 '여성성'이 부족한 여자라고 여겨진다. 남성들 역시 여성화에 대해 똑같이 공포감을 갖는다. 사람들이 자신에게 '여성적'인 면, '여자 같은' 면이 있다고 할까 봐 두려워한다. 여성들은 일부러 자신의 남성적 기질을 감추고, 남성 역시 애써 자신의 여성적 기질을 감춘다. 젠더 고정관념을 따르는 과정에서 젠더 고정관념은 점점 더 강해지고, 점점 더 경직되고, 점점 더 고정화되고, 점점 더 '일탈'을 용납하지 않게 된다. 마침내 젠더 질서가 세워지고 개인의 자유로운 발전이 제약된다.

오늘날 세계에서 젠더 고정관념은 이미 구태의연한 것이 되어 버렸다. 젠더 고정관념을 깨뜨리는 현상이 아주 많이 나타났고, 그런 중에 리위춘과 같은 사람이 경연 프로그램 우승을 거머쥐기도 했다. 우리는 전통적인 중성화 불안감을 극복하고 사회의 젠더 규범이 다원화되는 것을 기뻐해야 한다. 왜냐하면 여성적 기질과 남성적 기질이 다원화되는 시대가 우리 앞에 다가오기 때문이다. 이 새로운 시대에 저마다 자신의 진정한 자아를 실현할 자유가 점점 늘고 있다. 전통적인 젠더 질서는 철저하게 극복될 것이고 사회는 더욱 풍부하고 다채롭게 변화할 것이다.

✦

여성 대표!
제대로 반성 좀 하세요!

　성평등은 중국의 기본 국책이다. 하지만 몇몇 대표위원이 한 제
안은 이 선을 무너뜨렸다. 한 여성 대표가 '여성을 집으로 돌려보
내자'는 제안을 하는 것을 보고 너무나 경악했다. 몇 년 전 어떤 남
성 사회학자 집단에서 '여성을 집으로 돌려보내자'고 외쳤을 때 여
성계에서 정말 벌 떼처럼 들고일어났다. 여성계 전체가 분노하고
성토하자 놀라서 그 목소리는 금방 사그라졌다. 그런데 지금 여성
대표가 여성은 집으로 돌아가자는 안건을 제안하다니! 이 제안의
가장 큰 문제는 '여성이 가정에서 나와 사회 생산노동에 참여한다'
는 여성해방의 가장 중요한 성과를 말살한다는 점이다.
　몇천 년 동안 남자는 바깥을 관리하고 여자는 안을 관리하는 것
이 노동 분업의 기본 공식이었다. 이것은 여성의 사회적 지위를 낮
춘 낙후된 관습이고 전통적 생활 질서이다. 1950년대부터 중국
여성지위의 변모는 기본적으로 여성이 더 이상 집에만 머물러 있
지 않고 사회 생산노동에 참여했기 때문에 가능했다. 국가기관에
서 조사한 데이터에 따르면 중국이 지금까지 발전해 오면서 노동
시장에서 여성의 비율이 이미 40퍼센트를 넘어선 것으로 나타났

다. 취업난을 해결하기 위해서든, 아니면 다른 원인 때문이든 누군가를 집으로 돌려보내야 한다면 일부 사람들(성별 구분 없이)이 집으로 돌아가도록 호소해야지, 일방적으로 여성이 집으로 돌아가야 한다고 호소할 수는 절대로 없다. 왜냐하면 헌법에서 공민은 일할 권리가 있다고 했고, 여성은 공민이기 때문이다. 그러므로 여성에게는 일할 권리가 있다. 일부 사람들이 집으로 돌아가고 싶어 한다면 그것 역시 그들의 권리이다. 사실 이미 많은 사람이 집으로 돌아가는 것을 선택했다. 하지만 우리는 절대 일방적으로 특정 성별의 사람들이 집으로 돌아가야 한다고 소리쳐서는 안 된다. 그것은 성차별이다.

중국의 법률과 성평등을 명시한 많은 국가의 법률 그리고 국제법(예를 들어 유엔의 여성 차별 반대 조항) 정신에 이르기까지 모두 단호하게 성차별에 반대한다. 일단 여성이 집으로 돌아가야 한다고 일방적으로 부르짖는 여론이 형성되면 여성의 지위는 떨어지고, 100년 넘게 여성들이 공적영역에서 남성과의 평등을 쟁취하고 실현한 위대한 여정은 좌절될 것이다. 그리고 무수한 여성 영웅(추진秋瑾*을 생각해 보기 바란다)들이 성평등을 쟁취하기 위해 펼친 힘겹고 탁월한 100년간의 투쟁 성과는 손상될 것이다. 여성 이익에 손해를 끼치는 이러한 제안을 어떻게 여성 대표가 제안할 수 있단 말인가?

요전에 또 다른 여성 대표가 "여성의 정절은 시댁에 보내는 가장

---

* 반청反淸 운동에 앞장선 청말의 급진적 여성 혁명가. 1907년 서른세 살에 체포되어 처형당했다.

귀중한 예물이다"라는 전통적 정조 관념이 농후한 표현을 언론에서 했던 일이 연상된다. 정말이지 우리의 여성 대표가 성평등에 관한 계몽교육이 안 되어 있고, 혁명 이전의 전통적 구식 여성 대변인으로 전락했다고 느꼈다. 여성 대표님들, 제대로 반성 좀 하세요!

왜 여자는 밥을 차리고
식탁에 앉지 않을까

2006년 허베이의 농촌에서 여성지위 문제를 조사했는데 매우 눈에 띄는 정황을 발견했다. 집에 손님이 오면 항상 남자가 손님을 맞이하고, 식사를 할 때 여자는 식탁에 앉지 않고 부엌이나 식탁 앞에서 시중을 들었다. 마을 전체가 이러한 관습을 엄격하게 지키고 있으며, 구성원 모두 집에 손님이 오면(특히 남자 손님) 여자는 남자와 똑같이 평등하게 식탁 앞에 앉아 식사해서는 안 된다고 여기고 있었다.

한 여성 농부는 "보통 남자는 손님을 맞고 여자는 밥을 하죠. 여자가 식탁에 앉으면 사람들의 웃음거리가 돼요"라고 말했다. 또 다른 사람은 "여자가 밥을 다 하고 나서도 식탁에 앉으면 안 돼요!"라고 말했다. 이러한 관습은 심지어 부모와 자식의 관계를 뛰어넘을 정도로 강했다. 남편이 세상을 떠난 홀어머니는 "그(남편)가 살아 있을 때는 그가 함께했지만 이제는 아들놈이 함께해요"라고 말했다. 이러한 관습은 때로 황당한 지경에 이르기도 한다. 마을에는 혼자 힘으로 마을에서 가장 큰 공장을 세운 슈퍼우먼이 있었지만 그도 관습의 굴레에서 벗어나지 못했다. 그는 이렇게 말했다. "카

펫 공장은 내가 세웠지만 바이어가 오면 남편이 함께 식사하고 일에 대해 이야기해요. 난 밥을 하고 차를 따르죠. 그이가 한참 수다를 떨고 있으면 기회를 보다가 제가 공장에 유용한 이야기를 몇 마디 하죠. 공장에서 그이의 임무는 술 마시고, 담배 피우고, 쉬는 것이에요. 모든 사람이 그가 사장이고 나는 그 집에서 임금을 받지 않는 가정부라고 알고 있어요."

여자가 밥을 하지만 식탁에 앉지 않는 이런 관습은 아마도 처음 만들어졌을 때에는 어떤 타당한 이유가 있었을 것이다. 중국은 남권제 사회였기 때문에 몇천 년 동안 밥하는 것은 여자들의 일이었다. 남자들이 손님과 대화를 나눌 때 여자들은 정신없이 식사 준비를 했다. 남자들이 손님을 모시고 식사를 하고 나면 여자들은 황급히 설거지를 했다. 이런 일이 오랫동안 지속되면서 관습이 되었다. 설사 그렇다 할지라도 여자들이 식탁에 앉지 않는 것이 규칙으로 굳어지다가 엄격한 금기 사항이 된 이후에는, 참기 힘든 젠더 차별로 변해 버렸다. 이렇게 눈에 거슬리는 관습의 배후에는 사실 '남자는 밖의 일을 하고 여자는 안의 일을 한다'던 시대의 유풍이 있다.

'남자는 밖의 일을 하고 여자는 안의 일을 한다'는 것은 무엇보다 노동 분업으로 표현되었다. 몇천 년 동안 남부 지역 일부 농촌을 제외하고 여자들은 사회 생산노동에 참여하지 않았다. 남자들은 밭을 갈고 노동을 하고 농작물을 심었으며, 여자들은 집에서 밥을 하고 옷을 빨고 아이를 키웠다. 이러한 노동 분업은 1000년 동안 한결같아서 불변의 진리로 받아들여졌고, 심지어 어떤 사람들은 이에 대해 생리학적인 근거를 찾기도 했다. 즉 여자들은 수유를 해야 하기 때문에 가사에만 적합하고, 나가서 일하는 것은 근본적으로 맞지 않는다는 주장이다.

다음으로 사회 교류에서도 그런 유풍이 표현되었다. 여자들은 '대문을 나서지 않고 중문을 넘지 않았'고, 손님을 접대하고 사회적으로 교류하는 일은 모두 남자들의 일이 되었다.

마지막으로 도덕관념에서도 그 유풍이 표현되었다. 여자가 '얼굴을 내밀고 머리를 들이미는' 것은 적합하지 않고, 남자와 동등하게 행동하는 것 역시 적합하지 않았다. 여성들은 부녀자의 도리를 거스를까 봐, 또 사내대장부의 권위에 위협이 될까 봐 걱정했다.

사회학의 문화지체이론(정치와 경제 변화가 앞서고 문화 변천은 뒤처진다는 이론)은 여기서 증거를 찾았다. 1950년대부터 많은 농촌 여성이 대규모로 사회 생산노동에 참여하고 이미 가정을 벗어나 사회 교류에 뛰어들었지만, 허베이의 작은 농촌에서 여성들은 여전히 얼굴을 내밀거나 머리를 들이밀 수 없으며, 남자들과 동등하게 행동할 수도 없다. 그리고 집에 손님이 왔을 때 식탁에 앉아 식사할 수도 없다.

부부의 평등권이 이미 많은 농촌의 부부관계에서 실현되었지만, 남자들만 손님과 함께 식사하는 전통 관습으로 볼 때, 우리 농촌에는 여전히 남권제의 잔재가 남아 있다. 그것은 마치 몇천 년동안 권위를 유지하고 있는 남권제의 눈부신 영광을 자랑하며 똑똑히 보여 주려는 듯이, 다른 말을 허용하지 않는 엄격함을 포악스럽게 내뿜고 있다. 축하할 만한 것은 남권제의 찬란한 빛이 이미 어두워졌고 아주 희미한 석양만이 남아 있다는 점이다.

중국의 성평등은
아직 멀었다

2012년 중국공산당 '제18차 전국대표회의' 이후 중앙정치국 상무위원 일곱 명 중에 여성은 여전히 한 명도 없다. 이는 중국의 성평등이 아직 멀었음을 보여 준다.

이전에 허베이 농촌 젠더 권력관계의 조사 보고서 「허우촌의 여인들後村的女人們」에서 내가 조사한 마을에 여성 간부가 한 명뿐이었다고 언급했다. 향郷* 간부는 그에게 마을의 여성 관련 업무와 산아제한 업무를 담당하도록 했는데, 마을 사람 대부분이 그의 이러한 직책에 대해 알지 못했다. 모든 촌 간부 중에 여성이 거의 없거나, 있어도 단지 여성 주임 한 명뿐인 것, 이것이 현재 농촌의 전형적 실정이다.

나의 농촌 조사는 전통적 젠더 관념이 현실에서 젠더 권력관계에 여전히 큰 영향력과 장악력을 지니고 있음을 보여 준다. 현대 중국인들, 특히 도시에서 생활하는 사람들이 '삼종三從'을 이야기하면 마치 오래된 농담을 하는 것 같다. 하지만 농촌과 하층사회에

---

* 중국의 행정단위로 현縣 밑에 있다.

서 그것의 힘은 여전히 유효하다. 그것은 중국 남권제의 마지막 보루이고 가장 깊고 넓은 토대이다. 남성이 여성을 통치한다는 관념이 이미 사회적 관심에서 멀찌감치 멀어졌는데도 그 힘이 미치지 않는 곳이 없다. 그것의 영향은 국가의 최고층 지도 기구에까지 미치고 있다.

이와 마찬가지로 2012년까지 당의 중앙정치국 상무위원 가운데 여성은 한 명도 없었다. 이러한 현실과 농촌위원회의 젠더 구성 사이에 논리적 관계가 없다고 누가 말할 수 있을까?

✦

'장모님 요구'에 대한 사회학적 분석

　최근 부동산을 관리하는 한 공무원이 아주 재미있는 말을 했다. 부동산 가격이 내려갈 수 없는 이유는 '장모님의 강한 요구' 때문이라는 것이다. 젊은 남자가 청혼할 때 장모님이 "반드시 집이 있어야 딸을 자네와 결혼시키겠네"라고 요구하기 때문에 결혼을 원하는 젊은 청년은 모든 것을 다 내놓고라도 집을 사야 한다. 장모님이 집에 대한 강력한 수요를 만들어 낸 것이다.

　나는 가족 연구와 젠더 연구를 해 왔는데 장모의 요구는 이 양자와 관련이 있다고 본다. 결혼 이후의 거처는 가족 연구에서 중요한 지표이고, 성평등 문제에서는 훨씬 더 중요하다. 결혼 후 부부가 독립해서 생활하지 않고 여자가 남자 쪽 집에 들어가 사는 형태가 가정에서 남권제의 기초를 형성하며, 나아가 남권제의 사회적 기초가 되기도 한다. 수천 년간 중국의 남권제 사회에서 이루어진 것이 바로 결혼 후 여자가 남자 집에서 시집살이를 하는 것이다. 여자는 부모 친척 없이 혈혈단신 혼자 남자 집으로 들어간다. 자신이 자란 집안에서 완전히 나가 홀로 낯선 집안과 대면해야 하는 상황이 집안에서 여성의 지위를 매우 불리하게 만든다. 속담에 "시어머니와 며느리는 천적"이라고 했다. 며느리는 시어머니라는 낯선 사람을 대해야 하며 한 남자(시어머니의 아들)의 사랑을 두고 다투어야 하니 적이 안 되기가 어렵다.

중국이 현대화와 도시화 과정에 들어선 이후, 여성에게 아주 불리했던 가정 형식이 시나브로 변했다. 새로운 주거 형태가 나타난 것이다. 결혼 후 집을 사거나 빌려 신혼부부만 따로 생활하는 형태이다. 두 젊은이가 같은 출발선에 섰고(만일 그들이 집에서 누가 더 지위가 높은지 겨루려는 것이라면), 더 이상 여자가 결혼하면서 불리한 상황에 빠지지 않게 되었다. 결혼 후 새로운 주거 형태가 잠재된 고부간의 갈등이라는 고질병도 근본적으로 치료하는 작용을 했다.

우리가 2007년 다섯 개 도시(광저우, 항저우, 정저우, 란저우, 하얼빈)에서 실시한 조사에 따르면, 이 새로운 주거 형태가 모든 결혼에서 절반을 차지하는 것으로 나타났다. 바꿔 말하면, '장모님의 강한 요구'가 최대 50퍼센트를 차지한다는 말이다. 연령별로 나누어서 본다면 결혼을 앞둔 사람들 중에서 '장모님 요구'가 작용하는 경우는 50퍼센트를 넘어설 것이다.

아울러 조사에서는 다섯 도시의 가정에서 결혼 이후 시집살이를 하는 비율이 45퍼센트를 넘어 시집살이가 여전히 결혼 이후 주요한 주거 형태임을 보여 준다. 하지만 결혼 후 처가살이를 하는 비율은 매우 낮았다. 결혼 후 남편의 집에서 사는 형태가 새로운 주거 형태와 비등한 국면을 형성한다는 조사 결과는, 중국 사회에서 여전히 남권제의 기반이 광범위하다는 것을 보여 준다. 조사 결과, 결혼 후 시집살이는 자신의 선택이나 관습에 따른 것이 아니라 주택난이 원인이며, 집이 있다면 신혼부부는 새로운 주거 형태를 선택하는 것으로 나타났다. 이런 관점에서 보면, 장모님의 강력한 요구는 결혼 후 새로운 주거 형태에 대한 강한 요구이다. 그것은 결혼 후 새로운 주거 형태, 새로운 국면, 새로운 풍습을 만들고 있다. 가족과 사회에서 남권제를 흔들고, 가정과 사회에서 여성과 남성의 지위가 조금씩 평등해지도록 하고 있다.

성평등의 관점에서 보면, 장모님의 요구는 쌍방의 지위를 평등하게 만든다는 점에서는 이롭지만 한편으로 분명 문제도 있다. 집을 마련해야 한다는 무거운 책임을 남자 쪽에만 짊어지게 한다는 것인데, 그렇게 된 원인은 두 가지이다. 한 가지 원인은 전통적으로 중국 사회에서 결혼은 '남자가 장가가고 여자가 시집오는' 것이어서 쌍방에게 평등하지는 않았다. 그래서 집은 남자 쪽에서 제공했다. 이는 남자는 돈을 벌어 집안을 돌보고 여자는 사회 생산노동에 참여하지 않는다는 낡은 관습이기도 하다. 농촌에서는 아들을 장가보내려면 반드시 집을 마련해야 했고, 지금도 여전히 그렇다. 도시에서도 관습이 되어 결혼하면 응당 남자 쪽에서 집을 사야 한다고 여긴다. 또 다른 원인은 현재 사회생활에서 여성이 돈을 번다고 해도 평균임금이 남성보다 확실히 낮다는 데 있다. 서양 사회를 포함해서 세계적으로 여성의 임금수준은 남성 임금의 60퍼센트에서 80퍼센트 사이이다. 이러한 두 가지 이유 때문에 집을 사라는 요구가 '장모님 요구'이지 '시어머님 요구'는 될 수 없다.

언젠가 우리 사회 전체에 신혼부부의 새로운 주거 형태가 실현되고 '장모님 요구'가 '장모님과 시어머님 공동의 요구'로 바뀌어야 마침내 우리는 성평등을 실현하게 된다. 이것이 가족과 젠더 문제를 연구하는 사회학자로서, '장모님 요구'에 대한 나의 분석이다.

✦

'결못녀'와 비혼 물결

최근 '결못녀'(剩女, 결혼 못한 여자)라는 새로운 단어를 종종 보게 된다. 나이가 많은데 결혼하지 않은 여자를 가리키는 이 단어의 출현은 내가 보기에 전통사회 관습이 낳은 오래된 공포에서 기원한다.

전통사회에서 여자는 대부분 사회 생산노동에 참여하지 않았다. 소녀 때부터 출가할 때를 기다리고, 시집간 후에는 남편을 돕고 자식을 기르는 데 전념하며 집안일을 관리하면서 인생을 마쳤다. 전통사회에서 여자들의 가장 큰 공포는 시집가지 못해서 평생 처녀로 늙는 것이었다. 사회에는 노처녀에 관한 각종 두려운 이야기가 돌아다닌다. 원하는 사람이 없다느니, 고독하고 외롭다느니, 생각이 배배 꼬여 있다느니 하는 말들이 적지 않다. 요컨대 노처녀가 되는 것은 여자에게 여전히 가장 두려운 악몽인 듯하다. 유행하고 있는 '결못녀'라는 신조어는 이러한 오랜 두려움을 슬며시 드러내고 있다.

하지만 시대가 달라졌다. 여자들의 삶도 희망적으로 바뀌었다. 현재 거의 모든 여성이 자기 일을 갖고 있고, 자신을 스스로 보살피기에 충분할 정도의 돈을 벌 수 있으며, 또 아이를 기르고 부모를 부양할 수도 있다. 소수이지만 수입이 남성보다 많은 여성도 있다. 물론 전체적으로 볼 때 여자들은 남자들보다 적게 번다. 중국 여성의 평균임금은 남성 평균임금의 70퍼센트이다. 하지만 대학에서 여대생의 비율이 50퍼센트에 육박했으며 대학 입학시험 최고 득점자 중에서 여학생의 비율은 이미 남학생을 넘어섰다. 여성들에게 완전히 새로운 이 시대에는 시집을 못 가서 생기는 치명상이 크게 줄어들어 별것 아닌 문제로 쪼그라들었다. 더 이상 생존의 문제가 아니라 삶의 질과 생활 방식과 관련된 문제가 됐다.

이러한 상황인데도 비교적 조건이 좋은 여성들이 왜 결혼 시장에서 '남아돌게' 되는 것일까? 사회학 통계에서는 주요한 원인을 인간의 배우자 선택 관습에서 찾고 있다. 결혼 시장에서 남자들은 배우자를 아래에서 찾고 여자들은 위에서 찾는다. 갑의 남자는 을의 여자를 찾고, 을의 남자는 병의 여자를 찾으며 병의 남자는 정의 여자를 찾는다. 그래서 남은 사람은 갑의 여자와 정의 남자이다. 이것이 속칭 '갑녀정남甲女丁男' 현상이다. 같은 이유 때문에 산간지대에 사는 여자들은 평원으로 시집가고, 평원지대의 여자들은 해안가의 발달한 지역으로 시집가며, 도시 근교의 여자들은 도시로 시집을 간다. 최종적으로 도시의 '갑녀'와 멀리 떨어진 빈곤 지역의 '정남'이 혼인 열차에서 떨어져 나가는 현상이 생긴다. 만일 그렇지 않다면 신생아 성비(여아 100명에 대응하는 남아의 수)가 120을 넘는 현실에도 결혼 시장에서 여자가 남아도는 기괴한 현상을 설명할 방법이 없다. 도시의 조건 좋은 '결못녀'의 상대자는 머나먼 빈곤 지역의 '노총각 마을'에 살거나 어떤 여성과도 결혼하기 어려운 몹시 빈곤한 남성뿐이다.

해결 방법은 두 방면의 변화 말고는 없다. 첫째는 사회규범의 변화이고, 둘째는 개인 선택의 변화이다.

사회규범의 변화는 모든 사람이 반드시 결혼을 해야 한다는 사회적 관습을 바꾸는 것을 뜻한다. 북유럽 국가에서는 반려자가 있는 사람들 중 절반 정도만 결혼해서 안정적이고 지속적인 일대일 관계로 들어간다. 나머지 절반의 사람들은 비혼이나 동거 관계를 유지하면서 비교적 빈번하게 반려자를 바꾼다. 미국과 프랑스에서 전체 가정의 4분의 1은 독신가정이다. 이러한 사회에서는 소위 '결못녀'와 '결못남'의 스트레스가 많이 줄어든다. 이와 동시에 결혼 밖의 성생활에 대한 사회규범은 전통사회와 달리 그렇게 엄격하지 않고(1997년 새로운 「형법」에서 '건달죄'를 폐지하기 전까지 중국에서는 줄곧 결혼 생활 이외의 모든 성생활을 엄격하게 징벌하는 법률을 시행했다) 반드시 느슨하게 변한다.

개인 선택의 변화란 개개인이 모두 결혼을 선택하던 것에서 일부는 비혼을 선택하는 것으로 변하는 것을 뜻한다. 반드시 결혼을 선택해야 한다면 운에 맡길 수도 있고(애정은 종종 운에 기대야 한다) 아니면 눈을 낮추어 상대를 구할 수도 있다. 만일 꼭 결혼을 선택하는 것이 아니라면 '결못녀'와 같이 시대에 뒤떨어진 호칭에 얽매이지 말고 혼자서 즐겁게 풍요롭고 다채로운 생활을 즐기기 바란다.

✦

독신 생활자가 느는 이유

　통계자료에 따르면 과거 10여 년간 전 세계에서 독신 생활자가 늘고 있다고 한다. 1996년 1억 5300만 명에서 2011년에는 2억 7700만 명으로 증가해 81퍼센트가 증가했다. 영국에서 독신가정이 전체 가정의 34퍼센트를 차지하며, 미국에서는 27퍼센트를 차지한다. 스위스에서는 47퍼센트의 가정이, 노르웨이에서는 40퍼센트의 가정이 독신가정이다. 아시아 국가 중에서는 일본의 독신가정 비율이 놀랍게도 이미 30퍼센트에 달했다. 최근의 추이를 보면 중국과 인도, 브라질에서 독신이 증가하고 있다. 현재 중국에서 결혼 적령기 독신 인구는 이미 억대이고, 베이징과 상하이의 독신 인구는 100만 명을 넘어섰다.

　현재 중국에 왜 독신 바람이 부는 것일까? 원인은 다양하다. 어떤 사람은 스스로 원해서 선택했고, 어떤 사람은 적합한 결혼 상대자를 찾지 못해서 어쩔 수 없이 혼자 있으며, 대부분은 환경에 적응해 반려자를 찾으면 결혼하고 찾지 못하면 일시적으로 독신을 선택한다.

　독신 바람이 분 중요한 원인을 다음 몇 가지로 간추릴 수 있다. 우선 개인 중심 문화가 생기고 개인주의 가치가 증가했기 때문이다. 동서양 문화 차이에 대해 사회학에서 쓰는 전형적인 표현으로 요약하면 '서양은 개인 중심의 사회이고 중국은 가정 중심의 사회이다.' 서양은 개인의 쾌락을 주요한 가치로 삼고, 중국은 가정의 이익을 주요한 가치로 삼는다. 현대화와 도시화가 진행되면서 중국 도시 문화에 개인 중심의 색채가 짙어지고 있으며, 많은 사람, 특히 젊은 사람들 사이에서 개인 쾌락을 중요하게 여기는 정서가 점점 더 커지고 있다. 결혼해서 아들을 낳아 대를 잇는다는 전통적 가치는 더 이상 과거처럼 강력하지 않게 되었다. 이 점이 독신 바람이 형성된 가장 주요한 원인이다. 독신 생활 방식을 스스로 선택한 사람들에게는 특히 그러하다.

다음으로 여성이 사회 생산노동에 참여하게 되었기 때문이다. 1950년대부터 여성이 사회 생산노동에 참가하는 큰 흐름이 형성되었고 이는 사회와 결혼 생활에서 중국 여성의 지위를 완전히 바꿔 놓았다. 가장 주요한 변화는 남성에게 의존하는 '남성은 밖을 책임지고 여자는 안을 책임진다'는 패러다임에서 성평등의 패러다임으로 변화한 것이다. 여성에게도 수입이 생겨 독립적으로 생활할 수 있게 되었다. 전통사회에서 결혼이 여성의 유일한 생활 원천이자 생활 방식이었다면, 현재의 여성들은 독신 생활 방식을 선택할 가능성이 생긴 것이다. 이것 역시 독신 바람이 발생한 원인의 하나이다.

또 다른 원인은 인류의 평균수명 연장과 결혼 후 평생 유지하는 일대일 관계의 모순이다. 전통사회에서 인간의 평균수명은 30~40세였고, 평생 일대일 관계를 유지하는 데 큰 어려움이 없었다. 하지만 현대사회에서 평균수명은 70~80세로 늘었고, 그 기간에 감정이 변하거나 싫증이 날 가능성은 높아져 일대일 관계의 모순이 분명하게 드러나게 되었다. 뜨거운 감정을 불러일으키는 파트너가 생기는 것 말고도 많은 사람이 감정이 점점 무뎌지거나 심지어 싫증이 나는 상황을 맞이하게 되었다. 열정적으로 사랑한 파트너 사이에서도 감정의 변화가 발생할 가능성이 있다. 고정적인 혼인 관계는 날이 갈수록 변화하는 사람들에게 감정과 욕망의 족쇄가 되었다. 이혼율의 급증이 그 증거이다. 비싼 이혼 비용(물질적으로 정신적으로)은 많은 사람이 결혼에 꽁무니를 빼도록 만들었다. 이것이 독신 바람의 또 다른 원인이다.

마지막 원인은 출산 숭배와 후대를 잇는 것을 삶의 주요한 가치로 삼았던 생각의 변화이다. 중국의 전통사회에서 사람들은 기본적으로 무신론자였다. 하지만 조상을 숭배하고 대를 잇는 것은 종교적 색채를 띤 가치였다. 사람들은 후대 출산에 개체 생명 연장이라는 의미를 부여했다. 더구나 늙어서 노동력을 상실한 뒤에는 자녀의 부양이 노인들의 유일한 생활 자원이자 감정적 위안이었다. 현대사회에서는 출산의 가치가 하락하는 추세이고, 노인 복지제도 보급이 점점 자녀의 부양을 대신하고 있다. 만일 출산을 선택하지 않는다면, 결혼의 절대적 이유가 절반은 사라진다. 출산 거부는 이미 가능한 선택이 되었고, 이러한 선택의 직접적인 결과는 바로 독신 인구의 증가이다.

독신 바람을 어떻게 평가할 것인가 하는 문제에서, 가장 중요한 원칙은 도덕적 심판을 많이 하지 않는 것이라고 생각한다. 바꿔 말하면, 그것이 좋은 일인지 나쁜 일인지 심판하지 말아야 한다. 왜냐하면 도덕은 시간과 공간에 따라 계속 변하기 때문이다. 가정을 중시하는 입장에서 보면 독신 바람의 출현은 나쁜 일이다. 하지만 개인을 중시하는 입장에서 보면 많은 사람이 독신 생활을 선택하는 것은 나쁜 일이 아니라 인간성에 부합하는 자연적 선택이다. 그 선택은 완전히 개인의 권리에 속하며 개인 자유와 연관된다. 우리는 마땅히 개인의 자유로운 선택의 폭이 크게 넓어지는 시대와 사회에서 살고 있는 것을 기쁘게 생각해야 한다. 그리고 법률과 관습이 사람들을 구속하고 철통같은 전통 방식에 따르도록 만드는 힘을 잃은 것을 기쁜 마음으로 축하해야 한다.

중국은 이미
여성 우위 사회일까

작금의 여성지위를 논할 때마다 '음성양쇠(陰盛陽衰, 음기가 강하고 양기가 쇠하다)'하다는 원망의 소리를 들을 수 있다. 마치 지금은 더 이상 여성을 해방시키고 여성의 지위를 높일 필요가 없으며, 여성들이 이미 과도하게 해방되어 남성들의 어깨 위로 올라타려고 한다고 말하는 것 같다.

음성양쇠론이 나온 원인은 크게 두 가지이다. 하나는 중국 성평등 사업의 거대한 성과 때문이고, 다른 하나는 남권제에 근거한 사고방식 때문이다.

한 세기 남짓, 중국 여성의 사회적 지위는 확실히 천지개벽할 변화를 겪었다. 이것을 부정할 수 있는 사람은 없다. 20세기 초부터 소수의 식자들이 여학女學을 해야 한다고 제창하고 전족을 반대했다. 중화민국 초기에 수차례 금지했지만 근절되지 않았던, 전족이라는 낡은 풍속이 마침내 우리에게서 멀리 떠나갔다. 마지막 전족 세대 여성들 역시 세상을 떠났다. 전국적으로 손에 꼽을 정도로 얼마 되지 않았던 여학생 수가 지금은 50퍼센트에 가까운 여대생 재학률로 바뀌었다. 여성과 남성 간 교육 평등이라는 기나긴 여정 역시 최종 목표에 근접했다. 정치, 경제, 사회, 문화 각 방면에서 중국의 성평등 사업은 보통이 넘는 성과를 거두었다. 특히 현재 세계적인 체육 경기에서 중국 여성들은 더욱 눈부시게 빛을 발하고 있다. 전통적으로 남성에게 속했던 이러한 영역에서, 중국 남성들은 국제적 경쟁에서 쉽게 이기지 못하고 있지만 중국 여성들은 경쟁에서 우위를 차지하고 있다. 각 체육 경기에서 메달을 딴 중국 수상자 중에서 여성이 종종 남성을 앞질렀다. 이는 음성양쇠론이 나온 이유 중 하나이다.

음성양쇠론이 나온 또 다른 원인은 남권제에 근거한 사고방식이다. 몇천 년 동안 사람들에게 익숙한 질서는 양성음쇠陽盛陰衰, 남강여약男强女弱, 남존여비男尊女卑, 남주여종男主女從이었다. 이것이 사람들의 마음속에서 '자연스러운' 질서였고 가장 '합리적'인 질서였다. 만일 여성과 남성의 순서가 바뀌어 있다면 도리어 매우 어색해했다. 중국 여성의 사회적 지위가 계속 높아져 성평등에 곧 도달할 순간이 되자 많은 남성이 익숙하지 않아 '음성양쇠'를 부르짖는 것이다. 이것이 음성양쇠론이 출현한 또 다른 이유이다.

음성양쇠론에 관해 의견이 분분하지만 음성양쇠론이 중국의 현실에 부합하는 것은 결코 아니다. 남권제가 수천 년 동안 지배했기 때문에 성평등의 목표는 결코 쉽게 달성될 수 없다. 정치, 경제, 사회, 문화 등 각 영역에서 남성이 여성보다 여전히 더 많은 자원을 차지하고 있는 현실을 부정할 수 없다. 여성은 취약계층에서 완전히 벗어나지 못했다.

여성지위를 평가하는 지표에 따르면 최근에 중국은 100여 개 국가 중에서 28위를 기록한 것으로 나타났다. 주요한 평가 지표는 네 가지로, 첫째 의회 내 여성 의원 비율, 둘째 여성 행정관료 비율, 셋째 전문 기술 인력 중에서 여성이 차지하는 비율, 넷째 여성 수입이 총수입에서 차지하는 비율이다. 조사 결과, 여성 의석과 행정관료 그리고 총수입에서 여성 수입이 차지하는 비율, 이 세 항목에서 세계의 선진적 수준은 모두 40퍼센트 이상이었으며, 전문 기술 인력 비율은 세계에서 가장 높은 수준이 64퍼센트였다. 중국의 여성 전문 기술 인력 비율(45퍼센트)과 여성 수입이 총수입에서 차지하는 비율(38퍼센트) 두 항목은 세계 선진적 수준에 근접했다. 하지만 여성 의석 비율(21퍼센트)에서는 중간 수준이다. 가장 낮은 것은 여성 행정관료 비율(12퍼센트에 못 미친다)이다.

앞서 말했듯이 중국의 성평등 사업은 이미 비상한 성과를 거두었다. 하지만 혁명 지도자 쑨중산孫中山(쑨원孫文)의 말처럼 "혁명은 아직 성공하지 않았으니 동지들, 계속 노력해야" 한다. 중국 여성이 남성들과 손잡고 세계의 선진적 수준을 넘어서도록 계속 노력해야 한다. 성평등 사업은 중국에서 특히 중요하다. 왜냐하면 중국이 남권제(부권제)가 가장 전통적이고 가장 전형적이며, 가장 오랫동안 발전했고, 역사가 가장 길고, 발전 정도가 가장 심한 국가이기 때문이다. 그래서 중국 여성의 해방은 세계적으로 많은 관심을 받고 있다. 우리의 진보는 우리 자신의 처지를 개선한다는 의미뿐 아니라 전 세계 여성들에게 본보기가 된다는 의미를 지닌다. 아주 오래전부터 여성과 남성이 불평등했던 국가가 노력해서 성평등 사업을 어느 정도의 수준까지 끌어올리는지 전 세계 여성들에게 알려 주어야 할 것이다.

✦

영상 작품 속
여성 이미지 비판에 대해

영상 작품 속 여성 이미지가 전체적으로 나락에 빠진 것에 대한 쥐팡左芳 교수의 비판적 글을 읽고 견해를 말해 달라는 요청을 받았다. 하지만 나는 국내에서 만든 영상 작품을 잘 보지 않아서 발언권이 없을 것 같다. 그래서 저자의 관점과 저자가 비판한 현상에 대한 견해만 다음과 같이 밝히고자 한다.

1. 옳음과 잘못에 관해
쥐팡의 비판은 영상 작품에 나타난 남권주의 경향에 대한 정치적 비판으로 봐야 한다. 그가 영상 작품에 드러난 '남성의 무책임을 미화하고', '여성의 실제상황을 은폐하며', '여성이 유행을 따르는 것을 업신여기는' 등의 현상을 비판한 것은 페미니즘 시각으로 바라본 정치 비판이다.

나의 기본적 판단은, 우리 사회는 젠더 감수성이 부족한 사회이고 절대다수의 사람들이 젠더 의식을 결여하고 있다는 것이다. 그래서 서양에서는 '모든 사람이 싫어하는' 잘못된 관점이 오히려 중국에서는 당당하게 과시되고 있다. 최소한 그것이 정치적으로 잘못되었다는 사실을 인식하는 사람도 매우 드물다. 예를 들어 여성의 관점과 여성의 예술적 표현을 경시하는 것을 말할 수 있다.

나는 드라마 〈대저택大宅門〉이 인기리에 방영될 때 한 기자가 그 작품의 감독을 취재했던 것을 기억한다. 감독은 그 작품을 남자들에게 보여 주려고 만들었다고 분명하게 밝혔다. 그때 나는 어렴풋이 그 말을 두 가지 측면에서 이해했다. 첫째는 현재 중국 남성들이 너무 무능하고 사내답지 못하다는 것을 지적하고, 둘째는 자신의 작품을 통해 중국 남성들에게 어떤 사람이 '사내'인지 어떻게 하는 것이 '사내다움'인지 알려 주겠다는 의미였다. 맞게 이해했는지 모르겠지만 어쨌든 그의 인터뷰를 보고 나서 그런 인상을 받았다. 그렇다면 감독의 마음속에 있는 '사내'는 어떤 모습일까? 웅대한 포부를 갖고, 큰일을 하고, 통쾌하게 사는 것이다. 통쾌함에는 사업에서의 성공 말고도 당연히 많은 여자와 관계하는 것도 포함된다. 남자주인공처럼 여자도 많을 뿐 아니라 관계도 좋아야 한다. 어떤 여자는 그 남자 때문에 질투하고 다투기도 하고, 심지어 그를 위해 기꺼이 죽을 수도 있어야 한다. 감독의 시각에 의하면, 그런 것이 바로 사내이다.

많은 중국 남자가 이 감독의 가치관에 많게든 적게든 어느 정도 동의한다는 사실을 알고 있다. 다만 이러한 가치관을 보는 게 좀 '오래간만이다'라는 느낌을 받을 뿐이다. 왜냐하면 해방된 이후 공산당이 줄곧 성평등을 주장해서 이러한 관점이 점점 희미해지거나 누구에게나 낯설게 되었기 때문이다. 감독이 이러한 가치관을 작품에 표현하자 뜻밖에도 모두 새롭다(성평등이라는 '상투적인' 표현에서 벗어났다)는 느낌을 받았다. 이러한 이유로 〈대저택〉의 주인공은 사람들에게 '진부하지 않다'는 느낌을 주었다(상투적인 남자주인공은 여자를 경시하지 않는다).

하지만 신선한 것이 반드시 새로운 것은 아니며 또 반드시 옳은 것도 아니다. '현재'에서 보면 '과거'와 '미래'는 모두 새롭고 다르다. 여성을 경시하는 것은 '과거'에 속하고, '다시 떠오른 낡은 것'이고, 오래되고 전통적인 것이며, 중국 역사의 쓸모없는 잔재이다. 드라마 속 주인공인 바이ㅂ씨 댁 나리와 그 여인들 사이의 관계는 전족이라는 '전통'처럼 역겹다. 여성 경시는 사회적 취약계층을 경시하는 잘못을 저지른 것으로 정치적으로 옳지 않다. 여성은 여전히 우리 사회의 취약계층이다.

여성과 같은 '취약계층'의 시각에서 영상 작품을 비판하는 것에 사람들은 그다지 익숙하지 않다. 이 점이 쥐팡의 글이 비교적 큰 반향을 일으킨 원인 중 하나이다. 하지만 내가 보기에 이러한 비판이 너무 적다. 마땅히 좀 더 많아져야 한다. 여성뿐 아니라 소수민족, 성소수자 그리고 사회 주류 계층과 비교해 상대적으로 불리한 위치에 있는 모든 취약계층이 마땅히 자신들의 목소리를 내야 한다. 다른 사람들에게 휘둘리고 모욕을 당해서는 안 된다. 정치적으로 옳지 않은 모든 언론을 엄격하게 감시해야 한다. 물론 영상에 나오는 표현도 포함해서 말이다. 예를 들어 해외에서는 매체를 전문적으로 감시하는 동성애 단체에서 동성애를 차별하는 언론과 작품을 주시하고 직접 지명해서 규탄한다. 얼마 전 어느 연극 감독이 "여자는 침대에서나 쓰는 것이다"라고 말한 내용이 실린 기사를 기억한다. 이런 말이 서양 매체에 등장했다면, 그 말을 한 사람은 일찌감치 사람들이 내뱉는 침에 빠져 죽었을 것이다. 이렇게

'정치적으로 옳지 않은' 언론에 대해 우리는 통렬히 비판하고 정확히 바로잡도록 해야 한다.

2. 진실과 거짓에 대해

하지만 정치적으로 옳지 않다고 해서 반드시 예술적으로도 진실하지 않은 것은 아니다. 다시 〈대저택〉에 등장하는 바이씨 댁 나리를 예로 들면, 그가 부인을 네 명 둔 것은 처첩을 허용하던 시대에는 사회적으로 진실한 상황이다. 앞서 말한 감독 주변의 여자들이 단지 '침대용'인 것은 어쩌면 그의 삶에서 진실한 상황일지도 모른다. 남권제 사회가 몇천 년 동안 지속되었기에 여성의 낮은 지위는 분명 삶의 진실에 부합한다. 그에 비하면 성평등이 오히려 삶의 진실에 부합하지 않는다.

예술이 삶의 진실을 묘사하는 것에는 어떤 잘못도 없고, 우리가 늘 허구적인 예술을 칭송할 수는 없다. 쮜팡이 쓴 글에서, "영상 작품이 여성 문제를 여러 가지로 압축해서 가정과 사회에서 여성들의 역할을 진실하지 않게 축소시켰다. 여성들은 단편적으로 묘사되고 저속하게 폄하되었다"라고 했다. 이 말은 약간 편파적이다. 만일 여성이 어떤 시대, 어떤 장소에서 지위가 낮았다면 낮게 그려내는 것이 '진실하지 않은' 것이 아니다.

어쩌면 누군가는 "작품이 결코 모든 진실을 묘사하지 않았다. 왜냐하면 일부 여성과 남성의 관계는 평등한데 이러한 관계를 묘사하지 않고 불평등한 관계만을 묘사했기 때문이다"라고 할지도 모른다. 하지만 우리는 모든 작가에게, 모든 작품에서 평등한 관계만 묘사하고 불평등한 관계를 묘사하지 말라고 요구할 수 없다. 이러한 요구는 다소 도를 넘는다.

또 누군가는 "진실한 묘사를 할 때 반드시 올바른 태도가 필요하다. 남자가 여자를 억압하는 관계에 대해 반대한다면 쓸 수 있지만, 만일 찬성한다면 써서는 안 된다"라고 말할지도 모른다. 나는 작가에게 이러한 요구를 하는 것 역시 적절하지는 않다고 생각한다. 바꿔 말해서, 우리는 모든 작가들에게 '정치적 입장의 올바름'을 요구할 수 없다. 만일 모든 작가들이 작품을 쓸 때마다 그것을 요구한다면, 작가들에게 정치 논문을 쓰라고 직접 요구하는 것보다 못하다. 이러한 요구가 황당무계하다는 것은 너무나 분명하다. 그것은 모든 문예 창작을 없애 버릴 것이다.

3. 우리는 어떻게 해야 할까

어느 철학자는 이런 말을 했다. "나는 당신의 관점을 단호히 반대한다. 하지만 나는 당신이 그러한 관점을 발표할 수 있는 권리를 단호히 수호한다." 「헌법」은 언론의 자유를 보호한다. 정치적으로 '옳지 않은' 언론 역시 발표할 자유가 있다. 정치적으로 옳지 않은 작품 역시 출판할 자유가 있다. 정치적으로 '옳지 않은' 영상 작품 역시 상영할 자유가 있다. 그래서 영상 작품에서 드러나는 여러 '옳지 않은' 정치적 관점을 대하는 정확한 태도는, 한편으로는 그 관점을 비판하지만 또 한편으로는 잘못된 관점을 발표할 수 있는 권리를 수호하고 창작의 권리를 수호하는 것이다.

정리하면, 나는 쭤광의 비평은 문학비평으로서 아무런 의미가 없다고 생각한다(문학비평 범주에 속하지 않는다). 쭤광의 글은 페미니즘적 정치 비평이다. 바꿔 말하면, 그것은 정치 비평으로서는 옳지만 문학비평으로서는 틀렸다. 정치 비평의 관점에서 여성이 우리 사회에서 취약한 지위에 처해 있는데 이런 작품은 남권이 기승을 부리고 여성이 수모를 겪는 사회 현실을 반영했다고 말할 수 있다. 작품은 사회의 진실한 면을 반영한 것일지도 모른다. 하지만 이러한 진실은 나쁜 것이니 마땅히 비판해야 한다. 하지만 '이 작품이 여성을 지위가 낮은 존재로 묘사했기 때문에 이런 묘사는 진실하지 않다'라고 말해서는 안 된다.

정치적 입장이 '옳지 않은' 영상 작품은 과거에도 있었고, 현재에도 있고, 미래에도 있을 것이다. 그것들 중에서 어떤 작품은 예술적으로 진실하고 어떤 작품은 진실하지 않다. 개괄적으로 말해서, 정치적 입장과 예술적 진실이라는 두 개의 좌표를 사용해 평가하면 영상 작품은 네 부류로 구분할 수 있다. 첫 번째 부류는 정치적으로 정확하고 예술적으로도 진실하다. 두 번째 부류는 정치적으로 정확하지만 예술적으로 진실하지 않다. 예를 들어 전통 시대의 어떤 첩을 정치적으로 높은 깨달음에 이른 현재의 여성 간부처럼 묘사한 작품이다. 세 번째 부류는 정치적으로 옳지 않지만 예술적으로 진실하다. 예를 들어 분명 남자의 노예인데 아주 기뻐하고 즐거워하는 여자를 그린 작품이다. 현실에는 분명 이러한 사람이 있기에 작품은 진실할 수 있다. 네 번째 부류는 정치적으로도 옳지 않고 예술적으로도 진실하지 않다. 예를 들어 늙은 지주가 댐을 파괴한다는 등 계급투쟁을 묘사한 작품들로, 과거에는 이런 작품이 문단을 가득 채웠다. 그런 작품은 정치적으로 소수 집단을 차별했고 예술적으로도 진실하지 않다.

우리는 어떻게 해야 할까? 우리는 첫 번째 부류의 작품을 높이 평가하고 네 번째 부류의 작품을 버려야 한다. 두 번째 부류의 작품에 대해서는 예술적으로 진실에서 어긋난 점을 비판하고, 세 번째 부류의 작품에 대해서는 그 정치적 잘못만을 비판해야 한다. 이 기준으로 쯰팡의 비평문을 보면, 영상 작품에 대한 그녀의 정치적 비판은 일리가 있지만 예술적 평가는 반드시 정확하다고는 할 수 없다.

✦

서양의 남성운동

20세기에 서구 사회에서 여성운동이 왕성하게 일어난 이후 남성운동이 출현했다. 남성운동은 크게 두 부류로 구분할 수 있다. 하나는 여성운동을 지지하고, 다른 하나는 여성운동을 반대한다.

여성운동을 지지하는 '진보적 남성운동'의 기본 관점은, 여성과 남성이 불평등하면 여성이 억압을 받을 뿐 아니라 남성 역시 더욱 억압을 받는다는 것이다. 남성 억압이란 남권제 사회의 규칙에 따라 남성이 반드시 일해서 돈을 벌어 가족을 부양해야 하기 때문에 생존경쟁에서 비롯한 스트레스를 매우 심하게 받는 것, 남성은 내면의 온유하고 약한 면을 표현해서는 안 되기에 인격적 발전 면에서 억압을 받는 것, 여성을 억압했기 때문에 남성 역시 성평등한 환경에서 생활할 기회를 상실하는 것 등을 가리킨다. 현재의 젠더 체계는 남성이 특권을 갖는 측면도 있지만 동시에 남성을 억압하기도 한다. 이러한 억압은 남성의 질병과 조기사망(각국의 통계는 남성의 평균수명이 여성보다 낮음을 보여 준다)을 초래했다.

이 때문에 진보적 남성운동 진영에서는 '남성과 부성을 다시 세우자'는 구호를 제기했다. 남성들은 남성적 기질의 전통적 기준을 반대하며 온유한 느낌을 나누고, 배려와 자애를 더 많이 표현하면서 경쟁성과 공격성이라는 '남성적 기질'을 줄이자고 공개적으로 선언했다. 진보적 남성운동이 제창한 신유형의 남자, 신유형의 아버지는 전통적 남성들이 가치가 없다고 여긴 일들을 해야 한다. 그들은 물건을 사고 밥을 하고 아이와 함께하며, 저녁에는 아이가 잠들기 전에 나가서 즐기지 않는다. 이들은 전통적 남권제 사회에서 남성들이 아이를 대하던 태도를 바꾸고 가장으로서 책임을 분담한다.

진보적 남성운동에 대한 지지는 계층에 따라 그 정도가 다르다. 사회 상위층에 있는 사람일수록 진보적 남성운동을 수용하고, 사회 하위층에 있는 사람일수록 전통적 관념을 지니고 있다. 1979년 미국의 한 조사 결과에 따르면 사회 하위층 출신의 남자는 오로지 '성공을 거두고' 더 많은 돈을 버는 데에만 주의를 기울인다고 한다. 반면 18~49세의 남성 조사 대상 중 대부분은 '개인의 성장', '자아실현', '사랑', '가정생활'을 많은 돈을 벌고 '성공하는' 것보다 더 중요하게 여겼다. 관계에서도 진보적 남성운동의 참여자들은 완전히 새로운 생각을 지니고 있었다. 즉 그들은 독립성이 전혀 없는 여자와 함께 있는 것은 정신을 소모하는 일이고, 독립적인 여자와 함께 생활해야 더 즐겁다고 생각한다.

진보적 남성운동이 동경하는 남성의 모습에는 전통적 남성의 용맹함과 거침보다 온유함과 섬세함이 더 짙다. 영화 〈네 번의 결혼식과 한 번의 장례식〉은 바로 이러한, 너무나 사랑스럽고 (전통적인) 남자와는 다른 한 남자에 관한 이야기이다. 전통적 남권제 사회에서는 동성애 공포증과 여성스러움에 대한 공포증이 너무

심해서, 영화에서 이렇게 온유하고 사랑스러운 남성 이미지가 그려질 수 있다는 생각은 절대로 할 수 없었다.

여성운동에서 중요한 인물인 베티 프리던Betty Friedan은 "남성과 여성이 서로 반대 방향으로 가는 것 같다"라고 감격하여 말했다. 여자는 가정에서 나와 남자들의 직업 세계에서 자신들의 자아를 실현하고자 한다. 하지만 남자들은 자신들을 해방시키려는 듯 더 이상 직업적 성공으로 자신을 정의하지 않고 가정과 자아실현이라는 새로운 영역에서 자신들을 새롭게 정의하려는 경향으로 나아간다. 요컨대 '새로운 좋은 남자'에 대한 여성들의 생각은 결코 환상만이 아니다. 남성 기질이 생리적 결정이 아니며 도덕적으로 바뀔 수 없는 것도 아니기 때문에, 사회가 새로운 남성 기질을 만들어 낼 수 있다.

남성운동의 두 번째 부류는 페미니즘을 반대하는 보수적 남성운동이다. 여성운동이 1980년대 이후 침체기에 들어서자 서양 각국에서는 반페미니즘 풍조가 되살아났다. 보수적 남성운동이 학술 영역에서 표현된 것이 남성학 연구이고, 사회에서 표현된 것이 남성 의식 각성 단체의 출현이다.

보수적 남성운동은 주로 다음 몇 가지 방면으로 표현되었다.

첫째, 서양 사회에서 갈수록 페미니즘을 적대시하는 정치적, 문화적 분위기가 형성되었다. 페미니즘 사상을 비웃음의 대상으로 삼아, 페미니즘을 시대에 뒤떨어진 것(젠더 사이의 불평등은 이미 끝났다. 여성들은 현재 자유롭게 무슨 일이든 할 수 있다), 심리적 문제가 있는 것(히스테리, 과민 반응, 유머 감각 결여), 혹은 옳지 않은 것(객관적이지 않은 것)이라고 한다.

둘째, 보수적 남성운동은 현실 생활 속에서 여성들이 이미 싸워서 얻은 권리를 다시 빼앗아 가려고 애썼다. 예를 들어 합법적 임신중지 권리 박탈, '유리천장'과 같은 여성 승진 제한, 근본주의처럼 여성 억압을 목표로 하는 운동 추진, 여성에 대한 폭력, 여아 선별 낙태 등등이다. 한순간 '여자는 집으로'라는 사조가 떠들썩하게 일면서 여자들이 전통적인 여성의 모습으로 회귀하기를 희망하는 분위기가 조성됐다.

이러한 관점에는 여자가 공적영역에서 남자와 경쟁함으로 인해 남자들이 이중고를 겪는다는 생각이 깔려 있었다. 한 측면은 여성들로 인해 정신노동을 하는 남성들이 자기 자리를 지키기 위해 일벌레가 되었다는 생각이다. 또 한 측면은 남자들이 육체노동 등의 낮은 자리를 더 쉽게 받아들이도록 만들었다는 생각이다. 이들은 여성들이 사회 생산노동 영역에 뛰어들어 '남성에겐 실업을, 여성에겐 부담 증가를' 주었다고 여겼다.

셋째, 가정의 가치를 강조하고 가정으로 돌아가자고 제창했다. 이들은 생물학 결정론과 다윈의 진화론에 기대어 전통적 남성 지배를 회복한 핵가정을 희망했다. 가장 대표적인 것이 1990년 봄에 빌 매카트니Bill McCartney가 제창한 소위 '프로미스 키퍼스 운동Promise Keepers Movement'이다. 그는 기독교 보수파 인사로, 가정의 가치로 돌아가기를 주장하는 남자들은 좋은 남편, 좋은 아버지, 좋은 직장인이 되도록 은사를 받았다고 주장했다.

프로미스 키퍼스 운동에 참가한 남성은 1991년에 4300명이었는데 1993년에는 5만 명으로 늘어났으며, 1994년에 27만 8000명, 1995년에 72만 7000명, 1996년에는 100만 명 이상으로 증가했다.

이 운동은 남성들이 경건한 기독교인이 되기를 주장하고, 남성이 가정을 책임지지 않고 가정을 버리거나 가정에 충실하지 않은 것에 반대한다. 이러한 남자들은 동성애는 죄악이어서 받아들여서는 안 된다고 여긴다. 그래서 이 운동은 보수 정치운동이며 건강하지 않은 사회운동이라는 비판을 받기도 했다.

넷째, 남성의 가치를 외치고 신화시대의 삶을 표현 형식의 하나로 삼았다. 이 운동은 남성적 사유와 감각의 신화적 근원을 새롭게 발견해야 한다고 제창했다. 이렇게 하면 남성을 정신, 감정, 지력을 고루 지닌 건강한 유기체로 재창조해 자신감 있고 강한 존재로 변화시킬 수 있다고 여겼다. 이런 남성 가치를 제창한 로버트 블라이Robert Bly의 1990년 작 『남자의 책-무쇠 한스 이야기』*라는 책은 30주 연속 판매 순위 1위를 기록하기도 했다.

같은 주장을 하는 이들은 독서 활동을 통해 남성이 자연과 함께해야 한다고 주장했다. 또 여성과 문명에서 벗어나 형제애를 회복하고, 산업화와 페미니즘의 압박에서 벗어나야 한다고 목소리를 높였다. 자연으로 돌아가는 활동에서 남자들은 깊은 산속에 모여 북을 치고 노래 부르고 시를 낭송하며 신화 이야기를 듣기도 했다. 수렵시대 선조와 비슷하게 생활하며 다른 남성들과 깊은 정신적 유대 관계를 맺고자 하는 남성들의 갈망을 해소하려 했다.

정리하면, 진보적 남성운동은 여성과 손잡고 성평등의 새로운 사회를 함께 건설하자는 운동이다. 반면 보수적 남성운동은 불평

---

* 로버트 블라이 지음, 이희재 옮김, 『남자의 책-무쇠 한스 이야기』, 씨앗을 뿌리는 사람, 2005.

등한 젠더 현실을 직시하지 못하면서도, 사실은 젠더 불평등이 유지되기를 바란다. 중국 남성들이 후자가 아닌 전자를 선택한다면, 나는 우리 사회가 더욱 평등한 사회가 되고, 중국의 여성과 남성이 모두 그 사회에서 혜택을 받을 수 있다고 믿는다.

2

사랑

나는 정말로 사랑이 도대체 무엇인지 알고 싶다.
— 롤랑 바르트

사랑, 결혼, 성과 도덕

　도덕은 시간과 공간에 따라 달라진다. 이 점을 특정 시간과 공간에 머무는 사람들이 받아들이기는 쉽지 않고, 심지어 상상하기도 어렵다. 그러나 분명한 사실이다. 예를 들어 고대 중국에서는 여성과 남성이 혼인 전에 만나거나 손잡는 것이 당시의 도덕 기준을 위반하는 일이었다. 하지만 오늘날 중국에서 결혼 전 데이트는 일반적인 일이고 더 이상 도덕을 위반하는 행위가 아니다. 또 혼전 동거는 북유럽 국가에서 이미 인구의 절반이 선택한 것으로, 그 지역의 도덕 기준을 위배하지 않는다. 하지만 중국 사회의 도덕 기준은 여전히 혼전 동거를 찬성하지 않는다.

　도덕 기준이 시간과 공간에 따라 달라지고 또 불변하는 것도 아니라면 사랑, 결혼 그리고 성의 문제에서 진정 가장 합리적이고 인간의 본성에 가장 부합하는 도덕적 행위는 무엇일까?

　이를 세 가지 다른 상황으로 나누어 보고자 한다.

　첫 번째는 애정도 없고 결혼 관계도 없는 성이다. 이 관계에서는 사랑의 배타성이나 결혼의 충성스러운 서약을 언급하지 않는다. 그래서 본인의 뜻대로 할 수 있고 도덕 문제와도 관계없다. 유일한 조건은 쌍방의 의사이다. 만일 한쪽이 원하지 않는다면 상처를 줄 수도 있고 심지어는 강간이 될 수도 있다.

두 번째는 사랑이 있는 경우이다. 애정에는 배타성이 있다. 내가 보기에 막 싹튼 사랑이란 눈에 보이는 것이 없는 격정이자 오랜 시간 서로 의지하려는 바람이다. 그래서 충실하지 않음을 용인할 수 없다. 만일 한쪽의 감정이 다른 데로 옮아갔다면 다른 한쪽은 짝사랑으로 변하는 것이니 반드시 헤어지게 된다. 사랑이 있으면 함께하고 사랑이 없으면 헤어지는 것, 이것이 예로부터 내려오는 애정 논리이다. 이 논리는 현대에 와서도 시대에 뒤떨어진 것이 아니라 여전히 혁신적인 기준이다. 재미있는 것은 감정에 문제가 생기면 중국의 이혼 관련 법상 이혼의 충분한 이유가 된다는 점이다. 그래서 세계 다른 문화권에 있는 사람들이 중국의 이혼 관련 법을 매우 혁신적인 기준으로 보고 있다.

애정 관계에서 쌍방이 구체적인 이유 때문에 사랑과 성을 분리하자고 약속할 수도 있다. 예를 들어 두 사람의 성관계는 조화롭지 않지만 여전히 애정 관계를 지속하기를 원할 수 있다. 그래서 한쪽이 다른 방식으로 성 문제를 해결하는 것을 허락할 수 있다. 이때 쌍방이 상황을 인지하고 동의하는 것이 중요하다. 만일 한쪽이 알지 못하고 동의하지 않는다면 애정 관계에 해를 끼칠 수 있다. 이치대로 말하자면, 애정에는 충실함('도덕'?)이 요구될 수 있다. 하지만 쌍방이 따로 약속했다면 이러한 '도덕' 규범을 깨뜨릴 수 있다. 애정과 도덕이 정말 관계있을까? 애정은 사람의 마음인데, 그것을 도덕으로 단속할 필요가 있는 정도라면 애정이 있기나 한 것일까?

세 번째 상황은 결혼 관계에 있는 경우이다. 혼인 관계에는 쌍방의 애정도 있겠지만 경제적 이익도 그 속에 뒤섞여 있다. 그래서 결혼 도덕은 충실함을 필요로 한다. 혼외 성관계는 사생아를 만들 수 있고, 그럼으로써 혼인 당사자의 경제적 이익에 위협이 될 수 있다. 그래서 그것은 혼인 도덕을 위반하는 것이다. 또 혼외의 성과 사랑은 혼인 관계에 있는 상대방의 경제적 손실을 초래할 수도 있기 때문에(혼외자를 위해 쌍방의 공동재산을 써 버리게 된다) 역시 혼인 도덕을 위배하는 셈이다. 혼인은 쌍방이 일대일 관계를 유지하겠다는 승낙과 약속이다. 만일 일대일 관계를 벗어나 다른 사람이 생겼다면, 먼저 한 승낙과 약속을 어겼을 뿐 아니라 혼인의 충실과 도덕을 어긴 것이다.

혼인 관계에서는 단지 한 경우만 이례적으로 충실 서약을 위배하지 않는 것일 수 있다. 그것은 바로 혼인 관계에 있는 쌍방이 새로 약속을 하는 경우이다. 대표적인 예가 인터넷상의 가상섹스이다. 이미 많은 부부가 상대방이 인터넷상으로 가상섹스를 하는 것을 허락한 경험이 있다. 쌍방이 알고 동의한다는 전제하에서 이러한 새로운 약속은 혼인 관계에 위협이 되지 않는다. 이 부부들은 가상섹스를 컴퓨터게임과 같은 오락으로 본다. 그래서 그것이 현실 세계에 손해를 끼칠 리 없다.

더 진일보하고 더 드문 약속은 성과 혼인을 분리하는 약속이다. 어떤 부부들은 특수한 이유(오랫동안 따로 거주하거나 생리적인 원인 등) 때문에 혼인 관계를 저버리지 않는다는 전제하에서 상대방이 혼외자와 혼외 성관계를 맺는 것을 허락하기로 약속한다. 이것 역시 이례적이지만 도덕 문제에 연관되지 않는 사례이다.

종합해 보면, 사랑, 결혼 그리고 성 문제에서 모든 경우에 딱 들어맞는 도덕적 준칙이란 없다. 우리는 단지 인간성에 가장 부합하는 도덕 행위를 힘써 찾는 수밖에 없다. 이는 누군가를 벌주기 위해서가 아니라 상처를 최소화하기 위해서이다.

✦

정과 성의 관계에서
젠더 차이

정情과 성性의 관계에 젠더의 차이가 존재하는 듯하다. 이러한 차이는 '남성은 성을 중시하고 정을 중시하지 않으며, 여성은 정을 중시하고 성을 중시하지 않는다'라는 말로 표현된다. 이는 사람들의 일반적인 생각이며 내가 조사하면서 받은 인상이기도 하다. 만일 이것이 사실이라면 분명 중국 사회(다른 많은 사회에서도 역시 그러하다)의 성별 간 도덕의 이중기준과 관련이 있을 것이라고 생각한다.

성별 간 이중기준 아래서는 남자만 감정과 무관하게, 심지어 낯선 사람과의 성행위가 가능하다고 보고, 만일 여자가 똑같은 일을 벌인다면 아주 저질스러운 일처럼 느낀다. 이러한 관점이 극단으로 치달아 일부 남자들은 정은 없고 성만 있는 성관계를 비교적 쉽게 받아들인다. 하지만 사회심리적 관점에서 이러한 행위가 그들의 도덕적 이미지에 영향을 끼치지 않을 것이다.

중국을 비롯해 세계 여러 국가에서 여성과 남성의 성행위 양식은 오랫동안 다음과 같이 구분되어 표현되었다. '남성이 여성보다 외설적인 음란물을 더 많이 소비하고 더 많이 성매매를 한다.' '각종 성생활을 허용하는 정도와 성생활에 대한 흥미도가 남성이 여성보다 높다.' '능동적으로 섹스를 요구하는 남성이 여성보다 많다.' '육체적 쾌락을 성생활의 목적으로 삼는 남성의 비율이 여성보다 높다.' '남성의 혼외 성관계 비율이 여성보다 높다.' '남들이 성에 흥미를 느낄 것이라고 가정하는 비율이 남성이 여성보다 높다.' '수용할 수 있는 강박적인 성관계 범위가 남성이 여성보다 넓다.'

성 관념에서 성별 간 차이는 매우 크다. 우연히 발생하는 성관계에 대한 태도를 대표적으로 꼽을 수 있는데, 조금의 감정도 없이 행한 '하룻밤 정사'에 대한 태도를 예로 들을 수 있다. 남성들은 여성들보다 이러한 관계를 더 긍정한다. 대부분 사회에서 남성들은 종종 정과 성을 분리하지만 여성들은 정이 함께하는 성만을 받아들일 수 있다. 여성들은 어려서부터 성관계는 사람이 중심이 되어야 하고, 성과 정을 분리할 수 없다고 교육받았다. 하지만 남성들은 성관계에서 육체가 중심이고 성의 목적은 육체의 만족이라고 교육받았다. 많은 여성이 감정이 있어야만 혼전 혹은 혼외 성행위를 받아들일 수 있다고 여긴다. 하지만 남성들에게는 감정이 있으면 당연히 좋지만 꼭 있어야 하는 것은 아니다.

어떤 사람들은 이러한 차이를 과학적인 듯 보이는 말로 설명한다. 그들은 정자는 수가 많고 난자는 하나밖에 없기 때문에 남자는 생리적으로 성 파트너를 많이 구하려는 충동에 이끌리고, 여자는 한 명의 대상을 굳세게 기다리고 임신하기를 바란다고 말한다. 여러 문화에는 남성이 많은 성 파트너를 필요로 한다는 견해와 말이 아주 많다. 이러한 주장을 하는 사람들은 성을 중요하게 여기고 정을 가볍게 여기는 남성들의 행위를 변호하기 위해 적극적으로 생리학적 근거를 찾는다. 생리학인 양 나타난 이러한 유사 과학의 충동 이론을 현대 과학이 이미 부정했지만, 일반 대중 중에는 아직 믿고 있는 사람이 많다. 바로 양성의 생리학적 차이가 행위의 차이를 결정한다는 것이다. 사실 내가 보기에 정과 성의 관계에서, 양성이 지닌 행위와 관념의 차이는 근본적으로 생리적인 원인으로는 설명할 수 없다. 단지 '여성'과 '남성'을 사회가 어떻게 형성하고 만들었는가로 설명할 수 있을 뿐이다. 좀 더 분명하게 말하면, 양성의 이러한 차이는 긴 세월에 걸친 남권 문화의 산물이고, 성별 간 이중적 도덕 기준이 만들어 낸 결과이다.

정과 성에 대한 태도 차이는 생리적인 이유로 생겨난 결과가 아니라 사회와 문화적 요인으로 결정된 것이다. 이것은 인류학 연구의 발견으로 증명되었다. 만일 차이가 생리적으로 결정된 것이라면 마땅히 모든 인류 사회에 적용되어야 한다. 하지만 인류학 연구에서 밝히기를, 어떤 원시부족 문화에서는 성과 정이 분리된 성 관념이 유행한다. 그곳에 속한 여성과 남성은 모두 다음과 같은 관점을 지니고 있다. '성행위는 사실 감정과는 관련이 없다. 그것은 즐거운 오락이고 음식과 물처럼 없어서는 안 된다. 그것은 음식과 물처럼 누가 주든 관계없다. 단지 그것을 얻기만 하면 된다.'

그러나 이러한 소수의 특별한 예를 제외하고는, 성만 있고 정이 없는 성관계는 동서고금을 막론하고 항상 부정적인 평가를 받아 왔다. 출산을 합법적인 성의 유일한 이유로 보던 관념이 낙후된 사상이 된 이후, 사람들은 쌍방의 감정이야말로 합법적인 성의 이유라고 생각을 바꾸었다. 아쉽게도 이러한 성의 새로운 이유, 새로운 기준은 여성에게만 적용되고 남성에게는 적용되지 않고 있다. 아니면 여성은 이 새로운 기준을 더 잘 준수하지만 남성은 그다지 인정하지 않는 것일 수 있다.

정과 성의 관계에서 젠더 차이와 관련이 없는 가장 '선봉'적인 사상은 정과 성의 분리를 긍정적으로 평가하는 사상이다. 이러한 관념은 푸코처럼 일반적인 관례로 평가할 수 없는 사람들에게서만 당당하게 자리를 차지할 수 있다. 푸코의 유명한 몇몇 저서에 나오는 '극한 체험'에서 그는 '낯선 사람과의 성교' 체험을 매우 칭송한 적이 있다. 그는 말했다. "당신이 그곳에서 어떤 사람과 만났을 때 서로는 육체만 있을 뿐이다. 서로 결합하고 쾌감을 발생시키는 육체만 있을 뿐이다. 당신은 더 이상 당신 자신의 체면과 자신의 과거, 자신의 신분에 갇혀 있지 않게 된다." 물론 이러한 관점은 서양 사회에서도 깜짝 놀랄 만한 것이었다. 하지만 푸코는 본래 '평범한 사람'은 아니었다. 평범한 우리는 그의 '체험'을 보며 자신의 능력이 부족함을 탓하는 수밖에 없다.

한 사람이 두 사람을
사랑할 수 있을까

보도에 따르면 영화 〈저우위의 기차周漁的火車〉 감독이 이 영화를 제작하며 겪었던 고충을 토로했다고 한다. 본래 구상은 여주인공이 두 남자를 동시에 사랑하는 이야기였다. 하지만 심사를 통과하지 못했고, 결국 여주인공이 서로 다른 시간대에 두 남자를 사랑하는 이야기로 바꾸고 나서야 심사를 통과할 수 있었다.

한 여자가 동시에 두 남자를 사랑할 가능성은 없을까? 생리적으로 불가능할까? 심리적으로 불가능할까? 도덕적으로 불가능할까? 아니면 그런 권리가 없는 것일까? 한 남자는 동시에 두 여자를 사랑할 수 있을까?

인간은 연애할 때 배타성을 띤다고 논쟁적인 말을 하는 사람이 있다. 당연히 그럴 수 있다. 생리적이든 심리적이든, 일반적으로 사랑의 대상은 비교적 단일하다. 하지만 동시에 두 사람을 사랑하는 것 역시 전혀 불가능한 것은 아니다. 오류 이론의 논리를 빌리면, 백조는 절대다수가 흰색이지만 검은 백조가 단 한 마리만 있어도 '백조는 흰색이다'라는 명제는 오류가 된다. 같은 이치로 이 세상에 존재하는 수십억 명과 이미 세상을 떠난 엄청나게 많은 사람

중에서 단 한 사람이라도 동시에 두 사람을 사랑한 경험이 있기만 하면, '한 사람이 동시에 두 사람을 사랑할 수 없다'라는 명제는 오류가 된다. 사람마다의 개별적인 차이가 너무나 크기 때문에, 나는 동시에 두 사람을 사랑하는 '검은 백조'가 하나도 없다고는 믿지 않는다.

도덕을 이야기할 때면 난 늘 철학자 러셀의 명언을 인용한다. "도덕은 지역에 따라 다르다." 산등성이를 하나 넘으면 도덕적인 것이 부도덕한 것으로 바뀌고, 그 반대도 마찬가지이다. 식인종 마을에서 사람을 먹는 것은 도덕에 반하는 일이 아니다. 한 사람이 두 사람을 사랑하는 것이 어떻게 부도덕한 것이 될 수 있을까? 그녀가 제 마음대로 두 남자를 희롱하거나 기만할 뜻이 없는데 왜 부도덕한가? 사랑은 그 사람만의 감정인데, 만일 그 감정이 부도덕하다고 하면 지나치게 가혹한 요구이자 억압이다. 이러한 요구는 사람에게 무와 배추를 동시에 좋아해서는 안 된다고 하는 것과 같다. 일반 사람들이 모두 '무와 배추 중 하나만 좋다'고 하는데 누군가 굳이 무와 배추 모두 좋다고 한다면 그 사람의 도덕이 한 가지만 좋아하는 것보다 덜 고상한가?

권리 차원에서 말하면 더 당당한 일이다. 독립적인 인격이 있는 공민이라면 당연히 두 사람을 사랑할 권리가 있다. 만일 그가 비교적 보수적이라면 한 사람을 향한 사랑만을 표현하고 다른 한 사람에 대한 사랑을 가슴속 깊이 숨길 것이다. 만일 그가 비교적 진보적이라면 두 사람에 대한 사랑을 숨기지 않고 모두 표현할 것이다. 어떻든지 간에 동시에 두 사람을 사랑할 권리는 그에게 분명히 있다. 다른 사람은 간섭해서는 안 되고 간섭할 수도 없다.

어떤 사람들(검열하는 사람을 포함해서)은 자신들이 한 사람이 두 사람을 사랑해서는 안 된다고 여기는 것이 아니라 한 여자가 동시에 두 남자를 사랑해서는 안 된다고만 여기고 있음을 자각하지 못한다. 첩을 받아들이는 것이 합법적이었던 구시대에 중국 남자들은 한 남자가 동시에 두 여자를 사랑하는 상황을 아주 쉽게 받아들였다. 이혼에 관한 중국의 고훈古訓인 '칠출七出'에는 여자의 '투기'를 허락하지 않는 조항이 있다. 남편이 첩을 들였을 때 본부인은 질투를 해서는 안 된다. 질투하는 순간 '쫓겨남'을 당한다. 한 남자가 동시에 두 명 심지어 세 명이나 네 명을 사랑하는 것은 '자연스럽고', '도덕적'이라고 본다. 하지만 뇌리 한 귀퉁이에 이러한 '집단무의식'을 모셔 놓은 중국 남자들은 여자가 동시에 두 남자를 사랑할 수 있다는 것에 상처를 받곤 한다. 마치 그 여자가 어떤 불문법을 뛰어넘어 체통에 큰 손상을 주기라고 한 듯이 말이다.

계급투쟁 시대에는 영화 한 편을 상영하려면 정치국 토론을 벌여야 했다. 영화의 정치적 경향, 예술적 분위기, 도덕적 기준이 전국적인 대토론과 대비판을 일으켰고, 당사자들은 때로 정치적 처분을 받거나 감옥에 판결을 받았다. 그래서 전국적으로 단지 여덟 편의 극만 심사를 통과해 상연되는 비극이 빚어졌다. 이제는 심사기준이 다소 느슨해졌다. 하지만 문제는 여전히 작지 않다. 〈저우위의 기차〉가 그 확실한 증거이다.

주말부부

　현재 중국의 대도시에 일종의 '주말부부' 현상이 나타났다. 이런 부부를 '싱글 부부'라고 일컫기도 하며, 같은 도시에서 살지만 따로 지내면서 정기적으로 만나는 부부를 가리킨다. 저항할 수 없는 객관적인 원인이나 감정적인 문제로 인해 분가한 것이 아니라, 당사자들이 스스로 원해서 선택한 생활 방식이다.

　우리가 이 현상을 이상하고 상상할 수 없는 관계라고 느끼는 주요한 이유는 우리가 오랫동안 관계 틀이 단일한 사회에서 살았기 때문이다. 그 관계는 바로 남편 한 명과 아내 한 명이 한집에 함께 살면서 아이를 낳고 그렇게 늙어 죽는 형태이다. 대부분 사람들이 그렇게 생활했고 그렇게 생활하고 있으며 죽을 때까지 그러한 생활 방식을 유지할 것이다. 하지만 푸코가 말했듯이, 우리는 혼인관계나 가족관계와 같은 몇 가지 인간관계의 틀을 지니고 있긴 하나 우리가 맺는 인간관계의 유형은 불쌍할 정도로 적다. 사실 인간의 본성은 무한히 풍부하고 인간과 인간의 차이도 무한히 풍부하며 민중은 무한한 창조력을 지니고 있다. '주말부부'는 바로 그런 인간이 자발적으로 창조해 낸 새로운 인간관계 틀이고 새로운 생활 방식이다. 이는 중국뿐 아니라 세계 여러 지역에서 발생하는 인간관계의 다원화 추세이기도 한다. 예를 들어 헝가리에는 주말 부부와 비슷한 관계가 있는데 LAT(Live Apart Together, 떨어져 사는 고정 파트너)라고 불린다. 그들이 인구에서 차지하는 비율은 통계상으로 주목할 만한 정도이다.

현대 도시 생활에서의 인간관계 틀은 전통사회와 비교하면 매우 크게 변화했다. 사람들은 피임, 인공유산, 이혼, 동성애를 전보다 더 많이 수용하게 되었다. 혼인율은 1960년대 중반부터 스위스와 덴마크에서 하강하기 시작해 이런 추세가 영국에까지 확산되었다. 1970년대에는 미국과 서독에 이어 프랑스로 전파되었다. 동거율과 이혼율은 상승했고 결혼한 세 쌍 중 한 쌍이 이혼으로 마침표를 찍었다. 미국에서 이혼율은 50퍼센트를 넘었고 북유럽 국가에서는 동거 커플 중 절반이 비혼 동거이다. 동성결혼이나 계약결혼이 여러 선진국에서 지속적으로 법률로 인정받고 있다. '주말부부'는 바로 전 지구적 차원에서 인간관계가 다원화되는 추세와 일맥상통한다.

이러한 발전 추세가 이론적으로 반영된 것이 바로 '인간관계 다원론'이다. 인간관계 다원론은 중국인을 포함한 세계 사람들에게 점점 이해되고 받아들여지고 있다. 인간관계 다원론에서는 인간 본성의 필요와 느낌에 의해 자아를 표현해야 한다고, 단일하고 고정된 특정 표현 방식을 거부해야 한다고 주장한다. 이 새로운 이념의 핵심적인 원칙은 인간의 서로 다름이 병적이거나 사악하거나 잘못된 것이 아니라 건강하고 자연스럽다는 것이다.

인간관계 다원론은 생활 방식에 대한 인간의 풍부하고 다채로운 필요를 표현한다. 그래서 분류되어 정형화되는 것을 거부하며,

모든 특별한 의식과 고정관념에서도 부단히 벗어나고자 한다. 생활 방식과 인간관계의 단일한 틀을 반대하는 실천은 억압에 저항하는 자유의 반역이다.

인간관계 다원론의 이론적 토대는 인간 본성의 다양함과 인간관계의 무한한 가능성이다. 인간관계 다원론은 우리에게 인간 본성은 풍부하고 다채로우며 단일하지 않다고 말해 준다. 서로 다른 수많은 생활 방식이 모두 좋을 수 있다고, 개개인과 인간의 모든 생활 방식이 좋은 것일 수 있다고 말해 준다. 인간관계 다원론의 중심 사상은 다른 생활 방식과 다른 처세 방식 그리고 각자 자신의 목표 추구를 존중하는 것이다. 이는 민주주의 원칙을 개인의 영역에서 운용하는 셈이고, 민주사회의 가장 중요한 조건이 바로 다양한 가치관을 받아들이는 관용적 태도이다. 최근 몇십 년간 사회 변화를 거치면서 인간관계가 다원화된 문화를 받아들이는 중국 사람이 점점 더 늘고 있다. 이 점은 우리가 자유롭고 민주적이며 건강한 새 시대를 만드는 데 도움이 될 것이다.

✦

폴리아모리에 관하여

사랑의 배타성은 타고난 것인가, 아니면 사회가 만든 것인가? 암컷을 쟁취하려고 죽기 살기로 싸우는 수컷을 보고 사람들은 자연스럽게 사랑의 배타성이 천성적이라고 생각했다. 몇천 년 인류 문명사에서 연애 관계는 질투와 독점욕, 치정 살인으로 가득한데 (셰익스피어William Shakespeare의 『오셀로』를 떠올리기 바란다), 그래도 사랑의 본성이 배타적임을 증명할 수 없다는 것일까?

하지만 사랑이 배타적이지 않을 수 있음을 말하는 증거들이 현대인의 삶 속에 있다. 그중에서 가장 주요한 증거가 폴리아모리(polyamory, 다자간 연애)라고 불리는 새로운 흐름인데, 참신한 생활 방식이자 인간관계라고 할 수 있다. 서양에서 폴리아모리를 하는 사람들은 자신들의 협회를 만들고 간행물과 책을 출판했다. 그들이 형성한 친밀한 관계는 세 사람 혹은 그 이상으로 구성된 새로운 가족과 결혼의 조합으로 나타난다.

이들의 존재는 사랑의 배타성에 심각한 도전이다. 사랑의 배타성이 결코 천성적이지 않으며 자녀 양육과 재산 상속 그리고 노인 봉양 등의 기능을 위해 만든 사회적 관습이며, 윤리 도덕이고 사유 방식임을 증명한다. 오랜 세월이 흐르면서 사람들이 이러한 사유 방식에 익숙해졌기 때문에 더 이상 배타적이지 않은 사랑과 관계를 상상할 수 없게 되었다.

중국에서도 그리고 우리 주위에도 사실 배타적이지 않은 사랑의 사례는 많다. 나는 숙련공 세 명을 알고 있는데 그들은 이미 반평생을 함께 생활했다. 그중 두 명은 본래 부부이고 나중에 장년 노동자 한 사람이 합류했다. 장년 노동자의 아내는 시골에 있는데 서로 감정이 좋지 않았다. 그가 이 부부 조합에 들어오고 나서 부부 중 아내와의 감정도 나쁘지 않았고 그 남편도 그들의 관계를 묵인해서 세 사람이 함께 살게 되었다. 시베이西北 지역에는 이러한 형태가 '라방타오(拉幫套, 도우미)'라고 불리는 민간 관습 형식으로 존재한다. 가난해서 부인을 들일 수 없는 남자가 다른 부부의 가정에 들어가 집안일을 도우면서 남편과 함께 부인을 공유하는 것이다.

일부 소수민족 지역에서는 연애 관계의 독점욕과 질투심이 우리 문화에서처럼 그렇게 강렬하지 않다. 최근에 무용가 양리핑楊麗萍*의 인터뷰를 보았는데, 그녀는 자기 민족의 연애 관계에는 그렇게 강한 질투심이 없다고 했다. 그녀는 몇몇 여자 친구들이 남편의 외도 때문에 울부짖으며 죽네 사네 하는 것에 매우 놀랐다고 했다. 짧은 인터뷰에서 그녀는 세 번이나 그 일이 '아주 우습다'고 느꼈다고 말했다. 그들 민족의 관습인 주혼走婚에 따르면 여자가 남자 여러 명을 좋아하거나 남자가 여자 여러 명을 좋아하는 것 혹은 한동안 이 여자를 좋아했다가 또 잠깐 저 여자를 좋아하는 것 모두

---

* 양리핑은 중국 소수민족의 하나인 백족白族이다.

너무나 '자연스러운' 일이다. 그래서 죽네 사네 하는 것이 아주 '우습게' 보인 것이다. 여기서 우리가 사랑에 내포된 천성적 배타성이라고 여긴 것이 사회적 관습이 만들어 낸 것에 불과하다는 것을 알 수 있다. 그것은 어떤 사회적 효능 때문에 만들어졌기에 사회적 효능이 없어지면 필요도 사라진다. 최소한 '인간의 천성'이라고는 말할 수 없다.

폴리아모리를 하는 서양 사람들 중 대부분은 독신 상태이다. 아이를 양육할 책임이 없고(혹은 아이가 이미 성장해 성인이 되었거나) 재산 면에서는 쌍방 혹은 다방의 동의를 얻은 상태이다(재산은 연관되지 않는 경우가 많다). 그래서 일대일 관계가 절대적으로 필요한 것이 아니고, 사랑 역시 절대적 배타성을 상실한다.

폴리아모리를 언급할 때 남권 사회의 일부다처제와 구분하는 것이 매우 중요하다. 과거 중국의 일부다처제 혹은 처첩 제도에서는 구식 이혼의 빌미가 된 '칠거지악' 중에 심지어 질투 항목이 있어 본부인이 작은 부인을 투기하지 못하도록 했으며 첩들 사이에도 투기를 금지했다. 이를 어기면 '내쫓김'을 당했다. 폴리아모리와 마찬가지로 질투하지 않는 것을 강조했지만, 투기하지 말 것을 여자에게만 요구했다. 이러한 이중 잣대는 남존여비의 논리를 담고 있어 아주 혐오스럽다. 폴리아모리는 여성과 남성 모두에게 동일한 기준을 적용하고 서로 질투하지 않는다. 두 남자와 한 여자 혹은 두 여자와 한 남자, 혹은 두 남자와 두 여자 사이에서 당사자 간 모든 관계는 평등하고 자유롭고 독립적이다. 이것을 어떻게 일부다처제와 비교할 수 있을까? 일부다처제가 따라갈 수나 있을까?

✦

돈이 먼저일까,
사랑이 먼저일까

최근 배우자 선택에서 배금주의가 갈수록 심각해지고 있다. 아름답고 생기발랄한 여성이 텔레비전의 맞선 프로그램에 나와 "난 보석 마차에서 우는 것이 낫지, 자전거 위에서 웃기를 원치 않아요"라고 공공연하게 말하는 지경에 이르렀다. 배우자 선택에서 배금주의가 추하고 역겨운 모습으로 우뚝 선 것을 보고 모든 사람이 정수리를 얻어맞은 것과 같은 충격을 받았다. 보석 마차와 자전거는 돈의 많고 적음이고, 울음과 웃음은 애정의 유무를 의미한다. 돈의 유혹 앞에서 애정은 무정하게도 내팽개쳐져 어깨가 축 처진 채 구석에서 눈물을 흘릴 수밖에 없게 되었다.

돈의 유혹이 크다는 것을 부정할 수는 없다. 그리고 현재 중국에서 그 유혹은 갈수록 거대해지는 추세이다. 1970년대 중국은 빈부격차 정도를 측정하는 지니계수가 0.2에 불과해 전 세계에서 가장 경제적으로 평등한 국가 중 하나였다. 하지만 2012년 국가통계국에서 공포한 지니계수는 0.474로 국제 경계선(0.4)을 넘어섰다. 결혼이 벼락출세나 지옥으로 떨어지는 계기가 되는 시대에, 사람들에게 그것을 무시하라고 하는 것은 지나치게 이상주의적이고 낭만주의적인 요구이다. 아주 깊은 내공을 쌓지 않으면 그렇게 할 수 없는 일이니 평범한 중생이야 말할 필요도 없다.

한편 사랑이 중국에서 거론된 것 역시 불과 100여 년밖에 되지 않는다. 그 전에 혼인의 동기는 대부분 부모의 명령, 매파의 중매, 비슷한 집안, 혈통 잇기, 제사 관리였지 애정은 중요하게 여겨지지 않았다. 농촌사회였던 중국은 가정이 본위였지 개인 본위의 사회가 아니었다. 사람들의 삶에서 중요한 가치는 자손을 낳아 기르고 제사를 받들며 집안을 번창시켜 조상과 가문을 빛내는 것이었다. 개인의 쾌락은 전혀 중요하지 않은 가치로 무시당했다.

앞의 글에서 말한 바처럼 프롬은 유럽 중세에는 '개인'의식(개념)이 형성되지 않았다고 지적했다. 내가 보기에 중국인이 개인의 즐거움이나 애정을 중요하게 여기지 않는 실질적인 근원은 개인의식이 형성되지 않았기 때문이다. 사람들은 자신이 독립적이고 자유로운 개인이며 자주 의식이 있는 인간임을 아직 분명하게 의식하지 못하고 있다. 바로 이러한 이유 때문에 불행한 결혼을 '그럭저럭 버틸' 수 있고, 개인의 즐거움과 행복은 가정의 안정과 비교해 크게 중요하지 않다고 생각할 수 있고, 개인의 감정이 가정이나 결혼 제도와 충돌했을 때 개인의 감정을 굴복시키고 또 그렇게 하는 것이 결코 어렵지 않다고 여길 수 있다. 하지만 개인의식이 이미 형성된 경우에는 이렇게 하는 것이 매우 어렵다. 이것 역시 미국과 같은 사회에서는 이혼율이 50퍼센트에 도달했지만 중국은 이에 훨씬 못 미치는 원인이기도 하다.

사랑을 중시하지 않는 배우자관이 개인의식의 결핍에서 비롯했고 또 유럽 사람들이 중세에 이미 개인의식 결핍의 시기를 겪었으니, 금전을 중요하게 여기고 애정을 가벼이 여기는 풍조의 유행은 단순히 문화적 요인에 의한 현상이 아니다. 마땅히 계급사회의 산물, 즉 가정의 가치를 위주로 하는 전통사회의 산물로 봐야 한다. 중국의 산업화와 도시화 그리고 현대화가 진행됨에 따라, 개인의 가치가 등장하고 높아짐에 따라 중국인들 역시 이러한 배우자관을 점점 저버리게 되리라고 예언할 수 있다. 금전적 지위를 고려하는 것 외에도 애정의 비중이 무에서 유로, 그리고 점점 더 늘어가게 될 것이다.

100년 동안 중국인이 배우자를 선택할 때 애정이라는 요소는 이미 무에서 유가 되었다. 지식인 계층에서부터 다른 계층으로 퍼지고, 사회 상층에서부터 사회 하층으로 퍼지는 과정을 겪었다. 현재 보편적인 상황은 여전히 돈이 첫 번째이고 애정은 두 번째이다. 우리는 돈과 애정이 동등해지기를 기대할 수 있다. 어쩌면 중국인의 배우자 선택 기준이 마침내 첫 번째는 애정, 두 번째는 돈으로 달라지는 이상적인 미래가 올지도 모른다. 왜냐하면 애정이 결국은 사람 일생의 행복, 쾌락과 관련되고 결혼의 질, 인생의 질과 관련되기 때문이다. 사람들이 기본 생존의 어려움을 넘어서서 배부르고 따뜻한 생활에 만족한 이후에는 즐거움과 사랑에 대한 욕구가 점점 일어날 것이다. 특히 현대 중국 사람들의 가치관이 점차 가정 중심에서 개인 중심으로 변화하기 때문에, 배우자 선택 기준에서 애정이 갈수록 더 중시될 것으로 기대해도 좋다.

✦

배우자를 찾는 여성들의
'아저씨 증후군'

최근 사회조사에 따르면 18~25세 여성 중에 70퍼센트가 '아저씨 증후군'을 겪고 있으며, 배우자를 선택할 때 자신보다 열 살 정도 나이 많은 '아저씨'를 바란다고 한다. 아저씨가 성숙하고 사람을 돌볼 줄 알며, 중후하고 매력이 있고, 경제력 역시 또래 남성들보다 훨씬 높다는 인식 때문이다. 하지만 역시 조사에 따르면 조사 대상 여성들 중에서 정말로 '아저씨'와 연애해 본 적이 있는 사람은 17퍼센트에 불과하고 결혼한 비율은 더욱 낮았으며, 부부의 연령 차이가 열 살 이상인 사람은 2.7퍼센트에 불과했다. 현재 여성들의 배우자 선택과 관련해 '아저씨 증후군' 현상을 어떻게 봐야 할까?

사실 여성들이 배우자 선택에서 희망하는 '아저씨 증후군'은 무슨 새로운 현상이 아니라 전통으로 회귀한 것이다.

수천 년에 이르는 중국의 남권 사회에서 남자는 바깥을 관리하고 여자는 안을 관리하는 것이 결혼의 주된 틀이었다. 남자는 사회에서 일해서 돈을 벌고, 여자는 집에서 남편을 내조하고 자녀를 교육했다. 심지어 일부일처제가 아니라 일부일처다첩제가 시행되었다. 일반적인 상황에서 여자는 열다섯, 열여섯 살이 되면 시집을 갔지만 남자는 대부분 이립而立*의 나이가 되어야 장가를 갔다. 소위

'입立'이란 바로 가정을 이루고 집안을 일으킨다는 뜻이다. 그래서 중국 전통사회에서는 줄곧 부부의 나이 차이가 비교적 컸다.

1950년대부터 중국에서 비로소 일부일처제가 실행되었는데 이는 다음 두 가지 일과 관련이 있다. 첫째, 1950년대에 여성이 사회 생산노동에 대규모로 참여하게 되어 남자로부터 경제적 독립이 가능한 수입을 갖기 시작했다. 둘째, 사회 전반에서 자유연애와 혼인의 자유를 대대적으로 외치게 되었고 이러한 사회 변화가 혼인관계와 배우자 선택에 반영되었다. 부부의 연령 차이가 크게 줄어들었고 또래 혼인(부부 연령 차이가 세 살을 넘지 않았다) 비율이 크게 상승해 배우자 선택의 새로운 모델이 되고 추세가 되었다. 그 후 30년간 중국 사회의 빈부격차는 아주 낮았고(지니계수가 0.2에 불과했다) 농촌을 포함한 지역에서 대부분의 부부 쌍방이 모두 일을 하고 수입이 있었다. 그래서 여성의 배우자 선택 역시 동년배로 기울었다.

1980년대에 경제 개혁개방이 되면서 빈부격차가 급속히 커졌고(지니계수가 0.2에서 비약적으로 올라 0.5에 가까워졌다) 이와 동시에 여성의 평균임금이 남성 평균임금에 비교해 계획경제 시대**의 80퍼센트 이상에서 70퍼센트 안팎으로 떨어졌다. 여성이 직장에서 남성과 경쟁하는 것이 새로운 가능성이 아니라, 부자에게 시집가는 것이 자신의 사회적 지위를 높이는 지름길이었다. 이것이 바로 1980년대부터 '능력은 시집 잘 가는 것보다 못하다'라

---

* 『논어論語』「위정편爲政篇」에 나오는 말로, 서른 살을 일컫는다.
** 중화인민공화국 성립 이후부터 시장경제 체제가 형성된 1992년 이전까지의 시기를 말한다.

는 주제를 뜨겁게 토론하게 된 원인이며, 오늘날 배우자를 선택하는 여성들 사이에서 '아저씨 증후군'이 나타나는 원인이기도 하다. '아저씨 증후군'은 무슨 새로운 것이 아니라, 앞서 이야기한 부정의 부정 과정을 거쳐 전통사회 관습으로 한 차례 회귀한 것임을 알 수 있다.

그렇다면 왜 그렇게 많은 여성이 '아저씨 증후군'에 빠졌으면서도 아주 소수의 여성들만 실행에 옮기고, 또 실제로 '아저씨'와의 결혼에 성공한 비율은 더 낮을까? 나는 그 이유가 진정으로 성공한 '아저씨'가 여전히 '천연기념물'이고 대부분의 '아저씨'는 평범하기 때문에, 즉 보통 사람이기 때문이라고 생각한다. '아저씨 증후군'에 빠진 여성들에게 평범한 아저씨와 평범한 동년배 중에서 배우자를 선택하라고 하면 대부분의 여성은 그래도 동년배를 선택할 것이다. 이것이 배우자 선택 시 희망과 실제 선택 행위 사이에서 차이가 발생하는 원인이다.

그렇다면 우리는 여성들이 배우자 선택을 희망할 때 '아저씨 증후군'에 빠지는 것을 어떻게 평가해야 할까?

먼저, 나는 크게 비난할 것이 없다고 생각한다. 사람들은 높은 곳으로 가려고 하고 물은 낮은 곳으로 흐르려고 한다. 즐거움을 좇고 괴로움을 피하며 지름길로 가고 싶은 것이 인지상정이다. 여성들이 결혼을 통해 사회경제적 지위를 높이고자 하는 것 역시 인지상정이다. 그래서 비난할 것이 없다.

다음으로, 나는 그것이 약간은 속되다고 여긴다. 돈과 사랑의 순서를 정하면서, 사랑을 돈 앞에 놓는 것은 낭만주의이고 고상하고 우아하지만, 돈을 사랑 앞에 놓는 것은 현실주의이고 저속하고 속되다. 만일 '아저씨 증후군'에 빠지는 이유가 주로 아저씨의 경제적 지위 때문이라면 그것은 상대적으로 속물스럽고 결혼 후에도 행복할지는 알 수 없다. 왜냐하면 조사에 따르면 생존의 기본욕구를 만족시키기만 한다면, 돈은 행복과 그다지 밀접한 상관관계를 이루지 않기 때문이다.

결론적으로 말해, 나는 여론이 배우자 선택의 기준에서 낭만주의와 애정 지상주의 방향으로 많이 이끌어 주고 현실주의와 금전 지상주의 방향으로는 덜 이끌어 주었으면 좋겠다. 할리우드 영화에서조차 애정을 노래하는데, 우리는 왜 애정을 많이 노래하지 못할까? 그렇게 되면 중국인의 배우자 선택 기준은 심하게 속되지 않을 테고, 중국인의 혼인 만족도는 높아질 것이다. 혼인 만족도가 높아지면 사람들의 행복이 커지는 직접적인 결과를 가져올 것이다.

✦

반금련 논쟁

소설 『수호전』 속 인물인 반금련潘金蓮은 외도로 인해 남편을 죽이게 된 여인으로, 그를 둘러싼 논쟁이 늘 끊이지 않았다. 천극川劇*〈반금련〉이 상영될 때 논쟁의 초점은 그의 외도에 반봉건의 의미가 있는가 없는가에 모아졌다.

천극 〈반금련〉이 상영되자 남쪽부터 북쪽까지 매회 만원이었다. 휴게실에서는 의견이 분분하고 좌담회에서는 사람들이 앞다투어 발언했다. 전국 약 40종의 간행물에서 평론을 발표했는데, 좋고 나쁨의 평가가 엇갈렸다. '남편 살해로 치달은 비극(주의: 반금련의 불행과 몰락은 비극이 아니다!)의 원인은 혼인 자체에 있지 않고 반금련 본인에게 있다'는 주장에서는 반금련이 마땅히 무대랑武大郎과 검은 머리가 파뿌리가 될 때까지 해로했어야 하는데, 반금련의 성품이 음란하고 방탕하여 가정이 파탄 나고 범죄에 이르게 되었다고 본다. 어떤 사람은 이러한 가정 비극을 '제삼자'인 서문경西門慶이 만들었다고 생각했다. 베이징의 한 극작가는 극의 주된 흐름이 반금련의 몰락과 타락을 통해 봉건사회와 봉건 예교 전

---

* 쓰촨 지역의 전통 공연예술 형식.

체가 여성이 범죄를 저지르도록 몰아갔음을 밝히는 것이라고 했다. 상하이의 평론가 후웨이민胡偉民은 다음과 같은 평론을 했다. "극 〈반금련〉은 『수호전』을 쓴 시내암施耐庵에 대한 도전일 뿐 아니라 중국의 도덕 문화에 남아 있는 봉건적 잔재에 대한 도전"이다. 〈반금련〉을 본 관중은 바로 이러한 점 때문에 〈반금련〉의 진보적 성격을 높이 평가했다. 하지만 〈반금련〉이 봉건적 결혼을 반대한 것이지 모든 결혼을 부정한 것이 아니고, 질책을 했지 음란을 퍼뜨리지는 않았는데도 여전히 일부 평론가는 이 작품이 '현재의 가정 윤리와 도덕에 충격을 가져올까' 걱정한다. 그렇다면 이렇게 쉽게 진보적 사상의 충격을 받는 '가정 윤리와 도덕'이 어떤 성질의 것인지는 의심해 볼 가치가 있지 않을까?(류빈옌劉賓雁, "봉건 유령을 향해 찌른 날카로운 검—천극 〈반금련〉을 평함", 《런민르바오 人民日報》, 1986년 7월 14일)

한 여자가 어울리지 않는 남자에게 강제로 보내져 그의 부인이 되어서 외도를 하고 남편을 살해했다. 이러한 행위를 어떻게 평가해야 할까? 이에 대해서 몇 가지 차원에서 분석해 보아야 할 것이다.

우선, 살인은 범죄이다. 살인은 어떤 사회에서든 허용되지 않는다. 현대사회에서는 살인이 범죄이지만 전통사회에서는 살인이 범죄가 아니었다고 말할 수 없다.

다음으로, 반금련의 혼외정사는 줄곧 욕을 먹고(작가의 태도) 징벌을 받기만(간통한 형수를 무송이 죽임) 했다. 하지만 반금련의 혼외정사를 평가하는 데는 세 가지 입장이 있다.

첫 번째 입장은 『수호전』을 쓴 작가의 입장과 무송의 입장이다. 즉 반금련은 나쁜 사람이고 그의 행위는 나쁜 행위이기에 동정할 여지없이 사형에 처해 그 더러운 이름을 널리 알려야 한다는 것이다.

두 번째 입장은 〈반금련〉 극작가의 입장과 소설 작가의 입장으로, 반금련에게 동정할 만한 점이 있다고 본다. 그것은 결혼과 이혼의 부자유로, 그가 나쁜 것이 아니라 제도가 나쁘다는 생각이다. 그가 비록 혼외정사라는 나쁜 짓을 하기는 했지만 단지 혼외정사 때문에 나쁜 사람이 될 수는 없다. 그래서 그의 행위는 동정할 만하다.

세 번째 입장은 반봉건의 입장이다. 이 입장에서 출발해 반금련은 죽여서는 안 될 뿐 아니라 그의 혼외정사는 봉건적 혼인 관계에 대한 도전이며, 그는 봉건 예교를 반대하는 영웅이라고 주장한다. 그는 나쁜 사람이 아니고 그가 행한 행동도 나쁜 일이 아니다.

나는 그래도 두 번째 입장이 가장 공평하다고 여긴다. 왜냐하면 첫 번째 입장은 반금련이 혼외정사라는 잘못을 저지르게 된 제도적 요인을 무시했기 때문이다. 만일 그가 애초에 결혼 상대를 자유롭게 선택할 수 있었다면 절대 무대랑을 선택하지 않았을 것이다. 만일 그가 자유롭게 이혼할 수 있었다면 아마도 외도를 하거나 남편을 죽이지 않았을 것이다. 세 번째 입장은 혼인 도덕 간의 차이를 과장했다. 바꿔 말하면 봉건사회이든지 사회주의사회이든지 혼외정사는 나쁜 일인데, 현대사회의 혼외정사는 나쁜 일이고 전통사회의 혼외정사는 반전통이기 때문에 좋은 일이라고 생각할 수는 없다. 또 외도가 전통적 혼인 제도에 도전하는 반항이고, 혼외정사를 벌인 사람이 반전통의 영웅이 된다고도 생각할 수 없다.

사랑이란 도대체

사랑이란 도대체 무엇일까? 사람들은 이미 이 질문을 수천 년간 던졌지만 지금까지 알지 못한다.

수천 년 전, 고대 철학자 소크라테스Socrates는 '무엇이 애정일까?'라는 문제를 제기하고 디오티마Diotima라는 사랑의 스승이 한 말로 답을 한 적이 있다. "그것은 썩지 않는 것이 아니며 또 반드시 썩어야 하는 것도 아니며 이 양자의 사이에 있다. (…) 그것은 위대한 정령이다. 모든 정령과 마찬가지로 신과 범부凡夫 사이에 있는 중개자이다." 바꿔 말하면 어떤 사람에게 사랑이 없을 때 그는 평범한 사람이지만 일단 사랑이 생기면 위대한 정령으로, 신성을 지닌 인간으로 변한다는 것이다.

몇천 년 후, 철학자 롤랑 바르트Roland Barthes는 『사랑의 단상』*에서 여전히 "나는 정말로 사랑이 도대체 무엇인지 알고 싶다"라고 말했다.

그렇다면 사랑은 도대체 무엇일까? 나는 예전 사람들의 이론을 세 가지 소개하려고 한다.

---

* 롤랑 바르트 지음, 김희영 옮김, 『사랑의 단상』, 동문선, 2004.

첫 번째 이론에서는 애정이 근본적으로 13세기 기사 시대에나 있었던 특별한 감정으로, 그때 말고는 없는 것이라고 본다. 그 시대의 유럽에서는 장자 계승제를 실행하고 있었다. 귀족 가문의 어린 아들들은 계승할 작위가 없었기에 기사가 되어 말을 타고 세상을 두루 방랑하는 것밖에 할 수 없었다. 그들은 어느 귀족의 성루에 도착해 아름다운 귀부인을 만나더라도 바라보기만 할 뿐 가까이 다가갈 수 없었다. 그래서 낭만적인 사랑에 빠져 매일 귀부인이 있는 방 창가에서 사랑의 노래를 불렀다. 심취해서 노래하면 귀부인이 얼굴 가득 눈물을 흘리며 애간장을 태운다. 운이 좋은 경우 그녀의 연인이 될 수 있을지도 모른다.

"결혼은 사랑의 무덤"이라는 사랑에 관한 잠언이 있다. 사랑은 결혼 밖에서만 발생할 수 있지, 부부 사이에서 사랑이 발생했다는 말을 들어 보지 못했다는 뜻이다. 여기서 애정이 생기는 가장 중요한 요건은 바라볼 수는 있어도 다가갈 수 없고 이런저런 방해를 받아 어찌할 바를 모르는 상태이다. 만일 지금처럼 휴대전화 문자 하나로 모든 것이 처리되어 버린다면 근본적으로 사랑은 발생하지 않을 것이다.

애정에 관한 두 번째 이론은 바로 "신은 죽었다"라고 말한 철학자 프리드리히 니체Friedrich Nietzsche에게서 나왔다. 그의 이론에 따르면 본래 세계에는 사랑이란 없었다. 그것은 성을 반대하고 금욕을 주장하는 기독교적 행위로 인해 계속 억지로 끄집어내진 것이다. 그가 한 말은 이렇다.

에로스의 마귀 놀음은 결국 희극으로 끝나 버렸다. 교회가 색정적인 모든 것을 은폐했기 때문에 '마귀' 에로스는 점점 더 아름다워졌다. 이 마귀는 인류에게 모든 성인과 천사를 합친 것보다 더 매력이 있고 지금 이 시대까지 계속 그래 왔다. 연애 이야기는 여전히 모든 계층이 동등하게 과장된 열정을 지니고서 지치지도 않고 즐기는 유일한 것이다. 이러한 과장된 열정을 고대 사람들은 전혀 이해할 수 없었다. 미래 사람들 역시 가소롭게 느낄 것이다. 우리의 모든 사상에 담긴 시적인 정취는 가장 고급스러운 것에서부터 가장 저급한 것까지 모두 애정에 과도하게 중요한 의미를 부여하는 특징을 지닌다. (…) 음탕한 정신을 사랑이라고 부른다. 이것이 기독교 전체의 가장 큰 승리이다.

니체의 이 논의에서 가장 대단한 말은 고대인과 미래인에게는 근본적으로 사랑이 없다고 한 것이다. 그런데 우리가 바로 그가 말한 미래인이다! 고대 그리스·로마인들은 사랑을 몰랐고 고대 중국인 역시 사랑이라는 것을 몰랐다. 그리고 미래 사람인 우리 역시 사랑을 알지 못하는 시대를 살고 있다. 이러쿵저러쿵 한참을 떠들어 대도 결국 사랑은 과장된 열정에 불과하다. 정상적인 이성으로는 이해할 수 없고 가소롭기 짝이 없는데도 과분하게 칭송받는다. 사랑을 끝까지 파고들면 사람 사이의 음탕한 성욕에 불과하다. 기독교에 의해 감추어지고 무정하게 억눌려 결국 삐져나온 과장된 환각에 불과하다.

이러한 논리에 따르면 사랑의 아름다운 느낌은 종교적 교리가 인간의 육체적 욕망을 속박하고 헐뜯어서 만들어진 극렬한 반발이다. 억압이 제거되고 나자 반발은 필요 없어졌고 과장 역시 우스운 것으로 변했다. 이렇게 보면 본래 사랑의 신 역시 평범한 사람이었는데 오랜 시간에 걸쳐 요물처럼 변해 신비화되었고, 애써 가리고 덮음으로써 그녀를 미인으로 만들었던 것이다. 수많은 상상과 갈망으로 인해 만들어진 슈퍼 미인이었다. 하지만 고대인과 후대인이 보기에 그것은 근본적으로 존재하지 않는 것이다.

내가 본 세 번째 사랑에 관한 설명은, 사랑의 감각이 완전히 착각이라는 것이다. 사람이 사랑에 빠질 때는 술에 취한 것 같아서 사랑의 대상을 크게 미화한다. 사람이 연애할 때 사랑하는 것은 사실 자기 자신이다. 그리고 마치 사람들이 일부러 술에 취한 상태에 빠지는 것처럼 일부러 자신의 착각에 빠지는 것이다. 마르셀 프루스트Marcel Proust를 포함해 많은 대작가들이 모두 이와 같이 말했다. 그들의 말이 이치에 맞지 않는 것은 아닌 듯하다. 그렇지 않다면 동일한 사람이 사랑에 빠진 사람의 눈에는 더 뛰어나 보이고 비할 바 없이 아름답게 보이지만, 그를 사랑하지 않는 사람의 눈에는 조금도 뛰어난 점이 없는 보통 사람일 뿐인 것을 설명할 방법이 없다.

이러한 생각을 표현한 사람으로 프랑스 사상가 루소Jean Jacques Rousseau, 심리학자 프로이트, 문학가 프루스트와 솔 벨로Saul Bellow, 그리고 위대한 셰익스피어가 있다.

많은 현대 사상가가 사랑의 비결이 바로 상대방을 '높이 평가'하는 것이라는 데 동의한다. 루소 역시 자유로운 사회에서는 이러한 착각이 없을 수 없다고 여겼다.

프로이트는 사랑은 과분한 평가라고 말했다. 즉 만일 당신이 사랑하는 상대를 간파한다면 당신은 그를 사랑하지 않을 것이라고 했다. 이는 임상적인 시각이다.

사랑은 상대를 높이 평가하는 것이라는 말은 이미 정론이 된 듯하다. 프루스트 역시 그렇게 말했다. 사실 이런 의미는 셰익스피어가 『한여름 밤의 꿈』에서 일찌감치 표현했다. 작품 속에서 그는 한 여인이 눈을 떴을 때 보는 첫 번째 대상을 사랑하도록 만들었고 그 대상은 당나귀였다. 사랑에 빠진 사람은 이 말을 듣고 싶어 하지 않는다. 하지만 이 말은 진리인 것 같다. 이것 역시 낭만주의에 반드시 필요한 중요 사항이기도 하다. 모든 낭만은 현실이 아니라 높이 평가하는 것이며 기꺼이 받아들이는 환상이다.

내가 이해하는 사랑

　나는 사랑을 두 사람이 의기투합하고 서로 마음이 통하는 느낌이며, 두 사람이 하나가 되려는 충동으로 이해한다. 그것은 갑작스럽게 터져 나오는 격정이다. 격정이 물러나고 나면 사랑의 속삭임은 헛된 것이 된다. 사랑은 격정의 화신이거나 아니면 아무것도 아니다. 격정적 사랑을 할 때 사랑받는 사람의 사랑스러운 점은 심하게 과장된다. 그래서 사랑하는 사람과 사랑하지 않는 사람의 눈에 비친 동일한 대상은 너무나 달라 마치 다른 사람 같다. 바로 그렇기 때문에 프루스트는 거듭거듭 "사랑의 올가미에 걸린 모든 사람이 사랑하는 것은 진실한 대상이 아니라 자신의 마음속에 있는 허구의 대상이다. 그것은 자신의 느낌 그 자체이다"라고 말했다.

　어쩌면 이 연구의 마지막에는 '사랑'이라는 느낌이 착각에 불과하다고 할지 모르겠다. 하지만 '사랑'이라고 불리는 심리적 과정을 겪은 사람이 분명 있다. 그들의 마음속에서 사랑이 있고 없는 경계는 마치 흑백처럼 분명하다. 어떻든지 간에 '사랑'은 매우 기묘한 느낌이다. 내가 보기에 그것은 어떤 사이에서 생겼든지 간에(동성이나 이성, 노인이나 젊은이, 혼인 관계에서나 혼외에서, 두 사람이나 여러 사람) 모두 아름답다. 그것은 모두 매우 드물어서 소중하게 여기고 존중할 만한 인류의 체험이다. 물론 당사자들이 때론 다른 가치를 위해 어쩔 수 없이 사랑을 희생하기도 한다. 〈메디슨 카운티의 다리〉의 주인공들처럼 가정이라는 가치를 위해 사랑을 희생하기도 한다. 하지만 사랑 그 자체는 죄가 없다. 만일 애정이 생겼다면 그냥 생긴 것이다. 그것은 어떠한 이유로도 비난을 받아서는 안 된다. 심미적인 관점에서 보면 사랑은 분명 아름답다.

사랑의 발생은 삶의 질과 관련이 있을 것이다. 역사사회학자들의 연구에 따르면, 근대 이전의 유럽에서 대부분의 결혼은 모두 계약이었다고 한다. 서로의 성적 매력이 아니라 경제적 조건이 기초가 됐다. 가난한 사람들의 결혼에는 농업 노동력을 도모하는 수단이라는 요소가 있었다. 영원히 멈출 수 없는 힘겨운 노동에 파묻힌 생활은 사랑의 격정을 불러일으킬 수 없다. 17세기 독일과 프랑스의 농촌 부부 사이에는 입맞춤과 친밀한 애무, 육체적 애정 행위가 거의 없었다고 한다. 귀족들 사이에서만 성적 방종이 존재했고, 이러한 방종은 '체통 있는' 부인들 사이에서 공개적으로 인정되었다. 낭만적 사랑은 18세기 이후에야 출현해 모습을 갖추어 갔다. 고대 중국에서 사랑은 거의 언급되지 않았다. 단지 견우와 직녀, '양산백梁山伯과 축영대祝英臺'* 등의 일부 설화에만 나타날 뿐이었다. 절대다수의 혼인은 부모의 명령과 매파의 중매에 의한 것이었기에 사랑이 있을 자리는 없었다.

사랑의 발생 가능성은 사람들의 생활 방식과도 관련이 있을 것

---

* 동진 시대(東晉, 317~420)를 배경으로 한 중국 민간설화. '중국판 로미오와 줄리엣' 으로 불리며 비극적인 사랑 이야기로 유명하다.

이다. 고대에 여자들은 깊은 규방에 몸을 숨기고 있었기에 사랑을 얻기가 쉽지 않았다. 그래서 종종 낭만적 사랑에 대한 환상을 가질 수 있었다. 하지만 현대에 여성들은 사랑에 가까이 다가갈 수 없는 것도 아니고, 사랑을 오래도록 찾아다닐 필요도 없으며, '사랑에 빠질' 여유도 없다. 그래서 하룻밤 첫눈에 반해 동거 생활을 시작할 수 있다. "사흘 만에 우리는 노부부가 되었다"라고 말하는 극단적인 실천가들도 있다. 현대에 들어와 개방된 공간에서 많은 여성과 남성이 성적으로 거리낌이 없어지면서 오히려 사랑의 결핍이 초래됐다. 하지만 그들은 진정한 사랑을 경험하기를 갈망한다. 그들에게 "지금은 사랑이 극단적으로 메마른 시대이고, 그 결핍 때문에 목마른 것이다."

격정적 사랑에 대해 사람들의 평가가 엇갈린다. 격찬하는 사람들은 그것이 인류에게 가장 즐겁고 가장 귀중한 경험이다. 하지만 반대하는 의견 역시 많은데 여기에는 다양한 시각이 있다. 저명한 인류학자 브로니슬라브 말리노프스키Bronislaw Malinowski는 다음과 같이 말했다. "애정은 격정이다. 말레이시아 사람이든 유럽 사람이든 모두 똑같다." "애정은 크든 작든 간에 마음을 다치게 할 것이다." "애정은 어려운 상황을 수없이 부르고 허다한 추문을 일으키며 심지어는 많은 비극을 빚어낼 것이다." "애정은 생명을 비추거나 영혼을 개척하거나 정신을 기쁨에 넘치게 하는 경우가 거의 없다." 앤서니 기든스Anthony Giddens는 "어느 곳에서든 격정적 사랑이 결혼을 위해 꼭 필요한 기초라고 여겨지지 않았다. 반대로 대부분 문화에서 그것은 결혼에 약도 구하기 힘든 손상을 준다고 여겨졌다"라고 말했다.

사랑과 혼인의 관계라는 관점에서, 사랑은 두 단계로 변천을 거쳤다. 고대에 애정은 결혼과 아무런 관계가 없었다. 그것은 낭만적 연인 사이에만 존재했다. 근현대에 할리우드식 사랑이 퍼지면서 사랑하는 사람과의 결혼이 이상이 되었다. 하지만 실제 결혼 과정에서 격정은 결국 온정이나 가족의 정으로 변하고 만다. 그 외 많은 결혼에 격정은 전혀 없고 온정만 있다. 어떤 결혼은 온정마저도 없다. 이러한 결혼은 고대의 결혼과 다를 것이 없다. 고대인은 사랑과 가족의 정을 엄격하게 구분했지만 요즘 사람들은 점점 이 두 가지를 하나로 합치고 있다. 오늘날의 사랑은 이러한 이유로 이미 중대한 변화를 겪었다. 고대에 사랑은 격정이고, 혼인은 사랑의 무덤이고 장애물이었다. 혼인은 사랑과 공존할 수 없는 것이었다. 하지만 현대에 사랑은 첫 순간 뿜어져 나오고 나서 점점 가족의 정으로 변한다. 격정이 점점 온정으로 변하면서 사랑과 결혼은 어느 정도 결합을 이룬다. 더 이상 물과 불처럼 서로 대립하는 양극이 아니게 됐다.

✦

미래의 애정

내가 꿈꾸는 미래의 애정은 더욱 자유로운 애정이다. 자유란 이른바 차이와 다원성을 인정하는 것이다. 자유는 사랑의 날개이다. 날개가 없으면 사랑은 비상할 수 없다. 진정한 사랑은 비상하도록 태어났다.

애정의 형식으로 보자면, 미래의 애정은 혼인 제도의 속박에서 더욱 멀리 벗어날 것이다. 현재 북유럽의 일부 국가에서는 사랑하는 연인 전체 중 절반이 동거하고 있다. 나머지 절반의 사람들만이 결혼을 선택한다. 중국에서도 동거를 선택하고 결혼을 포기하는 사람이 증가하는 추세이다. 21세기에는 이러한 사람이 점점 더 많아지리라고 생각한다.

애정의 대상 면에서는 미래의 애정은 성별이라는 고정관념에서 벗어날 것이다. 사람들은 고대 그리스 사람들과 마찬가지로 순수함으로 돌아갈 것이다. 아름다움만 중시하고 성별은 더 이상 중요하게 여기지 않을 것이다. 이성애가 패권을 차지한 지난 몇 세기 동안 지나치게 강경한 연애 규칙이 만들어졌다. 이성을 사랑하지 않고, 결혼해서 아이를 낳지 않으면 사람들은 그 사람에게 병이 있다며 손가락질하고 병원에 가 보라고 윽박질렀다. 고대 그리스와 고대 이집트, 고대 중국, 고대 일본에서 연애는 더욱 자유로웠고 사람들은 마음이 원하는 대로 행했다. 사랑의 대상이 남자이든 여자이든 한결같이 아름다움과 고상함만을 추구했다. 나는 21세기에 우리의 사랑이 고대 사람들의 사랑처럼 그렇게 순박하고 자유롭기를 희망한다.

지속성면에서도 미래의 애정은 더욱 다원적으로 변할 것이다. 한평생 한 사람만 섬기고 흰머리가 될 때까지 함께 늙어 가는 애정은 참으로 귀하지만, 끊임없이 사랑의 대상을 바꾸고 끊임없이 사랑의 미로에 빠지는 생활 방식 역시 사람들이 받아들이고 좋아하게 될 것이다. 과거 인류의 평균수명은 아주 짧아 30년, 40년에 불과했다. 하지만 지금은 선진국 사람들의 평균수명이 70세 이상이고 우리와 같은 제3세계 국가 사람들의 평균수명 역시 70세에 가까워졌다. 이토록 긴 삶의 여정에서 평생 한 사람만 사랑하는 것은 갈수록 현실성을 잃을 것이다. 게다가 가치관은 사람이 정하는 것인데 그것이 사람의 욕망을 속박하도록 해서는 안 된다. 아마도 미래의 사람들은 평생 변하지 않는 사랑 말고 변화가 아주 빠른 애정을 선택할지도 모른다.

사랑과 성의 관계에서 보자면, 미래의 애정은 더욱 풍부하고 다채로울 것이다. 어떤 사람은 애정과 성을 연결해 사랑이 없으면 성도 없는 관계를 선택할 것이다. 또 어떤 사람은 사랑과 성의 분리를 선택해 사랑하기만 하고 성을 원치 않을 수도 있다. 그 시대에 사람들은 성을 위해 지나치게 큰 대가를 치러야 할지도 모른다. 그래서 인터넷 연애, 전화 연애가 일부 사람들에게 사랑받게 될 것이다. 플라톤식의 정신적 사랑은 일찌감치 괜찮은 명성을 얻었다. 정

신적 사랑은 확실한 필요(병에 걸리는 것을 방지)와 가능한 수단
(수준 높은 과학기술과 인터넷 환경)을 확보한 후에 훨씬 더 유행
할 것이다. 요컨대, 난 미래의 사랑이 더욱 풍부하고 다채롭게, 더
욱 다양하게, 더욱 다원적으로 그리고 더욱 자유롭게 변하기를 희
망하고 그렇게 되리라고 믿는다. 나는 애정 문제에서 더욱 널찍하
고 자유로운 공간이 있는 미래를 동경한다. 그때가 되면 사람들은
더욱 자유롭게 꺼리는 것 없이 사랑하게 될 것이다.

3

퀴어

남자나 여자에게 욕망이 생기는 이유는
천성적으로 사람의 마음속에 숨어 있는 '아름다운' 인간에 대한
욕망 때문이다. 성별이 무엇인지는 관계없다.
— 미셸 푸코

✦

퀴어 이론에 관하여

퀴어 이론queer theory은 1990년대 서양에서 나온 새로운 성 이론이다. 새로운 용어인 '퀴어queer'는 과거 여러 해 동안 진행된 동성애와 양성애에 대한 정치와 이론 속에서 발전했다. 퀴어 이론은 현재 섹슈얼리티 활동가들과 학술계에서는 매우 익숙하고 사랑받는 이론이다.

'퀴어酷兒'*는 음역된 용어인데 본래는 서양 주류문화에서 동성애자들을 낮추어 부르는 호칭으로, '괴이하고 별나다'는 뜻을 지녔다. 그 후 성적 급진파가 이 용어로 그들의 이론을 개괄했는데, 그 속에는 반어적 풍자의 의미가 담겨 있다. 나는 본래 '기이함' 혹은 '대중과 다른'과 비슷한 단어를 사용해 이 단어를 번역하려고 했지만, 그러자니 지나치게 직설적이어서 이 용어가 지닌 반어적 풍자의 의미가 사라졌다. 중국어 표현에 걸맞으면서도 반어적 풍자의 의미가 있는 단어를 찾기가 어려워서 홍콩과 타이완에서 사용하는 음역한 '퀴어'라는 용어를 사용했다.

퀴어 이론은 특정한 이론을 가리키는 것이 아니라 학제 간 구분

---

* 중국어 발음은 쿠얼[kuer]이다.

을 넘어서는 종합 이론이다. 이 이론은 역사학, 사회학, 문학 등 여러 학문에서 유래했다. 퀴어 이론은 주류문화에서 나온 입장이지만, 이 주장을 하는 사람들은 주류문화에서 자신들의 위치를 찾을 수 없고 또 자신들의 위치를 찾기를 원하지도 않는다. '퀴어'는 특정 사회집단을 지칭하는 용어로, 성적 지향성이 주류문화와 지배적인 사회 젠더 규범 혹은 성규범에 부합하지 않는 모든 사람을 포함한다. 퀴어 이론은 그런 사람들의 이론이다. '퀴어'라는 개념은 문화에서 모든 비정상적 상태nonstraight를 표현하는 방식을 가리킨다. 동성애 그리고 양성애가 이 범주에 포함되며, 그 외 잠재되고 분류되지 않은 비정상적 상태 역시 포함된다.

퀴어 이론의 주요 관점과 주장은 무엇일까? 퀴어 이론에서 중요한 내용은 첫째, 이성애와 동성애라는 이분법에 도전하고 사회의 '정상 상태'에 도전한다. 소위 정상 상태란 주로 이성애 제도와 이성애 패권을 가리킨다. 결혼 생활의 성관계와 생식을 목적으로 하는 성행위만을 정상적이고 규범에 맞는 성관계와 성행위로 간주하는 것도 포함한다. 학술계와 활동가 사이에서 자신을 '퀴어'로 규정하는 것은 모든 정상 상태에 도전하기 위함이며 그 비판의 칼끝은 이성애 패권을 겨눈다.

둘째, 남성과 여성이라는 이분법 구조에 대한 도전이며, 모든 엄격한 분류에 대한 도전이다. 비판의 주된 목표는 서양에서 지배적인 사유 방식, 즉 이분법적 사유 방식이다. 퀴어 이론의 사상가들은 이분법적 사유 방식을 '이분법의 감옥'이라 부르고 그것이 인간의 자유로운 선택을 억압하는 감옥이라고 생각한다.

셋째, 퀴어 이론은 전통적 동성애 문화에 대한 도전이다. 퀴어 이론과 퀴어 정치는 완전히 새로운 성 문화를 예고한다. 그것은 성적이고 육감적이며 또 매우 전복적이다. 그것은 이성애 패권을 전복하려고 할 뿐 아니라 기존 동성애의 정통적 관념도 전복하려고 한다. 퀴어 이론은 욕망을 드러내는 방식을 제공한다. 그것은 이성애 정체성과 동성애 정체성을 포함해 젠더 정체성과 성적 정체성을 철저하게 해체할 것이다.

넷째, 퀴어 이론은 중대한 전략적 의미를 지닌다. 이 이론의 출현은 주변화된 모든 공동체가 연합해 공동 행위를 취할 수 있는 태세를 갖추도록 했다. 퀴어 이론가들은 민주적 원칙이 개인과 개성의 발전에도 똑같이 적용될 수 있다고 믿는다. 퀴어 정치는 양성애자, 트랜스젠더, 여성 동성애와 남성 동성애 그리고 지배적 지위에 있는 생리적 젠더와 사회적 젠더 및 성적 시스템을 거부하는 모든 사람을 포함하는 정치적 연맹을 결성했다. 퀴어 정치는 과거에 어떤 젠더 정체성, 성적 지향 혹은 성적 활동을 했든지 간에 새로운 정치를 인정하는 모든 사람을 받아들인다. 엄격히 말해서 동성애자가 아니더라도 자신을 주변화할 수 있으면 퀴어가 될 수 있다.

마지막은 퀴어 이론과 포스트모더니즘 이론의 관계이다. 퀴어 이론은 포스트모더니즘이 성행할 때 출현했으며, 포스트모더니즘과 복잡하게 얽혀 있다. 퀴어 이론의 철학적 배경은 포스트구조주의와 포스트모더니즘 이론이다. 포스트모더니즘 이론은 많은 오해를 불러일으킨 이론이다. 예를 들어 사람들은 종종 포스트모더니즘 이론이 모든 실제 행위와 현실적 투쟁을 없애려 한다고 오해한다. 왜냐하면 모든 거대 담론, 분류, 정체성을 해체해서 현실 투쟁의 가능성을 모두 없앴기 때문이다.

퀴어 이론은 혁명성이 강한 이론이다. 그 최종 목표는 새로운 인간관계의 틀과 인류의 새로운 삶의 방식을 창조하는 것이다. 퀴어 이론에 기초한 행위는 모든 전통 가치에 대한 도전이다.

퀴어 이론은 전복성이 강한 이론이다. 사람들이 사고하는 방식을 철저하게 바꾸고 배타적인 모든 소수 단체의 편협함을 드러내고, 사람들이 모든 전통적 관념에서 철저하게 벗어날 수 있는 무기와 힘을 얻도록 할 것이다. 퀴어 이론은 생명력이 강하며 우리에게 새로운 시대의 서광을 비춰 주었다.

✦

한나라 황제들은
'남총'을 두었다

근현대 시기에 경험했던 중국의 낙후함은 모든 중국인들을 가슴 아프게 했다. 이로 인해 어떤 사람은 중국인이 모든 면에서 '다른 나라 사람보다 못하다'고 여긴다. 사실 고대의 중국 문화는 소중한 유산을 많이 남겼다. 예를 들어 동성애에 대한 관념에서 고대 중국의 성 문화는 서양과 비교해 문화적으로 우위에 있다.

서양 문화를 포함해 많은 문화의 역사에는 동성애자들을 가혹하게 박해한 사건이 나타난다. 극단적으로는 사형을 집행하기도 했다. 서양 사회와 비교하면 중국의 사회환경과 문화 전통은 동성애 문제에서는 우위를 점한다. 몇천 년 중국 역사 중에 동성애를 잔혹하게 핍박했던 기록이 없으며, 동성애 행위 때문에 사형에 처해진 사람도 없었다(문화대혁명 시기에는 개별적인 예외가 있는데 당시는 비정상적인 시기로, 특별한 경우로 봐야 하고 전형적이지도 않다). 또 여론은 줄곧 동성애에 대해 비교적 온화한 입장이었다.

중국 5000년 역사에는 정사正史와 야사野史 모두에 동성애 현상과 관련된 기록이 많고 인구에 회자되는 '여도(餘桃, 남은 복숭아)', '단수(斷袖, 소매를 자르다)', 용양군龍陽君, 안릉군安陵君과 같은 기록은 더 많이 남아 있다.

역사에는 총신이었던 용양군이 위왕魏王의 '불침석拂枕席'*을 했고, 미소년으로 알려진 미자하彌子瑕는 위령공衛靈公과 '복숭아를 나누어 먹었다'고 기록되어 있다. 한漢나라 애제哀帝는 동현董賢과 함께 침소에 들었다가 동현이 황제의 소매를 깔고 누워 있는데 그가 놀라서 깰 것을 염려해 황제가 '소매를 자르고 일어났다'고 한다. 그래서 후대에 '용양', '여도', '단수' 등의 낱말이 동성애 현상을 암시하게 되었다. 판광단潘光旦 선생은 역사서를 두루 살핀 뒤 '전한前漢 시대에는 거의 모든 황제에게 동성애 현상이 한두 번 있었다'는 역사적 사실을 고증해 냈다. 한나라 문제文帝는 등통鄧通을 총애해 그에게 동산銅山을 채굴해서 화폐를 주조할 수 있는 권력을 주었다. 등통은 이로 인해 왕후王侯보다 부유해졌으며 중국 역사에서 '색'으로 가장 많은 것을 얻은 남자가 되었다. 명·청 두 시대에는 관리가 기생집에 드나드는 것을 법률로 금지했기 때문에 사내아이에게로 관심을 돌려 '대안적 출구'를 찾기도 했다.

중국의 많은 고전소설에 동성애 현상에 대한 묘사가 있다. 예를 들어『홍루몽』,『금병매』등이 있고, 이원梨園** 세계의 동성애를 주로 묘사한『품화보감品花寶鑑』이라는 책도 있다. 근대 중국에서는 동성애 풍조를 '남풍男風'이라 하고 '남풍南風'이라 부르기도 했다. 왜냐하면 이러한 풍조가 '푸젠과 광둥 지역, 저장 지역에서 심했기' 때문이다. 남성 동성애자들은 서로를 의형이나 의제라고 부르

---

* 왕의 시침을 든다는 의미.
** 당나라 현종 때 만들어진, 음악과 무용을 가르치던 전문 기관.

고, 여성 동성애자들은 의자매를 맺었다.

　로베르트 한스 판 휠릭Robert Hans van Gulik* 역시 청대에도 동성애에 대해서는 관용적이었지만 오히려 이성애에 대해서는 엄격했던 태도에 주의를 기울였다. "당시 사회규범은 이러한 관계의 공개적 표현(남자들이 손잡고 거리를 걷고, 희극 공연에서 미소년이 등장하는 것 등)에는 상당히 관용적이었지만, 이성애에 대해서는 오히려 개인적 생활의 범주로 엄격하게 제한했다." 이런 관찰은 매우 눈길을 끈다.

　내가 보기에 동성애 태도와 관련해 현재 중국 사회의 문화가 만들어진 원인은 크게 세 가지이다. 첫째, 중국인은 대부분 종교적 신앙이 없다. 흔히 사람이든 일이든 세속적 평상심과 직관으로 평가한다. 사람들은 동성애가 다른 사람을 다치게 하지 않으므로 다른 사람과 관계없다고 여긴다. 그래서 동성애에 대해서 지나치게 가혹한 시각을 갖지 않을 수 있었다. 둘째, 중국 문화는 출산의 가치를 강조한다. 동성애는 출산과 관계없어서, 사람들이 쉽게 경시하면서도 심각한 죄라고는 생각하지 않는다. 셋째, 이러한 태도는 중국인의 민족성과 관련이 있을 것이다. 중국 문화의 기원은 매우 오래되었으며 그 뿌리는 깊고 견고하다. 그래서 중국인은 자신의 문화에 대해 자부심이 크고 다른 문화나 하위문화에 동화될 걱정을 하지 않았다. 다른 문화를 거들떠볼 가치도 없다는 태도가 흔하기 때문에 다른 문화를 잔혹하게 박해하지 않는다.

　그래도 우리 사회가 이성애 패권이 성행하는 사회이며 동성애 하

---

* 　중국 이름은 가오뤄페이高羅佩.

위문화는 소수의 문화로서 주류문화의 억압을 받았음을 부인할 수 없다. 나는 중국 문화가 서양 문화와 비교해서 동성애 문제를 대할 때 그래도 역사적으로나 문화적으로 우위에 있음을 말할 뿐이다.

동성결혼에 관하여

　현재 서양의 많은 국가에서 동성결혼이나 동성 가정 반려자 관계를 잇따라 인정하고 있다. 비교적 일찍 인정한 나라에는 오스트레일리아와 북유럽 국가들이 있고 미국의 몇몇 주가 포함된다. 비교적 늦게 인정한 나라에는 프랑스와 독일이 있다. 만일 중국에서 동성결혼을 허락한다면 소수자의 이익을 보호하고 차별을 반대하는 법률을 제정해야 하고, 그런다면 인권 측면에서 중국은 세계 선진 대열에 들어설 것이다. 일부 서양 국가, 특히 천주교 국가는 동성애에 대한 입법과 관련해서 종교적 압력을 받고 있어 소수자의 이익을 보호하는 법률을 통과시키는 일은 매우 어렵다. 하지만 중국의 전통문화는 동성애를 그다지 차별하지 않는다. 이것이 동성애 문제에서 중국의 유리한 배경이고 이 점을 마땅히 잘 이용해야 한다.

　법률 형식으로 동성 동거 관계를 인정하고 보호하는 제도는 이미 많은 서양 국가에서 시행하고 있다. 현재 유럽, 북미, 오스트레일리아 등 많은 국가와 지역에서 동성 혼인이나 동거 관계는 이미 합법적 지위를 획득했다. 1989년 뉴욕주는 '동거 동반자관계domestic partnership' 등록법을 입안해 국회에서 통과시켰으며, 미국의 일부 도시도 이러한 관계를 승인했다. 이 법률들은 동거자가 혼인 관계에 있는 사람과 비슷한 권리를 누리도록 하는 것이 그 목적이다. 예를 들어 보험에 가입할 때 동거자들은 부부와 같은 대우를 받을 수 있다. 스위스와 덴마크 역시 이러한 관계를 인정하고 있다. 동반자관계법 제정을 방해하는 것은 주로 동성애를 반대하는 관점에서 비롯한다. 동반자관계법에 따르면 동성 파트너는 아이 입양권과 후견인권을 제외하고 이성애 부부와 동등한 권리를 누릴 수 있다.

1963년 푸코는 자크 라캉Jacques Lacan과 함께 저녁 식사를 하면서 이런 말을 했다. "남자 사이의 결혼을 받아들이지 않는 한 문명은 없을 것이다." 그는 또 동성결혼의 합법화는 동성애 행위의 합법화보다 사회에서 더 받아들여지기 어려울 것이라고 생각했다. 푸코가 예상한 대로 1998년 3월 말, 프랑스 정부가 기초한 '(동거자)시민연대계약PACs' 안건에 대해 프랑스 전역에서 많은 시장들이 반대 서명 청원 운동을 벌여 이 안건의 통과를 막아 내자고 주장했다. 이 안건이 통과되면 동성애자의 혼인이 합법화되기 때문이다. 이 청원 운동에 대해 대도시 시장들의 반응은 냉담했지만, 지방과 농촌 지역에 있는 작은 도시의 시장들은 지지했다. 농촌 지역 시장들은 동성혼 합법화가 현행 일부일처제 가족제도를 위협할 것이라고 여겼기 때문이다. 그러나 동성결혼을 지지하는 사람들이 추동한 전국적인 청원 운동이 일어나 마침내 프랑스에서 이 법안이 승인되었다. 같은 해 독일 역시 비슷한 법안을 승인했다. 현재 점점 더 많은 국가와 사회단체가 동성애자들을 공인公人의 모습으로 받아들이고 있다. 예를 들어 파리와 베를린의 전前 시장이 커밍아웃을 하기도 했다.

서양 사람들이 보기에 동성애를 보는 중국인의 시각은 믿기 어려울 정도로 천진하다. 중국인은 동성애 공포증이 없지만, 동성애에 대한 보편적 무지는 실망스러울 정도였다. 하지만 1980년대 이후로 학계와 대중매체에서 동성애 현상에 관심을 기울이고 있기 때문에 상황은 이미 바뀌었다.

　　종종 사람들이 내게 "중국이 언제 동성결혼 법안을 비준할 수 있을까요?"라고 묻는다. 그 시간표를 분명하게 말하기는 정말 어렵다. 19세기에 중국의 대문이 세계를 향해 개방된 이후 어떤 면에서는 빠르게 발전했고 어떤 면에서는 느리게 발전했다. 주로 경제 방면에서 발전이 빠르고 의식 방면에서는 더뎠다. 그런데 곰곰이 생각해 보면 물질적인 면에서 발전하는 일은 무척 어렵다. 물질적 발전은 한 걸음씩 쫓아가고 조금씩 축적해 나가야만 한다. 하지만 의식적인 면에서의 발전은 그렇게 힘들이지 않아도 된다. 기존 생각을 조금만 바꾸면 아주 쉽게 세계적인 조류를 따라잡을 수 있다. 예를 들어 동성결혼 법안의 통과는 중국에서 농민의 빈곤 문제를 해결하는 것에 비해 정말 쉬운 일이다. 우리는 앞을 향해 한 걸음 내디딜 충분한 이유가 있다. 낮은 원가로, 어쩌면 거의 자본금 없이도 사회적 이익이 엄청날 수 있기 때문이다. 정말로 왜 그렇게 하지 않는지 알 수 없다.

✦

중국이 동성결혼을
승인해야 하는 이유

    나는 동성결혼을 인정하는 법안을 통과시켜야 한다고 몇 차례 건의했다. 그 주된 이유는 다음과 같다.

    첫째, 현행 법률에 근거하면 동성애는 중국 법률을 위반하지 않는다. 동성애자는 각 법률 조항의 권리를 지닌 중화인민공화국 공민이다. 동성애자 가운데 결혼을 원하는 사람도 있다. 그들의 요구는 공민으로서의 권리와 충돌하지 않기에 승인되어야 한다.

    둘째, 동성애자는 소수집단에 속하는데 많은 국가에서 이미 차별 금지법을 만들었다. 현재 서양의 많은 국가에서 잇따라 동성결혼이나 동반자관계를 인정하고 있다. 중국의 법이 동성결혼을 보호한다면 중국이 인권을 보장한다는 유리한 증거가 될 테고, 지금까지 동성결혼을 인정하지 않는 서방 국가들의 부족함을 드러내게 될 것이다.

    셋째, 동성애자의 관계를 결혼이라는 형식으로 속박하거나 보증하지 않기에 일부 동성애자들은 쉽게 관계를 가질 수 있고 성병이 퍼질 위험성도 높다. 모든 인간관계는 평등하다는 관점에서 볼 때 일대일의 관계와 일대다의 관계를 높고 낮음의 우열로 구분할 수는 없지만, 병을 예방한다는 차원에서 보면 전자가 확실히 후자보다 수월하다. 현재 남성과 남성 사이의 성행위가 에이즈 전염에서 차지하는 비율이 빠르게 상승하고 있다. 집단 내 감염률은 이미 5퍼센트를 넘었고 계속 상승하는 추세이다. 동성결혼이 상당히 많은 동성연애자들의 단기적 관계를 줄이고 장기적으로 관계를 유지할 수 있도록 함으로써 성병 전염의 위험성을 낮출 수 있음을 인정해야 한다.

넷째, 역사와 다문화적 연구로 볼 때, 인구 증가에 대한 스트레스가 비교적 큰 국가는 동성애에 대해 비교적 관용적인 정책을 취했다. 하지만 인구가 적은 국가는 동성애에 대해 비교적 엄격했다. 이는 인구 중에 많은 집단이 출산을 하지 않으면 국가 인구에 직접적인 영향을 미치기 때문이다. 통계에 따르면 동성애 인구가 인류의 3~4퍼센트를 차지한다고 하니, 중국에서는 3900만~5200만명 정도 될 것이다. 동성결혼을 금지하기 때문에 이 동성애자들은 대부분 이성과 결혼해 출산을 할 것이다. 만일 동성이 삶의 반려자로 인정된다면 출산을 하지 않는 사람이 많아지니 이는 중국의 인구 통제에 유리하다.

다섯째, 전통문화 관습은 모든 사람이 결혼을 해야 한다고 요구한다. 이 때문에 많은 동성연애자가 어쩔 수 없이 이성애자와 혼인해서 수많은 결혼 비극을 만들어 냈다(예를 들어 '남성 동성애자의 아내' 문제, '여성 동성애자의 남편' 문제). 이로 인해 결혼의 질은 떨어지고 이혼율은 높아졌다. 만일 중국이 동성결혼을 인정한다면 동성연애자들이 이성과 결혼할 확률을 크게 낮출 수 있을 것이다.

여섯째, 중국은 소수집단과 취약계층의 이익을 보호하는 정책에서 성공한 경험을 지니고 있다. 예를 들어 소수민족 이익을 보호하고 여성과 아동 이익을 보호하는 정책은 세계에서 선두적인 지위를 차지하고 있다. 동성애라는 취약한 위치에 있는 소수집단에 대한 보호는 중국의 위상을 더욱 높이고 진보적으로 만들 것이다. 그리고 각 사회집단 사이에 더 관용적이고 조화로운 분위기를 만들 것이며, 이는 국가 위상과 사회 안정에 도움을 줄 것이다. 서구 사회에서 동성애자들이 끊임없이 시위하고 주류사회 문화와 격렬하게 충돌하는데 그러한 국면을 피하게 해 줄 것이다. 조화롭고 관용적인 방법은 중국 문화의 평화와 조화를 숭상하는 정신과 부합하기도 한다.

결론적으로 말해, 중국이 동성결혼을 인정한다면 이익만 있지 손해는 전혀 없다. 국가의 이익과 인민의 이익 그리고 동성애라는 소수집단의 이익을 위해 이러한 법안은 특별히 제출되어야 한다.

덧붙이자면, 이 법안을 구체적으로 만드는 방안은 두 가지이다. 첫째는 동성결혼 법안을 만드는 것이다. 둘째는 현행「혼인법」을 약간 바꾸어「혼인법」에서 '부부'라는 두 글자를 '배우자'로 바꾸고, '배우자'라는 단어를 처음 쓸 때 '성별 제한 없음'이라는 문구를 추가하는 것이다.

동성결혼 인정과
국가적 위상의 함수

　근대 이후로 중국은 가난과 쇠약함이 누적되어 국제적 위상이 해마다 떨어지더니 차마 눈뜨고 볼 수 없는 지경에 이르렀다. 이전으로 돌아가 생각하면 성당盛唐 시기에 중국은 전 세계가 우러러보는 국가였다. 하지만 1840년 이후 중국의 국제적 위상은 빈곤하고 낙후한 늙은 제국이 되었다. 전란이 빈번해 이재민이 사방에 넘쳤으며 백성들은 점점 비굴해졌다. 60년간 특히 최근 30년의 노력으로 중국의 상황은 변모했다. 얼마 전 우리는 일본을 넘어서서 세계 제2의 경제대국이 되었다. 비록 1인당 국민소득은 아직 100위권 밖이지만 가난이라는 꼬리표는 곧 떼어질 것이다.

　가난은 물질문명 범주에 속하고, 낙후함은 정신문명 범주에 속한다. 사회 조화와 인권 상황은 모두 정신문명의 지표이다. 만일 중국이 동성결혼을 인정한다면 중국의 낙후한 국제적 위상은 크게 개선될 것이다. 경제가 급속히 발전하기란 어려운 일인 데 비해 이렇게 작고 보잘것없는 법률의 변화는 장이머우張藝謀에게 거액을 써서 중국을 선전하는 광고판을 제작하도록 하는 것보다 중국의 국제적 위상을 높이는 데 효과가 더 클 것이다. 가슴에 손을 얹고 자문해 보자, 우리는 바보가 아닐까? 이렇게 낮은 투자금에 고수익을 올릴 수 있는 일을 왜 미루고 하지 않을까?

중국이 일단 동성결혼을 인정한다면 인권 지수에서 많은 선진국을 뛰어넘을 것이다. 버락 오바마Barack Obama는 젖 먹던 힘을 다 짜내 간신히 미국의 동성애 지위를 조금 더 진전시켰다. 그는 커밍아웃한 동성애자들이 군대에서 복무할 수 있도록 했다(처음에는 그들을 내쫓았고 클린턴Bill Clinton 시대에는 3불 정책을 밀어붙였다). 그 일은 서양에서 기독교 우파가 동성애를 강력하게 배척하고 보수적 민중 사이에서 기독교 우파의 영향력이 가볍지 않았기 때문에 쉽지 않았다.

중국 고대 동성애 문화에는 다행히 미국과 같은 역사적 짐이 없기에 동성애 문제에서는 선천적인 조건이 특별히 훌륭하다고 말할 수 있다. 만일 중국이 지금의 선진국들보다 낙후되었다고 생각한다면 그것은 완전히 경직된 사유와 느린 반응 때문이다. 중국이 일단 동성결혼을 인정한 국가의 대열에 합류하기만 하면 국제적 위상은 반드시 크게 오르는데 무엇 때문에 하지 않으려 하는가?

누가 동성결혼을
반대하는가

어제 한 노부인이 외지에서 장거리전화를 걸어와서는 노발대발하며 동성결혼 법안을 반대하는 의견을 쏟아 냈다. 잘못하면 거의 히스테리를 일으킬 지경이었다. 나는 놀란 나머지 깊은 생각에 빠졌다. 지금 중국에서 동성결혼 법안을 반대하는 사람은 어떤 사람들일까? 서양 국가에서 동성결혼을 반대하는 힘은 주로 보수파 종교에서 나왔지만 중국은 분명 그렇지 않다. 그래서 나는 가장 반대할 법한 사람들의 부류를 살펴보았다.

첫 번째 부류는 전통문화의 영향을 비교적 크게 받은 사람들이다. 중국의 전통문화는 특히 출산을 강조한다. 동성애 관계에서는 출산을 할 수 없기 때문에 그 사람들 눈에 동성애는 가치가 없거나 불행한 일로 비친다. 그들이 동성결혼을 반대하는 주된 원인은 근본적으로 동성애를 반대하기 때문이다. 동성애는 병적인 상태이고 자연의 이치를 거스른다고 생각하니 동성결혼은 더 말할 필요가 없다. 사실 그들은 동성애를 철저하게 금지하기를 바란다. 하지만 문제는 그들이 찬성하든 반대하든 전체 인구의 3~4퍼센트는 이러한 성적 지향을 지니고 있다는 사실이다. 중국에서 이들(동성애자와 잠재적 동성애자)은 5000만 명에 이른다. 이들을 바꿀 방법은 없으며(의학은 이미 그러한 노력을 포기했다) 또 금지할 방법도 없다. 차별할 수도 없으며 박해는 더더욱 할 수 없다(「헌법」을 준수한다면 소수집단을 차별해서는 안 된다). 나는 전통문화로 다른 사람들의 생명의 가치와 삶의 방식을 평가하는 사람들이 '당신의 생각이 헌법 정신을 위반하지 않는지' 숙고해 보기를 희망한다.

두 번째 부류는 동성애 관계를 도덕 파괴로 보는 사람들이다. 이러한 사람들은 일대일 관계만이 도덕에 부합하고, 파트너를 자주 바꾸는 것은 도덕을 파괴하는 일이라고 여긴다. 동성애자(주로 남성 동성애자)는 확실히 이성애자보다 더 빈번하게 파트너를 바꾼다. 그래서 도덕적으로 문제가 있다고 여겨진다. 이 문제에 대해 두 가지 변호를 할 수 있다. 첫째, 도덕은 시간과 공간에 따라 변한다. '살인을 하지 말라', '도적질을 하지 말라' 등 아주 적은 수의 계율 이외에, 시공을 뛰어넘고 어떤 상황에든 딱 들어맞는 도덕적 준칙이란 세상에 없다. 예를 들어 한 사람이 평생 성 파트너를 몇 명 두는지는 현대 중국에서 도덕적으로 문제가 되지 않을뿐더러 인간의 기본권리에 속한다. 둘째, 한 걸음 물러나서 만일 진정으로 동성애자들이 파트너를 덜 바꾸기를 바란다면 동성결혼을 지지해야 한다. 만일 동성애자들에게 결혼이라는 제약이 생긴다면 파트너를 바꾸는 빈도는 낮아질 것이다. 그래서 동성애자가 빈번하게 파트너를 바꾸는 것이 부도덕하다고 여기는 사람들은 동성결혼을 가장 지지해야 한다. 이러한 사람들이 동성결혼을 지지하지 않고 도리어 반대한다는 것은 스스로를 논리적 모순에 빠뜨리는 것이 아닐까?

세 번째 부류는 다른 사람이 자신과 다를 수 있다는 고통스러운 사실을 받아들이지 못하는 사람들이다. 사람들은 이 세상에 평등하게 태어나지만 차이 역시 가지고 태어난다. 종족의 차이, 피부색의 차이, 성별의 차이, 계급의 차이, 키가 크고 작은 차이, 뚱뚱하고 마른 차이, 좋아하는 것의 차이 등등. 소수집단에 속한 동성애자들과 수많은 이성애자는 성적 지향이 다르다. 어떤 사람은 자신과 똑같거나 비슷한 사람만을 받아들이고 자신과 다른 사람들을 받아들이지 못한다. 이러한 사람의 전형이 아돌프 히틀러Adolf Hitler이다. 그는 유대인을 받아들일 수 없어서 그들을 수용소로 보내고 가스실로 보냈다. 그는 동성애자들도 수용소로 보냈다. 이런 부류의 사람들은 자신이 히틀러를 따라가는 것은 아닌지 경계심을 가져야 한다.

마지막 부류는 동성애자에게 상처를 받은 사람이다. 일반적으로 동성애는 다른 사람을 해치지 않는다. 하지만 예외가 있다. 바로 동성애자와 결혼한 이성애자들이다. 그들은 성생활이 거의 없거나(파트너가 애초에 이성과의 섹스를 좋아하지 않기 때문에) 배우자가 '마음이 콩밭에 있는' 경험을 한다(왜냐하면 파트너가 그녀 혹은 그를 사랑할 수 없고 마음속으로 동성인 다른 이를 사랑하기 때문이다). 또 선의에서든 악의에서든 감정적으로 기만을 당하게 되고, 오랫동안 동상이몽의 고통을 겪는다. 대부분의 경우에 그들은 이 모든 것을 참고 이겨 낸 뒤에도 하소연할 곳이 없어 벙어리 냉가슴 앓듯이 살아가야 한다. 사회의 모든 사람 중에서 이들만이 동성애로 피해를 본 사람들이다. 동성애라는 말이 나오면 그들은 이를 갈고 원망하며 히스테리를 일으킨다. 나는 마음속 깊이 이들을 동정한다. 하지만 그럼에도 그들이 이러한 이유로 동성결혼을 반대하는 것은 지혜롭지 못하다고 생각한다. 동성결혼이 인정되면 이성애자와 결혼하는 동성애자들이 크게 줄어들 것이다. 당신들이 받은 아픔은 되돌릴 수 없지만 똑같은 비극은 피할 수 있다. 당신과 같은 부류의 사람들이 당신이 겪은 아픔과 고통을 고스란히 겪기를 바랄 정도로 당신이 이기적이지는 않을 것이라고 믿는다. 동성결혼은 당신들을 위기에서 구해 주는 것인데, 왜 자신을 고통에서 빼내지 않고 도리어 동성결혼을 반대하는가?

✦

동성결혼을 하는
어떤 이유

동성결혼을 다룬 다큐멘터리를 봤다. 어느 교수가 등장하는데 그가 말한 내용이 내게 깨우침을 주었다. 그는 결혼의 의미 변화 과정을 분석하여 동성결혼의 이유를 설명했다.

대략적으로, 농업사회에서 결혼으로 쌍방이 결합하는 것은 대부분이 경제적 이유 때문이라는 것이다. 농부와 그 부인이 함께 노동하고 아들과 딸을 낳아 기르고 생계를 유지하는 데에 감정적 요소는 중요하지 않다. 하지만 현대사회에 접어들고 사람들이 도시 생활을 하면서 결혼하는 이유 중에서 감정적 요소가 점점 중요해졌다. 감정이 결혼의 주요한 이유가 된다면 동성결혼은 완전히 가능하다. 사실상 동성결혼은 출산을 할 수 없다는 것 외에 다른 것은 이성결혼과 다를 바가 없다. 결혼의 결정적 요소가 출산에서 감정으로 변하면서 우리는 동성결혼을 반대할 이유를 잃었다.

본래 대부분 사람이 중국의 구식 결혼에서만 감정적 요소를 중요하게 생각하지 않는다고 여겼지만, 농업사회 단계에서는 서양도 그러했다. 이는 농업생산의 성질과 시골 생활의 형태 때문이다. 서양에서도 공업화와 도시화가 진행되면서 파트너 사이의 감정적 요소가 중요해졌다. 오늘날 세계적으로 감정적 요소를 중요하게 여기지 않는 결혼은 점점 퇴색되고 있고, 중국인의 결혼에서도 감정적 요소는 갈수록 중요해지고 있다. 지금 중국은 농업국에서 공업국으로 변하는 현대화 과정에 있다. 동성결혼의 허용이 자연스럽게 제기되는 것이 역사 발전, 문화와 결혼 제도 변천의 큰 방향에 부합하는 것이다.

동성애와 근친상간

최근 리톄李銳라는 사람이 상당히 교활한 문제를 제기했다. 만일 동성결혼을 허락하면 어머니와 아들의 결혼이나 아버지와 딸의 결혼과 같은 근친결혼도 허락해야 하느냐는 것이다. 어머니와 아들, 아버지와 딸 사이에도 애정이 생길 수 있고 성욕이 일어날 수 있으며 쌍방이 원할 수도 있는데, 그렇다면 다른 사람에게 상처를 주지도 않는데 왜 결혼할 수 없느냐는 것이다.

나는 이 문제에 대해 다음과 같이 기초적인 분석을 했다.

우선 고대부터 지금까지 중국뿐 아니라 세계 모든 사회와 문화에는 근친상간 금기가 있었다. 이 금기가 처음 만들어진 원인은 아마도 근친상간에 의한 출산이 문제를 가져오는 경우가 많고 종의 퇴화를 가져왔기 때문일 것이다. 종의 퇴화가 아닌 진화를 위해 근친상간이 금기시되었다.

그와 비교해 동성애 금기는 보편적이지 않았다. 예를 들어 고대 그리스·로마에서 동성애가 보편적으로 이루어져 거의 모든 소년에게는 스승인 동시에 성 파트너인 성인이 있었다. 여성 동성애역시 성행했다. 예를 들어 레스보스섬의 유명한 시인 사포Sappho가있다.

중국 한나라 때의 황제들에게는 거의 모두 남총男寵이 있었고, 민간에서도 동성애 성행위가 널리 퍼져 있었지만 금기로 삼지 않았다. 오히려 '여도', '단수'와 같은 말이 널리 퍼져 있었다. 그래서 사회적 관습으로 말하면, 근친상간과 동성애는 같이 언급할 수 없다.

다음으로 사회통계 결과로 보자면, 세계적으로 모든 국가와 사회에서 동성애는 일정한 비율을 차지하고 있다. 일반적인 조사 결과로는 3~4퍼센트인데, 이 비율에 따르면 그 수가 상당히 많다. 예를 들어 중국에만 몇천만 명이 있다. 하지만 근친상간 발생률은 아주 낮고 몇몇 사람들에게서만 나타나서 통계적으로 주의를 기울일 만한 규모가 아니다.

다음으로 동성애의 발생 원인은 지금까지 정확하지 않다. 선천적 요소가 있을지도 모르지만, 왼손잡이처럼 지금까지 생리학적으로 정확한 해석을 하지 못하고 있다.

반면 근친상간 행위는 많은 경우 후천적 원인에 기인한다. 예를 들어 부모 자식 또는 형제자매가 오랫동안 헤어져 있다가 우연히 만나 성관계를 했는데 쌍방이 그 사정을 알지 못하는 경우도 있다.

이외에 친자식과의 혼인이 출산 이후 항렬 관계의 혼란을 초래하는 것도 근친상간 금기의 원인이다. 하지만 동성결혼은 일반적으로 출산을 할 수 없기 때문에 이러한 문제가 발생할 수 없다. 현재 많은 동성애 반려자들은 아이를 입양할 수 있다. 또는 인공수정으로 혈연관계가 있는 후손을 얻기도 한다. 하지만 결코 항렬에 혼란을 가져오는 문제를 야기하지 않는다. 이것 역시 대부분의 사회에서 근친상간 금기만 있지 동성애 금기가 없는 이유 중 하나이다.

종합적으로 말해, 리쳬가 근친결혼 합법화를 주장하든 아니면 근친결혼 합법화를 반대하는 논리로 동성결혼 합법화를 반대하든 간에, 그는 틀렸다. 그는 자신의 주장을 그럴듯하게 포장할 방법이 없다.

✦

동성애 존중은
사회발전의 지표다

2011년 오바마는 공약 이행을 요구하는 동성애 단체의 압력을 받아 커밍아웃을 하고도 군대에서 복무할 수 있는 법안에 서명했다. 이것은 중대한 사회발전이다. 미국에서 이 결과에 이르기까지 세 단계 과정을 거쳤다.

첫 번째 단계는 동성애자가 군에 복무하는 것을 금지했던 시기이다. 이유는 아주 황당했는데, 전투력에 영향을 줄까 염려해서였다고 한다. 하지만 조사한 바에 따르면 고대 그리스의 유명한 '삼백三百 용사' 중에는 동성 연인이 많았다고 한다. 그들은 연인 앞에서 체면이 깎이는 것을 원하지 않아 모두가 용감하게 싸우다 전사했다. 상처가 모두 몸 앞쪽에만 있고 뒤쪽에는 없어서 모든 전사가 용맹하게 전투에 임했다가 죽음에 이르렀음을 알 수 있다. 전투하다가 도망친 사람은 한 사람도 없었다. 그런데 지금에 와서 동성애가 어떻게 전투력에 영향을 줄 수 있다는 것일까?

두 번째 단계는 클린턴이 집권했을 때 '삼불주의三不主義'로 정책을 바꾼 것이다. 동성애자라는 정체성을 밝히지 않으면 계속 군복무를 할 수 있었다. 다른 사람이 정체성을 묻지도 않았다. 하지만 동성애자라는 정체성이 드러나면 계속 복무할 수 없었다.

세 번째 단계는 동성애자가 커밍아웃을 하고 복무하는 것을 오바마가 승인한 단계이다.

동성애 복무를 전혀 허용하지 않는 것에서 정체성을 밝히지 않고 복무하는 것으로, 그다음에는 정체성을 공개하고 복무하는 것으로 사회발전의 진보는 아주 분명했다.

미국의 동성애자들은 오바마에게 동성결혼 지지 공약을 실행하라고 계속 요구하며 시위했다. 그리고 오바마는 경선 연임 공약에 동성결혼을 지지하는 내용을 추가했다.

몇 년 전에 내가 인민대표대회 상임위원회 법제공작위원회가 「혼인법」을 수정하는 회의에서 가장 먼저 동성결혼을 입법 건의하자, 법학계에 있는 사람이 "우리 중국이 선두에 설 필요는 없잖아요"라고 말했다. 우리가 지금 동성결혼 법안을 승인한다고 해도 선두에 서는 것은 아니다. 우리는 이 방면에서는 선진적인 사회보다 뒤떨어졌다. 동성애를 존중하는 것은 마땅히 사회 진보의 의미로 해석되어야 한다.

✦

용납으로는 부족하다,
존중이 필요하다

세계 LGBT 회의에 참석하기 위해 몬트리올에 갔다가 돌아오는 길에 일본 가토의 자연 풍광을 실컷 맛보았다. 중국 신장 위구르 자치구의 카나스와 비슷한 곳이 작은 한 군데가 아니라 여기저기 널려 있었다.

이번에 참석한 세계 LGBT 권리 대회는 역사상 규모가 가장 컸는데 회의가 끝나고 열린 세계 제1회 LGBT 운동회에는 1만 6000명이 참가했다. 중국에서는 대표단을 파견하지 않아 아쉬웠다. 나는 회의에서 주제 발표를 했고 중국의 동성애 상황을 소개했다.

회의에서 유엔인권위원회 대표의 발표가 가장 깊은 인상을 주었다. 지금 세계적으로 동성애는 80개 국가에서 여전히 불법이고 그중 7개 국가에서는 동성애자를 사형에 처한다. 잘생기고 멋진 이란 남성 동성애자 청년 두 명이 교수형에 처해진 사진을 보고 몸서리를 쳤다. 세계에 아직도 이렇게 야만스러운 일이, 이렇게 잔인하고 비문명적인 일이 있다니.

몬트리올 시장의 연설은 수준이 아주 높아 회의 참석자들의 뜨거운 박수를 받았다. 그가 했던 말 한마디를 전달한다면 "동성애는 용납하는 것만으로는 부족하고, 존중해야 한다"라는 것이다. 수준 있는 시민이 있으니 이렇게 수준 있는 시장이 있는 것이다. 나는 그와 함께 사진을 찍었다.

동성애자임을 커밍아웃한 어떤 수영 세계 챔피언은 개막식에서 격정적으로 말했다. "우리는 천주교도입니다, 우리는 유태인입니다, 우리는 불교도입니다, 우리는… 우리는 사람입니다!"

중국에도 이런 생각이 필요하다. 사회적으로 현재의 관념이 얼마나 낙후하든지 얼마나 보수적이든지 얼마나 비이성적이든지 얼마나 어리석고 고지식하든지 간에, 그래도 우리는 중국에 희망을 품어야 한다. 중국이 동성애자를 교수형에 처하는 야만 사회로 퇴보하는 것이 아니라 동성애를 존중하는 정도로까지 발전할 수 있을 것이라고 믿는다.

대입 시험 0점 작문이
드러낸 문제

상하이에서 대입 작문시험을 치른 어느 학생이 써낸 답안지가 동성 간의 애정에 대한 내용이라는 이유로 영점 처리되었다는 기사를 인터넷에서 보았다. 그 작문을 살펴보니 문장도 훌륭하고, 아무리 그래도 영점을 받을 정도는 아니었다. 이 일이 사실이라는 것을 도무지 믿을 수 없었다. 만일 정말 이러한 일이 발생했다면, 이는 너무나 많은 문제를 드러낸다.

첫째, 동성애공포증이 대중 사이에서 심각하다.

둘째, 대입 채점 원칙에 문제가 있다. 작문을 평가할 때 글의 수준이 기준인가, 아니면 지향하는 사상이나 가치관이 기준인가? 후자라면 이것은 공정하지 못한 채점의 전형이다.

셋째, 만일 어떤 채점자가 개인적 가치관이나 정확하지 않은 다수의 가치관으로 평가했다면, 불공정한 채점에 대한 책임을 물을 수 있는가? 평가 기준의 옳고 그름을 심사할 수 있는 공정한 시스템이 있는가? 불공정한 평가를 받은 사람은 불복신청을 할 수 있는가? 보아하니 당사자는 불복신청을 할 수가 없는 듯하다.

넷째, 소수집단을 차별하는 행위에 대해 법률적 책임을 추궁할 수 있는가? 차별 금지법이 있는 사회에서는 이러한 공개적 차별 행위가 법률적으로 추궁받는다. 그럼으로써 재범을 막을 수 있다. 현재 중국에는 이러한 차별 금지법이 없다. 또 이렇게 전형적인 차별 사건이 다시 발생하는 것도 막을 수 없다. 소수집단의 이익 역시 보장받을 수 없다.

정의감이 있고 양식이 있는 사람들이라면 마땅히 이렇게 공개적인 차별 사건을 반대함으로써 국민의 자질을 높이고 소수집단을 보호하고 결속시켜 조화로운 사회를 건설해야 한다.

✦

동성애에 대한
대중과 정부의 시차

　최근 신문에서 동성애에 대한 긍정적 보도가 많아졌다.《중궈르 바오中國日報》가 처음 긍정적인 보도를 한 이후 전국의 신문 잡지들은 마침내 더 이상 동성애에 대해 차별과 질타를 하지 않고 객관적이고 공정하게 동성애 문제를 보도할 수 있게 되었다.

　얼마 전, 광저우에서 동성애자의 부모인 우유젠吳幼堅이 '동성애 부모 간담회'를 개최한 것과 상하이에서 거행된 게이 프라이드 활동을 모두 미디어에서 긍정적으로 보도해서, 중국이 마침내 작은 발걸음을 내디뎠다고 느끼게 해 주었다. 수년 전 경찰 측에서 여러 차례 동성애 문화 행사를 금지하는 바보 같은 조치를 내렸던 일과 비교하면서, 뜻있는 인사들은 한숨을 돌리고 기쁨에 찬 미소를 보였다.

　일부 서양 국가에서는 종종 대중이 동성애 문제에 대해 정부보다 보수적이다. 예를 들어 어느 해인가 미국 메인주 정부는 동성결혼 법안을 승인했지만 오히려 국민투표에서 결과가 뒤집혔다. 많은 보수파 종교에서 단호하게 동성결혼을 반대하고 교인들에게 반대표를 던지라고 설파했기 때문이다. 중국은 완전히 반대이다.

정부가 대중보다 보수적이다. 내가 최근 몇 년 사이에 전국 대도시와 중도시에서 행했던 무작위 추출 조사에 근거하면, 대중이 동성애를 받아들이는 정도는 상당히 높다. 개별 지표는 미국과 홍콩을 넘어서기도 한다. 하지만 정부는 동성애 문제에서 아직 시대의 변화를 따라가지 못하고 있다. 사회에 전혀 해를 끼치지 않는 그들의 몇몇 문화 행사와 오디션 활동을 종종 금지했으며 유엔에서 성지향 차별 반대를 인종 차별, 젠더 차별, 민족 차별 등의 차별 금지 조항에 넣는 표결에서 반대표를 던졌다고 한다. 중국 정부는 이렇게 할 이유가 없다. 서양에서 동성애를 차별하는 근원이 종교적 교리와 종교적 우파에 있다면, 중국에서는 결코 이러한 문화의 부담이 없다. 도리어 여러 문화가 대융합하는 좋은 전통이 있고 화합과 포용을 중요하게 여기는 사유 방식이 있다. 나는 동성애 차별 반대라는 면에서 왜 중국이 서양보다 낙후되어 있는지 정말로 이해할 수 없다. 내 생각에 유일한 이유는 과거 몇십 년 동안의 경직된 정책으로 인한 관성으로밖에 볼 수 없다.

지금은 좋아졌다. 세계 동성애 권리 운동에 대한 느린 반응과 경직된 태도가 마침내 풀어졌다. 경제가 발전해 온 것처럼 발전을 시작했고, 그 발전이 더욱 빨라질 것이라고 믿는다. 언젠가 중국이 세계 각국의 발걸음을 따라잡고 나아가 그들을 이끌 수 있는 리더가 될 수도 있으리라 생각한다.

✦

동성애와 에이즈

세계보건기구의 통계에 따르면 에이즈가 유행한 이후로 전 세계에서 2000여만 명이 에이즈로 사망했다고 한다. 현재 전 세계에이즈 환자는 4000만 명이고, 매년 500만 명이 새로 늘고 있다. 매일 새 감염자 약 1만 4000명이 발생하고, 그중에서 절반 이상인 7000여 명이 25세 이하의 젊은이들이다.

중국인의 에이즈 감염 실태는 1986년 말 이전에는 0명이었는데 1988년에 10명, 1990년에 100명, 1993년에 1000명을 넘더니 1998년에는 1만 명을 넘었고, 2005년에 10만 명에 이어 2010년에 37만 명을 넘었고, 현재는 70만 명이다. 그중 11.1퍼센트가 남성 동성애자들로 추정된다. 남성 동성애자들의 에이즈 감염률은 5퍼센트가 넘는다. 2003년 전국 유행병 조사에서 최근 반년 이내에 콘돔을 한 번도 사용하지 않고 항문성교를 한 남성 동성애자 비율이 비교적 높다는 사실을 발견했다. 예를 들어 창더와 시안 두 지역은 각각 42.9퍼센트와 38.5퍼센트로, 이 지역 사람들은 이미 어느 정도 감염 수준에 도달했다. 고위험 성행위를 하는 사람들 규모가 비교적 커서 에이즈가 유행할 위험성을 무시할 수 없다.

비록 중국에서 동성애와 에이즈의 관계가 비교적 적지만, 에이즈에 대한 중국 남성 동성애자의 시각은 주의해 볼 만하다. 외부의 압력과 동성애자들이 세계와 담을 쌓고 사는 상황은 에이즈 치료에 매우 불리하다. 세계적으로 에이즈가 '동성애라는 이상한 성욕에 가하는 하나님의 벌'이라는 애매한 말이 있다. 이것이 동성애자들을 자극하고 동성애 현상에 대한 평가에도 영향을 준다.

나의 조사 자료는 많은 조사 대상이 에이즈와 성병에 대해 걱정과 두려움을 느끼면서도 검사를 받거나 치료할 용기가 없다는 사실을 보여 준다. 또 많은 사람이 아무런 질병 예방 조치도 취하지 않고 있다. 중국 동성애자들의 '병을 진찰하는 두려움이 병이 생기는 두려움보다 심하다'라는 태도는 에이즈를 포함한 성 전염성질환이 범람하는 데 가공할 만한 위험 요소를 심어 놓는다.

따라서 정말 혈청을 모니터링해서 성병이 만연하는 것을 방지하려고 한다면, 사회 전체의 건강과 안전이라는 목표 아래 동성애자의 법률적 지위를 진지하게 고려하지 않으면 안 된다. 왜냐하면 경찰이 그 사람들을 구금하는 한, 그들은 절대 자원해서 검사받지 않을 것이며 또 그 사람들을 찾을 수도 없을 것이기 때문이다. 동성애자의 법률적 지위가 합법화되고 공개적으로 된 뒤에야 그들은 자발적으로 검사를 받을 것이다.

이 문제는 이러지도 저러지도 못하는 딜레마이다. 입법자들은 이 문제를 똑바로 바라봐야지 회피해서는 안 된다. 동성애를 불법이라고 규정한다면 그 사람들은 분명 지하로 들어갈 것이다. 그렇다면 강력한 경찰력으로도 찾아낼 수 없다(결코 사람들 대부분을 체포할 수는 없을 것이다). 그럼으로써 동성애자들 사이에서 에이즈를 예방하는 것은 행운에 맡길 수밖에 없다(엄청난 규모로 유행하지 않기만을 바랄 뿐이다). 만일 동성애를 합법화한다면 이 사람들은 혈청 모니터링을 받아들일 것이고, 그럼으로써 에이즈가 이들 사이에서 퍼지는 것을 방지하는 효과를 거둘 수 있다.

절충안도 생각해 보았지만 어려움이 겹겹이고 전망이 암울하다. 예를 들어 동성애자들에게 건강을 고려해서 혈청 모니터링을 하라고 권해도 그들은 '차라리 병에 걸리고 모르는 것이 낫지 정체성이 폭로되는 것을 원치 않는다'라고 분명히 말한다. 혹은 전 국민의 보건위생을 고려해서 그들에게 희생하라고 한다면, 그들이 자신의 정체성이 폭로되어 잡혀서 노동 교화를 당하는 것과 같은 위험을 무릅쓰면서 다른 사람을 위해 희생하려 할까? 이 역시 아주 실현되기 어려운 일이다. 또는 혈청 모니터링을 한 사람은 법률적 보호를 받아 체포되거나 감옥에 가지 않아도 된다고 보증한다고 해도, 법률적으로 동성애 지위가 분명하지 않은 상황에서 그들이 이러한 보증을 믿을 것이라고 기대할 수 있을까? 이것이 바로 입법자들이 직면한 딜레마이다.

사실 어려움에서 벗어나는 방법은 분명하다. 동성애자를 법률적으로 보호하고 그들이 용기를 내서 어둠 속에서 걸어 나와 검사를 받도록 하는 것이다. 이것이 효과적이면서 유일한 출구이다. 입법자들에게 위로가 되는 것은, 이렇게 하는 것이 아무도 다치게 하지 않고 동성애자와 이성애자 그리고 사회 전체에 모두 이롭고 조금도 해를 끼치지 않는다는 점이다.

하나와 여럿

푸단대학 가오옌닝高燕寧 교수가 진행한 동성애 수업에서 '일대일 관계를 장려해야 하는가?'를 두고 논쟁이 벌어졌다. 추이즈언崔子恩 객원교수가 성 파트너가 한 명이냐 두 명이냐에 대해 옳고 그름을 판단할 수 없다는 관점을 이야기하자 누군가 여러 명의 성 파트너는 성병과 에이즈 예방에 방해가 된다고 했다.

최근 정부 기관에서 공표한 에이즈 전염 경로는 다음과 같다.

남성 간 성적 전염: 2005년 0.4퍼센트, 2007년 3.3퍼센트
이성 간 성적 전염: 2005년 10.7퍼센트, 2007년 37.9퍼센트

이 수치는 몇 가지 문제를 말해 준다. 첫째, 중국에서 에이즈가 전염되는 경로 중에서 성생활을 통해 전염되는 비율은 2년 사이에 남성과 남성 사이 성적 전염에서 약 10배, 이성 간의 성적 전염에서 3배 이상 증가했다. 둘째, 동성애는 결코 에이즈의 주요한 전염 경로가 아니라 이성애가 주요 전염 경로이다. 셋째, 에이즈 시대에 성은 쾌락과 관련된 문제가 아니라 생사와 관련된 문제가 되었다.

우리는 중국에 일대일 관계를 강조하는 성규범과 사회적 관습

이 있어서 성병과 에이즈의 전파 속도가 비교적 느리다는 사실을 인정하지 않을 수 없다. 만일 성 파트너를 여러 명 두는 생활 방식에 대해 압력을 전혀 가하지 않는다면 성병의 전염 속도는 훨씬 빨라질 것이다. 일대일 관계를 강조하는 성규범과 성 관습이 있다는 것은 우리의 행운이니 우리에게 이러한 문화와 관습이 있어서 다행이라고 여겨야 한다.

하지만 순전히 이론적으로 말하면, 성적 규범과 관습은 법률적 범주나 도덕적 범주에 속하지 않는다. 즉 개인은 법률의 통제 범위와 도덕적 비판의 범주에 속하지 않는, 여러 성 파트너를 갖는 생활 방식을 선택할 권리가 있다. 여기에는 한 가지 전제가 있다. 반드시 독신이어야 한다. 만일 결혼을 언급하면 법률은 일부일처인지 일부다처인지 단속하려 한다. 미국의 법률조차도 모르몬교(일부다처)를 통제하려 하고 이와 관련해 역사적으로 유명한 소송사건도 있다. 우리에게도 중혼죄가 있어 여러 파트너와의 혼인을 단속한다. 그래서 독신 간에 이루어지는 여러 성 파트너와의 성생활만이 법률적 단속 범위 밖에 있다.

도덕적 문제에 대해 이야기하면, 독신인 사람에게 성 파트너가 한 명이든 여러 명이든 그것은 개인의 기호 문제이다. 평생 성 파트너가 한 사람만 있어야 도덕적이고 성 파트너가 여러 명이면 부도덕하다고 말할 수 없다. 전제는 역시 독신이어야 한다는 것이다. 독신자가 한 명의 성 파트너를 선택하는 것은 아마도 감정을 중요하게 여기거나 번거로운 것이 싫거나 병에 걸리는 것이 두려워서일 것이다. 단지 그런 것이다. 결코 그가 성 파트너가 여러 명인 사람보다 도덕적으로 더 고상하다고는 말할 수 없다.

에이즈가 있는 지금 시대에 우리는 일대일 관계를 장려하고 일대다 관계를 반대해야 한다. 하지만 질병 예방 차원에서일 뿐이지 법률적으로 이것을 단속할 방법은 없다(1950년대와 1960년대 그리고 1970년대처럼 독신인데 성 파트너가 여러 명인 사람을 건달죄로 단죄하는 것은 잘못이다). 왜냐하면 그것은 법률적 문제가 아니기 때문이다. 도덕 역시 이 일을 관리할 방법이 없다. 왜냐하면 그것은 근본적으로 도덕적 문제가 아니기 때문이다. 간단히 말해서 우리는 마땅히 질병 예방의 차원에서만 한 명의 성 파트너를 장려하고 여러 명의 성 파트너를 두는 생활 방식을 반대해야 한다. 도덕적 차원에서 한 명의 성 파트너를 장려하거나 여러 명의 성 파트너를 반대해서는 안 된다.

✦

푸코와 동성애

동성애에 대한 사람들의 잘못된 생각을 바꾸는 데 가장 많은 영향을 준 사상가는 아마도 푸코일 것이다. 그의 사상과 저작은 동성애에 대한 사람들의 시각을 새롭게 했을 뿐 아니라 인류 사상사에서 매우 중요한 지위를 차지하고 있다. 푸코는 인류가 겪은 성의 역사에서 "번식이라는 경제적 검증을 감당하지 않는 성적 형식을 현실로부터 쫓아내 버리고, 번식하지 않는 성적 존재를 허락하지 않고, 점잖지 않은 쾌감을 배척하고, 번식을 목적으로 하지 않는 성행위를 줄이거나 배척하려는" 행동 양식에 대해 논했다. 동성애 지향은 바로 배척당한 비생식성 성행위 중에서 가장 먼저 공격을 당했다.

푸코는 서양의 성 발전사를 깊이 연구했다. 그는 현재 동성애를 배척하는 서양 사회의 태도는 예부터 있던 것이 아니며, 일관되지도 않고 최근 100여 년 사이에 매우 심각하게 변했다고 설명했다. 현재의 동성애 개념과 '변태' 개념은 역사가 불과 100여 년밖에 되지 않는다. 동성애는 19세기 말엽인 1869년에야 명사로 탄생했다. 독일어의 homosexualitat라는 용어가 바로 동성애라는 의미로 만들어졌다. 과학, 특히 전문적 신경병학의 발전으로 인해 18세기 말과 19세기 초에 동성애 행위를 병리학적으로 해석하게 되면서, 이러한 행위를 하는 사람들은 궤도 이탈자, 타락자, 성도착자가 되었다. 다시 말해 19세기 말에 와서야 비로소 그들은 '동성애자'로 불리게 되었다.

푸코가 『성의 역사』에서 가장 많은 지면을 할애하고 또 가장 새롭게 사람들의 주목을 끈 관점은, 그리스인의 성 관념과 현대 서양의 성 관념 사이의 거대한 차이를 발견하고 분명히 밝힌 것이다. 그는 그리스 사회에서 동성애 개념은 현대와 확연하게 달랐다고 지적했다. 그리스 사람들은 동성에 대한 사랑과 이성에 대한 사랑을 대립하거나 서로 배척하는 선택으로, 근본적으로 다른 행위 유형으로 보지 않았다. 윤리학적 관점에서 보면 고대 그리스 사람들에게는 절제와 방종의 구별이 동성애와 이성애의 구별보다 훨씬 더 중요했다. 이 점은 오히려 동양의 전통과 매우 비슷한 면이 있지 서양의 현대적 개념과는 매우 다르다. 푸코는 당시에 소년을 편애하든 소녀를 편애하든 그것은 단지 성격적 특징일 뿐 다른 성적 지향을 지닌 사람으로 보지 않았다고 했다. 마음에 들어 하는 대상이 남자인지 여자인지가 개개인을 서로 다른 범주로 구분하는 이유가 되지 않는다. 남색을 좋아하는 남자는 자신이 여자에게 구애하는 남자와 다르다고 생각하지 않는다. 그리스 사람들은 한 남자가 다른 남자를 사랑하려면 천성이 완전히 달라야 한다고 한 번도 생각해 보지 않았을 것이다. 그에게 필요한 것은 다른 천성이라기보다는 다른 풍격이다.

고대 그리스 사람들과 그들의 성적 풍조에 대해 푸코가 발견해 저술한 또 다른 관점은 미학적 특징에 집중되었다. "그들의 사유 방식에 비추어 볼 때 사람들이 남자나 여자에게 욕망이 생기는 이유는 천성적으로 사람의 마음속에 숨어 있는 '아름다운 인간'에 대한 욕망 때문이다. 성별이 무엇인지는 관계없다." 푸코처럼 이렇게 미학적 관점에서 동성애 욕망을 이해하는 방식은 많은 공감을 얻었다. 예를 들어 대니얼 레빈슨Daniel Levinson은 고대 그리스 사람들에게 성은 미학적 영역에 속했다고 지적했다. 즉 고대 그리스인들은 남성이든 여성이든 간에 아름다운 모든 것에 이끌렸다. 그들은 대상의 성별을 중시하지 않고 아름다운지 아름답지 않은지만 중요하게 여겼다. 그들은 양성을 구분하지 않았고 양성 사이에 절대적 경계도 두지 않았다. 그래서 이성애와 동성애의 매력 사이에도 뚜렷한 경계가 없었다. 매력은 성 기관의 구별에 따라 발생하는 것이 아니라 비밀스러운 미학적 원칙에 따랐다. 대상은 남성에서 여성으로 쉽게 바뀔 수 있었으며 성역할 정체성은 중성적이었다.

프로이트 역시 비슷한 생각을 말했다. "고대와 현대 성욕의 차이 중에서 가장 놀라운 점은, 고대 사람들은 본능 자체를 중요하게 여겼지만 우리는 대상의 중요성을 너무 강조한다는 것이다. 고대인은 본능을 만물의 근원으로 보았고 심지어 저급한 성적 대상까지 기꺼이 높여 주려고 했다. 하지만 우리는 본능 자체를 멸시하고 아름다운 대상을 만났을 때만 그것의 작용을 눈감아 준다."

동성애에 대한 푸코의 논의에서 현대 서양과 반대의 모습을 지닌 것으로 고대 그리스·로마가 종종 동양 사회와 함께 언급된다. 동양의 동성애 현상을 가장 먼저 관찰하고 보도한 리처드 프랜시스 버턴Richard Francis Burton은 중국, 일본, 터키, 남양군도의 각 나라와 콜럼버스가 신대륙을 발견하기 전의 미주 거주민에게서 동성애가 상당히 보편적임을 발견했다. 또 지역 특색이 있기는 하지만 대다수는 '별것 아닌 잘못'으로 여겼다고 했다. 그는 이러한 문화에서 동성애가 성행한 것은 남성 기질과 여성 기질이 종종 뒤섞여 있기 때문이라고 여겼다. 1930년대 중국을 방문했던 서양 관찰자들 역시 비슷한 인상을 받았다. 동성애 문제에 대한 중국 대중의 여론은 무관심에 가까웠다. 동성애 관계에 있는 연인 중 한 사람은 종종 권력자였고, 그렇지 않은 나머지 한 사람이 자발적으로 그를 즐겁게 해 줄 수 있다면 서로 손해가 될 것이 없었기 때문이다.

서양 사회에서는 사회적 풍조와 행위규범의 변천으로 인해 그리고 앞서 언급한 사상적 변천으로 인해 완전히 새로운 성 관념이 막 흥기하고 있다. 그것은 성별보다 사람을 더 중요하게 여기고 아름다움 자체를 중요하게 여기는 관념이다. 동성애에 대한 새로운 관념이 신속하게 대중에게 전파되고 있다. 이러한 관념의 기조를 이루는 것은 동성애는 타인에게 해를 끼치지 않고 사회에 대한 영향 역시 직접적이지 않기 때문에 술주정이나 자유연애와 마찬가지라는 생각이다. 그것은 범죄도 아니고 사악한 것도 아니며 심리적 질병도 아니다. 그것은 소수 사람들의 생활 방식이다.

최근 한 세기 동안 서양에서 동성애는 사람을 힘들게 하는 홍수나 맹수처럼 여겨져 사회에서 받아들여지지 않았다. 예를 들어 영국에서는 많은 유명한 사람이 동성애자이거나 동성애 지향성이 있다는 이유로 마땅히 받아야 할 평가를 받지 못했다. 앙드레 지드Andre Gide, 에드워드 모건 포스터Edward Morgan Forster, 버지니아 울프Virginia Woolf 같은 많은 사람이 동성애 지향을 억누를 수밖에 없었다. 그들은 소수의 친한 사람들 사이에서만 완전한 개성을 표현할

수 있었다. 동성애만 위험했던 것이 아니라 러셀과 같은 사람조차
도 성에 대해 지지하는 태도를 표했다는 이유로 어려움을 겪었다.
하지만 자유주의 사상가들의 관점이 전파되고 1960년대에 시작
된 동성애 권리 운동이 동성애에 대한 사람들의 관점을 바꿔 놓았
다. 사람들은 일반 사람들과 다른 소수자의 성 지향에 대해 더 많
이 용인하게 되었다. 이성애자 321명에 대해 진행한 연구를 보면,
동성애에 대한 그들의 태도는 많은 동성애자와 입법자들보다 훨
씬 관용적이었다. 그들 중 대부분이 동성애를 반대하지 않을 뿐 아
니라 동성애에 대한 각종 제재 조치를 없애는 데 찬성했다. 이러한
관용적 태도를 지닌 사람들에게는 젊고, 종교가 없고, 동성애 친구
를 사귄 적이 있다는 특징이 있다. 갈수록 많은 지역과 사회에서
사람들은 점점 더 관용적으로 변할 것이며, 이것이 기본적 추세라
고 말할 수 있다.

힐러리의 연설과 LGBT

2011년 12월 6일 유엔의 웹사이트에는 미국 국무장관 힐러리 클린턴Hillary Clinton이 유엔 제네바 사무국에서 긴 연설을 했다는 소식이 올라왔다. 힐러리는 연설에서 동성애자의 권리를 존중해야 한다고 강조했다.

보도에 따르면 힐러리는 동성애자가 전 세계에 두루 존재하며 그들은 다른 사람들과 마찬가지로 동등한 인권을 누릴 권리가 있다고 주장했다. 이와 동시에 문화적 관습과 종교적 전통이 동성애자와 양성애자 혹은 트랜스젠더를 무시하거나 악랄한 방식으로 이들을 괴롭힐 핑계가 될 수 없다고 했다. 또한 힐러리의 말을 인용해서 "여성과 마찬가지로 또 종족과 종교, 특정 거주지나 소수집단에 속한 인종 구성원과 마찬가지로, 남성 혹은 여성 동성애자와 양성애자 혹은 트랜스젠더라고 다른 사람보다 열등하지 않다"고 보도했다.

또 힐러리는 2003년까지 동성애 행위가 미국 일부 지역에서 범죄행위로 받아들여져서 다른 나라와 마찬가지로 미국은 국내에서 동성애자의 인권을 보호하는 면에서 할 일이 아직 많이 남았다고 인정했다.

내가 보기에 LGBT에 대한 힐러리의 관심이 지닌 중대한 의미는 사람들의 관심을 촉구했다는 점이다. LGBT의 권리보호 정도는 세계 각국의 인권 개선 상황과 비교하면 상대적으로 뒤떨어졌고, 미국 역시 예외가 아니다. 2003년이 되어서야 비로소 동성애가 미국 전역에서 합법화되었기 때문이다. 이와 비교해 중국의 상황은 조금 나은 편이다. 지금까지 중국에서 동성애를 불법적 범죄라고 규정한 적이 없다 (그러나 1997년 「형법」이 수정되기 전에 소수의 동성애자들이 건달죄라는 죄명으로 입건되는 사건이 있기는 했다). 하지만 그렇다고 해서 중국에서 동성애자의 권리가 세계에서 앞서고 있다고 말하는 것은 결코 아니다. 사회적 차별은 여전히 심각하다. 동성애 문화제 같은 활동은 여전히 불시에 근거 없는 죄명으로 취소되고, 동성결혼 법안은 아직 승인되지 않았다. 그래서 힐러리가 미국의 상황을 언급했던 것과 마찬가지로 중국에서도 동성애자 인권을 보호하는 면에서 할 일이 아직 많이 남아 있다.

힐러리의 LGBT 권리 연설의 또 다른 중요한 의미는 인류에게 보편적 가치가 존재한다는 점에 대한 중요한 논증을 했다는 것이다. 인류에게 보편적 가치가 있는가 없는가 하는 문제는 오랜 시간 끝나지 않는 논쟁거리였다. 부정적 태도를 지닌 사람들은 서양이 자신의 가치를 보편적 가치로 삼아 중국에 강요하는 것이며 보편적 가치에 찬성하는 중국인은 매국을 하는 것이라고 여겼다. 극좌파 정치평론 사이트인 우유즈샹(烏有之鄕, 유토피아)에서는 심지어 그런 기준으로 "10대 매국노"를 뽑기도 했다. 그 매국노 명단에는 놀랍게도 내가 존경하는, 민족과 국가의 양심인 마오위스茅于軾 선생과 리루이李銳 선생이 있었다.

연설에서 힐러리는 서양인이 동성애자 인권 보호를 장려하는 것은 자신들을 드높이고 다른 나라를 억누르려는 것이 아니라, 그저 동성애자에게도 인권이 있다고 생각하기 때문이라고 밝혔다. 서양 사람들이 동성애자 인권침해를 비판하는 것은 자신들의 가치를 다른 나라에 강요하려는 것이 아니다. 왜냐하면 자신들 국가에서 동성애자 인권을 침해한 역사와 상황도 비판하기 때문이다. 누가 문제를 제기했든지 간에 모든 사람의 자유평등 권리를 보호하는 것이 보편적 가치이다. 힐러리가 연설에서 중국의 동성애 인권 상황을 비판하지 않았다고 말하지 않기를 바란다. 힐러리는 중국 상황 역시 비판한 것이지만 '중국에 반대한다'고는 말할 수 없었던 것이다. 우리가 동성애 권리를 보호하고 보편적 인권을 주장하는 것 역시 결코 '매국'이 아니다. 왜냐하면 인간의 자유평등 권리는 보편적 가치이지 서양의 가치만은 아니기 때문이다.

동성결혼과 미국의 오늘

최근 오바마가 동성결혼을 지지하면서 세계적으로 강렬한 반향을 불러일으켰다. 퓨리서치센터Pew Research Center의 데이터는 현재 미국인 약 47퍼센트가 동성결혼을 지지하고, 43퍼센트가 반대하고 있음을 보여 준다. 미국 대중의 태도는 매우 짧은 시간에 큰 변화를 보였다. 인종을 초월한 결혼 등의 사회문제에 대한 대중의 태도 변화와 비교하면 동성애 문제에 대한 태도 변화는 상대적으로 매우 빠르다.

미국에서 1977년에 실시한 조사에서는 43퍼센트만이 동성애를 수용했고, 47퍼센트는 동성애가 '도덕적으로 잘못되었다'는 입장을 고수했다. 나머지 10퍼센트는 입장을 밝히지 않았다. 그러나 1983년 여론조사에서 조사 대상자의 65퍼센트는 동성애자가 평등한 취업 기회를 획득해야 한다고 답했고, 23퍼센트의 사람들이 동성애를 선택 가능한 삶의 방식으로 보는 데 찬성했다. 1996년의 조사에 따르면 응답자 84퍼센트가 동성애자 역시 취업에서 평등한 권리를 가져야 한다고 지지했고, 80퍼센트는 동성애자가 거주 문제에서 평등한 대우를 받아야 한다고 응답했다. 하지만 동성결혼 합법화 문제에서는 여전히 58퍼센트가 반대를 했다. 주요한 원인은 그들이 종교적 신앙을 위반하기 때문이었다. 45퍼센트는 동성애자들이 각종 권리를 누리는 것에 찬성하는 정치 입후보자를 지지하지 않을 것이라고 했지만, 25퍼센트는 그러한 입장을 지닌 후보자를 옹호한다고 말했다(《월드저널World Journal》 1996년 5월 26일). 1996년에서 2012까지 16년 동안 동성결혼을 지지하는 사람들은 25퍼센트에서 47퍼센트로 증가해 거의 두 배가 되었다. 동성결혼을 반대하는 사람 비율은 58퍼센트에서 43퍼센트로 15퍼센트 줄어들었다.

2007년에 나는 동성애에 대한 태도를 알아보는 여론조사를 실시한 적이 있다(조사 대상은 전국의 대도시와 중도시에서 무작위로 추출했다). '동성애 행위를 어떻게 보십니까'라는 질문에 20.8퍼센트의 사람들이 전혀 문제없다고 답했으며, 32.3퍼센트가 '문제가 조금 있지만' 완전히 잘못된 것은 아니라고 답했다. 약 40퍼센트에 달하는 37.8퍼센트는 '완전히 잘못'이라고 답했다. 그리고 약 10퍼센트 정도인 9.3퍼센트의 사람들이 태도를 밝히지 않았다. 미국과 비교해서 동성애를 온전히 받아들이는 사람들의 비율(1977년 미국은 43퍼센트)은 많이 낮았지만, 동성애를 완전히 거부하는 사람들의 비율(1977년 미국은 47퍼센트) 역시 10여 퍼센트 낮았다. 바꿔 말하면 미국 대중의 태도는 비교적 양극화(방추형)되어 있다. 완전히 받아들이거나 완전히 거부한다. 하지만 중국 대중의 태도는 비교적 중용적(대추씨형)이다. 이러한 차이는 양국의 전통적 성 문화가 동성애를 대하는 태도와 관련 있다고 추측된다.

앞에서 조사한 결과를 바탕으로 시간이 흐름에 따라 동성애에 대한 대중의 태도가 점점 너그러워지는 것을 알 수 있다. 하지만 동성애에 대한 사람들의 태도가 크게 변화되고 동성애자의 자신에 대한 평가 역시 크게 바뀌었지만, 여전히 많은 사람이 동성애 지향에 대해 부정적 태도를 보이고 있음을 부정할 수 없다. 특히 동성애자가 에이즈 고위험군이라는 사실을 알고 나서는 동성애에 대한 사람들의 반감이 다시 높아졌다. 미국의 전 대통령 로널드 레이건Ronald Reagan의 수석 고문이었던 팻 뷰캐넌Pat Buchanan은 신문 지면을 통해 "불쌍한 동성애자들, 그들은 이미 자연을 향해 선전포고를 했다. 그리고 지금 자연이 두려운 보복을 하고 있는 중이다"라는 말을 전했다. 마찬가지로 중국의 어떤 성병 전문가는 베이징에서 개최된 에이즈국제토론회에서 "에이즈는 하느님이 동성애자에게 내린 징벌"이라고 말했다. 1983년에는 한 미국 목사가 심지어 병든 동물을 대하는 것처럼 동성애자를 한곳에 모아 격리해야 한다고 주장했다. 중국의 어떤 간행물에서 누구는 동성애를 매독, 매음, 도박과 함께 열거하면서 "사회의 공공 해악", "풍기를 문란하게 하는 추악한 행위", "정신적 쓰레기"라고 불렀다. 이런 현상을 보면 동성애에 대한 사람들의 혐오와 적대감이 없어지기에는 아직 멀었으며 '동성애 공포증homophobia'이 여전히 이성에 맞서는 강적임을 알 수 있다. 동성애자와 일반 대중이 오랜 기간 부단하게 함께 노력해야만 비로소 극복할 수 있을 것이다.

진보적이고 문명화된 사회는 각종 차별을 반대한다. 차별에는 인종 차별, 민족 차별, 젠더 차별과 같이 오래된 의제도 포함되며, 또 성적 지향 차별과 같은 새로운 의제도 포함된다. 사회의 각종 차별을 반대하는 바탕에는 내재된 논리가 하나 있다. 그것은 바로 취약계층의 권리를 보호하고 취약계층에 대한 차별을 반대하는 것은 취약계층에게 좋을 뿐 아니라 사회 전체의 화합과 관용적인 사회 분위기를 조성하는 데 유익하다는 것이다. 사회 화합은 중국이 사회 영역에서 제시한 중요한 목표이다.

미국처럼 보수세력(우파 세력)이 강한 국가에서 오바마가 이러한 태도를 보여 준 것은 상당히 용감한 모습이다.

동성애 가정의
입양 불허는 터무니없다

동성애친우회에서 다음과 같은 편지를 보내왔다.

최근 우리는 '중국입양센터' 웹사이트에 외국 동성애 가정이 아이를 입양할 수 있는지에 대해 문의했습니다. 그리고 이런 대답을 받았습니다. "'중국입양센터'는 동성애자들을 위해 입양 대상을 찾아 주지 않습니다. 법률적으로 말해 중화인민공화국 「혼인법」은 이성 혼인으로 구성된 가정만을 승인하며 동성애 가정의 합법성을 승인하지 않기 때문에 동성 가정은 법률적으로 보호를 받을 수 없습니다. 의학적으로 말해 '중국 정신병 분류와 진단 표준'에서 동성애는 성 지향 장애, 성적 심리 장애가 있는 정신질환이라고 규정합니다. 중국의 전통 도덕과 민간 정서와 풍속으로 말하면, 동성애는 사회의 공공 도덕을 위배한 행위이므로 사회에서 인정받지 못합니다. 「입양법」에 의거하면 입양은 사회의 공공 도덕의 원칙을 위배해서는 안 됩니다. 외국 동성애자들은 중국에서 자녀를 입양할 수 없습니다."

이 사건에 대해 평을 하자면 이렇다.

우선, 일찍이 2002년에 중국 정신병 분류 기준에서 이미 동성애를 정신병 목록에서 삭제했다. 다시 말해 국가 보건 기구는 더 이상 동성애를 질병으로 인정하지 않는다. 동성애가 죄가 아닌 것이 된 이후에 병도 아니라고 판단하게 된 것은 중대한 발전이다. 동성애가 범죄라는 인식을 포함해서 전통적으로 동성애에 대해 잘못된 관념은 동성애를 질병으로 보는 것이다. 오늘날 국제 의학계에서는 이미 동성애가 정신질환이 아니라는 점에 인식을 같이하고 있다. 동성애를 병으로 보는 입양 센터의 관점은 잘못되었고 시대에 뒤떨어졌다.

다음으로, 동성애가 '사회 공공 도덕을 위배했다'고 말하는 것은 성소수자들에 대한 공공연한 차별이다. 많은 사회학과 성과학 연구에서는 동성애가 인구 중에서 일정한 비율(3~4퍼센트)을 차지하는 사람들의 특수한 성적 취향이라고 밝히고 있다. 즉 연애 대상이 대부분 사람들과 달리 이성이 아니라 동성을 향한다는 것이다. 이러한 취향이 형성되는 원인에는 선천적 요소가 있을 것이기 때문에 사회의 공공 도덕과는 무관하다. 설사 소수가 자발적으로 대중과는 다른 행위 방식을 선택하더라도 남을 해치지 않는다면 함부로 도덕적 평가를 할 수 없다. '동성애가 사회 공공 도덕을 위배한다'고 말하는 것은 '왼손잡이가 사회 공공 도덕을 위배한다'고 말하는 것과 마찬가지로 터무니없다.

이외에 실증 조사는 동성 가장(두 아버지 혹은 두 어머니)의 가정환경이 자녀 성장에 부적합하지 않음을 보여 준다. 아동 성장환경에 영향을 주는 가장 중요한 요소는 사랑과 화목이다. 그래서 아이를 사랑하고 관계가 화목한 동성 가장 부부가 아이에게 만들어 주는 환경은 관계가 냉담하고 싸움박질하는 이성 가장 부부보다 질적으로 더 훌륭하고 아이의 성장에 더 유익하다. 이에 근거하면 동성 가장이 아이를 입양할 권리를 박탈할 이유는 없다.

우리는 이미 21세기에 들어섰다. 개방의 물결이 세차게 일렁이고 진보의 흐름이 유유히 밀려온다. 중국의 관련 부서가 시대의 변화에 발을 맞추고 더 이상 낡은 것을 붙잡고 있지 않기를 희망한다.

✦

당신의 아이가
동성애를 한다면

동성애를 연구하다 보니 종종 동성애자 자녀를 둔 가장이 찾아와 도움을 청한다. 나는 이 가장들이 아이를 절실하게 사랑하기 때문에 종종 과도하게 자책하고 자신과 아이에게 과도한 심리적 압박을 주고 있음을 발견한다.

한번은 남쪽의 한 작은 도시에서 어떤 아버지가 전화를 걸어왔다. 그가 말하기를 최근 아들이 동성애자임을 알게 되었다고 했다. 상하이에 남자 친구가 있는데 아들은 별것 아니라고 하지만 아내가 자살을 하려고 하니 내게 아내를 설득해 달라고 요청했다. 만일 아이가 동성애자라는 이유로 인생길이 험난하고 멸시를 받을까 봐 부모가 염려하는 것이라면 그 마음은 모두가 이해할 수 있다. 하지만 그렇다고 자살까지 해야 할까? 만일 이 어머니가 자살하려는 이유가 자책 때문이라면(어머니가 무엇인가를 잘못해서 아들이 동성애자가 되었다고 생각해서) 그것은 전혀 그럴 일이 아니다. 왜냐하면 동성애자가 되는 원인이 아직까지 완전히 밝혀지지 않아서 어머니를 '단죄'할 수 없기 때문이다. 이러한 이유로 자살을 한다면 어머니가 왼손잡이 아이를 낳았다고 자살하는 것과 마찬가지로 황당하기 그지없다. 만일 이 어머니가 자살이라는 방법으로 아들이 동성애자라는 사실을 받아들일 수 없음을 표현하려한다면, 심지어 그런 방법으로 아들이 성 지향을 바꾸는 효과를 얻으려고 한다면, 어머니의 희생은 가치가 없는 일이다. 왜냐하면 성적 지향을 바꾸는 것은 쉽지 않기 때문이다. 사람들이 심리적 치료에서부터 혐오 치료에 이르기까지 많은 전문적 방법을 써 봤지만바꾸지 못했다. 그것은 충격을 준다고 바꿀 수 있는 것이 아니다.

또 한번은 한 어머니의 전화를 받았다. 그는 아주 비통하게 울면서 최근 아들이 동성애자라는 것을 알아서 너무나 고통스럽다고말했다. 이혼한 여성인 그 어머니는 이렇게 말했다. "우리가 무엇을 잘못했는지 모르겠어요. 아들을 바르게 고칠 수만 있다면 우리는 다시 합칠 수도 있어요."

동성애자 자녀를 둔 부모들에게 하고 싶은 말은 우선 자책할 필요가 없고, 아이의 성적 지향은 절대적으로 부모가 무엇을 잘못해서 정해지는 것이 아니라는 점이다. 동성애가 형성되는 원인이 무엇인지는 아직 더 조사가 필요하다. 다음으로 동성애자이든 이성애자이든 아이를 받아들이라고 하고 싶다. 중요한 것은 아이의 행복과 즐거움이다. 만일 아이를 있는 그대로 받아들이지 않고 계속바꾸려고 한다면 아이는 즐거운 인생을 살지 못할 것이다.

트랜스섹슈얼과
트랜스베스타이트의 권리

　신문 기사에 따르면 중국의 어느 도시에 한 신사가 종종 아내가 집에 없을 때 아내 옷을 몰래 훔쳐 입었다고 한다. 한번은 그가 부주의한 틈을 타서 맞은편 집 이웃이 그 모습을 촬영했고 그것을 빌미로 많은 돈을 갈취했다. 그 사실이 소문나면서 그는 직장에서 고개를 들고 다닐 수 없게 되었고 그 일 때문에 일자리를 잃었다. 그의 처지는 사람들에게 동정을 샀다. 다른 사람을 해치지 않고 법을 지키는 공민으로서 그가 누려야 할 권리와 존엄은 우리가 관심을 기울일 만하다.

　이 신사는 젠더 정체성 면에서 '규범'에 맞지 않는 소수집단에 속한다. 국제적인 성과학 연구에서는 성전환 현상에 대해 많은 용어로 설명하고 있다. 완전하지 않은 통계에 따르면 이러한 현상을 묘사하는 어휘로는 성전환증transgenderism, 젠더 일탈gender transgression, 간성intersexuality, 양성androgyny, 자웅동체성hermaphroditism 등이 있다.

　헤르마프로디테Hermaphrodite는 헤르메스Hermes와 아프로디테Aphrodite를 결합한 낱말이다. 자웅동체인에 관련된 신화가 두 가지 있다. 하나는 헤르메스와 아프로디테가 아이를 낳는데 성별을 확실하게 말하기 어려웠다는 이야기이다. 다른 하나는 그 둘이 낳은 아이가 특별히 아름다워서 물의 여신이 그를 사랑하게 되어 그와 하나로 결합했다는 것이다.

자웅동체 현상은 '제3의 성' 문제라고도 불리는데, 특별히 생리적 성별과 심리적 성별이 일치하지 않는 사람을 가리킨다. 역사적으로 일부 문화에서는 이러한 사람들이 이중 영혼을 지니고 있다고 믿기도 했다.

트랜스섹슈얼transsexual 지향에 대한 일반적 정의는, 자신의 해부학적 성별을 좋아하지 않는 감각, 자신의 생식기를 포기하고 다른 성별로 살아가고 싶은 바람, 잘못된 신체에 지속적으로 빠져 있는 상태를 가리킨다. 트랜스베스타이트transvestite는 다른 동물에는 존재하지 않고 순전히 인류에게만 있다. 왜냐하면 동물들은 옷을 입지 않기 때문이다. 트랜스베스티즘은 속옷 도착, 의식적 도착, 강박적 도착, 동성애 도착 등으로 세분되기도 한다.

서양 사회에서 트랜스섹슈얼 지향과 트랜스베스티즘은 여성에게서 먼저 나타났다. 비록 현재 트랜스섹슈얼 지향과 트랜스베스타이트 대부분이 남성이지만, 애초에 자기 성별에 불안을 느낀 사람들은 여성들이었다. 과거 몇 세기 동안 수천 명의 서양 여성이 남성처럼 생활했다. 자신을 남성이라고 생각하는 여성들이 그렇게 했고, 또 어떤 여성들은 엄격한 여성의 역할에서 벗어나기 위해 그런 생활을 선택했다. 점점 더 교육을 많이 받은 독신 여성들이 결혼과 어머니 되기를 거부하고 일을 하며 친구를 사귀는 삶의 방식을 택하면서 규범적인 젠더 역할을 위협했다. 19세기에서 20세기까지는 남성 트랜스젠더가 많았다. 사회학자들은 여성의 지위가 높아지고 남성 역할에 대한 행위규범이 엄격하게 변한 것을 이유로 분석하고 있다.

트랜스베스티즘은 문학과 예술 활동에서 종종 나타난다. 일찍이 17세기에 희극에서 남자아이가 여자로 분장했다. 토머스 하디Thomas Hardy의 〈귀향〉에서는 남자가 여자 분장을 하고 출연했다. 셰익스피어 희극에는 많은 여성 트랜스베스타이트가 등장하지만 남성 트랜스베스타이트는 없다. 1848년에 출판된 한 소설에는 남성 복장을 한 여주인공이 등장한다. 중국의 전통 희극에도 반대인 성별이 대역을 하는 관습이 있다. 예를 들어 경극에서는 남자가 여자 분장을 하고, 월극越劇에서는 여자가 남자 분장을 하는 식이다.

성전환증 치료법은 20세기에야 나타났다. 그 전에는 이러한 현상을 홀시하거나 죄악이고 범죄라고 여겼다. 1990년대에는 호르몬 대체요법이 생겨나 성을 바꾸는 데 사용되었다. '성전환의 아버지' 해리 벤저민Harry Benjamin은 성전환 병원체에 관한 논쟁을 불러일으켰다. 그는 트랜스젠더를 여성의 정신이 남성의 신체에 들어가거나 남성의 정신이 여성의 신체에 들어간 것이라고 여겼다. 그는 신체와 정신이 일치되도록 하는 호르몬치료법을 발명했다. 그의 치료는 성전환증 연구를 촉발했다. 물론 많은 트랜스젠더는 다른 성처럼 생활하는 것에 만족할 뿐 성전환수술을 하는 것에 대해서는 집착하지 않는다.

트랜스젠더와 트랜스베스타이트가 받은 차별은 흑인이 미국과 남아프리카에서, 유대인이 독일에서 받은 차별과 똑같았다. 1960년대와 1970년대에 민권운동이 일어나면서 사람들의 시각이 바뀌었다. 하지만 트랜스젠더와 트랜스베스타이트의 처지는 여전히 좋지 않다. 문명사회가 되려면 소수의 권리를 존중하는 것이 최저 기준이다. 문명화된 현대인으로서 우리 역시 자신과 다른 젠더 정체성의 형제자매를 존중하는 법을 배워야 한다. 그들에 대한 약간의 차별이라도 우리 자신의 저속함과 무지를 드러낼 뿐이다. 우리는 야만에서 벗어나 문명화된 인간이 되어야 한다.

스페인 정부에서
'트랜스젠더'를 인정하다

트랜스젠더 혹은 트랜스섹슈얼에 대한 논쟁이 국제적으로 매우 시끄럽지만 중국에서는 아직 비교적 차분하다. 다만 많은 사람이 의사인 천환란陳煥然*을 찾아가 성전환수술을 했을 뿐이다. 나는 성전환수술에 대해서는 유보적인 태도인데 수술을 하는 것보다는 우리 모두 스페인을 배우는 것이 낫지 않을까 생각한다.

스페인 정부는 2006년 6월 2일에 새로운 법안을 하나 통과시켰는데, 트랜스젠더가 성전환수술을 받지 않고도 바뀐 성 정체성을 법률적으로 인정받을 수 있다는 내용이다.

이 세계에는 분류하기 어려운 사람들이 있다. 특히 성별 문제에서 남성 또는 여성 어느 한쪽으로 구분될 수 없는 사람이 많다. 바로 트랜스젠더이다. 이들은 생리적 성별과 심리적 성별이 일치하지 않는 사람들이다.

트랜스젠더 혹은 트랜스섹슈얼은 일반적으로 자신을 잘못된 신

---

* 유명한 성형외과 전문의로, 중국에서 성별 재지정 수술의 80퍼센트 이상을 집도했다고 한다.

체 속에 빠져 있는 사람이라고 여긴다. 성전환 지향이 있는 사람은 그의 진정한 성별이 대립적인 다른 성별의 신체에 갇혀 있다고 믿는다. 그런 상태를 바꿀 방법이 없기 때문에 호르몬치료나 수술을 통해 신체를 바꿀 수밖에 없다. 모순을 해결하는 유일한 길은 신체를 바꾸는 것, 신체를 다른 성별로 바꿔야 하는 것 같다.

성전환은 성별의 뒤바뀜이고, 젠더 역할의 뒤바뀜이다. 트랜스섹슈얼이 사람들 사이에서 일정한 비율을 차지하기 때문에 어떤 사람은 성별을 세 종류로 새로 나누어야 한다고 주장한다. 즉 생리적 심리적 남성, 생리적 심리적 여성, 생리적 심리적 불일치 성별 즉 트랜스젠더이다. 조사에 따르면 인간의 성전환 욕망에는 몰입하고 집착하는 성질이 있다. 그것은 여성이 유방과 생식기를 제거하고 남성은 음경과 고환을 제거하고 싶은 것으로 표현된다.

인류 역사에서 1918년 처음으로 한 여성이 자궁절제술을 받아 남성으로 성전환했다. 13년 뒤인 1931년 독일 의사가 수술을 통해 처음으로 남성을 여성으로 성전환시켰다. 1990년에는 새로운 의학적 성전환 기술이 나왔다. 그것은 호르몬 대체요법으로 트랜스젠더의 신체와 정신이 일치하도록 하는 기술이다. 현재 트랜스젠더에 대한 치료는 수술을 제외하면 호르몬요법과 심리요법이 보편적으로 쓰이고 있다. 1980년대에는 미국에만 '젠더 정체성 진료소'가 40곳이었고, 성별 정정 수술을 받는 사람들의 규모는 갈수록 커지고 있다. 이 때문에 매체에서 성전환을 다루는 경우도 역시 갈수록 많아지고 있다.

수술을 통해 자신의 신체를 바꾸는 방법 외에 많은 트랜스젠더가 또 다른 성으로 지내는 생활에 만족하면서 수술하는 것에 집착하지 않고 있다. 또 많은 트랜스젠더가 계속 성별 재지정 수술을 고려하지만 신체에 상처를 입고 싶지 않아서(수술의 상처와 호르몬류의 치료법이 신체에 미치는 상해를 포함해) 수술을 하지 않고 있다.

성전환수술은 많은 논쟁을 일으키는 일이다. 미국에서 가장 저명한 젠더 문제 이론가 주디스 버틀러Judith Butler는 성전환수술은 의학을 배경으로 하는 폭력이라고 주장한다. 성전환수술은 젠더 이분법을 강화한다고 보았다. 그는 트랜스젠더를 하나의 계층이나 '제3의 젠더'로 구분해서는 안 된다고 생각했다. 트랜스섹슈얼리티는 하나의 개성이며, 양성 구조를 건설적으로 해체할 수 있는 힘이라고 생각했다. 트랜스젠더 당사자의 입장에서 가장 중요한 것은 '초월trans'이다. 성공적으로 성별 선택을 해내고, '자연'스러운 성별을 지닌 구성원으로 받아들여지는 것이다.

우리는 트랜스젠더의 신체가 '잘못된 신체'라고 생각해서는 안 된다. 왜냐하면 그것은 생식기 중심적 시각이기 때문이다. 생식기를 중심으로 한 이분법적 관념에 따르면 각 성별의 주체에게 단 한 가지 신체만 있는 것이 '맞는 것'이고 다른 종류의 신체는 모두 '잘못된 것'이다. 신체에 대한 우리의 평가가 생식기(제1차 성징)를 중심으로 하지 않는다면, 또 유방과 수염(제2차 성징)을 표준으로 삼지 않는다면, 그렇다면 한 영혼은 그저 한 영혼일 뿐이다. 그것은 복잡성을 지닌 모습일 뿐이지, 그 신체와 기관이 영혼에게 어떠한 잘못을 한 것은 아니다.

이미 전 세계에서 '트랜스젠더' 운동이 일어났다. 이 운동이 제기한 구체적 요구는, 비합법적인 것으로 여기는 성과 성별의 모든 표현 형식을 죄악시하지 않고 교육을 통해 사회가 젠더 정체성의 차이를 수용하도록 추동하는 것이다. '여자', '남자' 표시가 없는 화장실을 요구하고 그것을 트랜스젠더의 기본권리에 넣는다. 신분증(운전면허증부터 여권까지)에서 성별란을 모두 없앨 것을 요구한다. 모든 사람에게 성별을 결정하거나 바꿀 수 있는 권리가 있어야 한다. 또 모든 사람은 자신이 선택한 방식으로 성별을 표현할 권리가 있다.

스페인 정부에서 트랜스젠더가 수술을 받지 않아도 본인이 선택한 성별로 신분을 획득할 수 있도록 법제화한 것은 이 나라의 문명 수준을 충분히 보여 준다. 이 일은 젠더 문제에서 사람들이 숨쉴 수 있는 공간을 크게 확대했고, 사람들의 실제적 존재와 개성적 영혼이 더 합리적이고 더 건강하고 더 자유로워질 수 있도록 했다.

기묘한 신세계의 종달새,
장궈룽

장궈룽張國榮의 생명이 유성처럼 떨어졌다. 그는 내 마음속에서 자유롭게 피어 있는 진기한 꽃이었다. 그는 남성과 여성이라는 '이분법의 감옥'을 뛰어넘어 자유자재로 46년을 살다가 홀연히 가 버렸다.

서양에서 성행한 퀴어 이론의 중요한 내용은 여성과 남성으로 나눈 이분법적 구조에 대한 도전이고 모든 엄격한 분류에 대한 도전이다. 그것의 주요한 비판 대상은 전통적인 이분법적 사유 방식이다. 몇몇 사상가는 이러한 이분법적 사유 방식을 인간의 자유로운 선택을 억압하는 감방이라고 여겨 '이분법의 감옥'이라 부른다. 장궈룽은 '이분법의 감옥'을 깨부순 자유인이다. 그는 자유롭게 마음이 원하는 대로 따르는 생활 방식을 용기 있게 선택했다. 남자를 사랑하기도 하고 여자를 사랑하기도 했다. 남장을 하기도 했고 또 여장을 하기도 했다. 남성의 격정도 있었고 여성의 사랑스러움도 있었다.

양성의 경계가 분명하지 않고 날로 모호해지는 현상을 현재 세계 도처에서 볼 수 있다. 새로운 사회 풍조가 형성되고 있다. 시드

니에서 양성 경계를 무너뜨린 사람들이 일인 시위를 벌였고, 수천수만의 '정상'적인 사람들이 새로운 풍조의 목격자가 되었다. 미국의 마이클 잭슨Michael Jackson은 엘비스 프레슬리Elvis Presley 이후에 가장 유명한 가수였고, 피터 팬 이후로 가장 유명한 '여남동체'의 민간 영웅이었다. 그의 존재는 여성과 남성으로 이분된 관념에 대한 도전이었다. 영국의 여장 남자 가수 보이 조지Boy George 역시 성별이 뒤섞인 풍격을 통해 남성의 사랑을 얻었고 또 여성의 호감을 받았다. 이성애와 동성애 그리고 양성애, 남성과 여성 그리고 중성은 더 이상 생리적으로 결정되는 인간의 본질이 아니라, 사회와 문화가 구성하는 풍격이다. 장궈룽은 이러한 젠더와 성의 규범을 흐트러뜨리고 뛰어넘은 사람이다.

지금 세계에서 사회 풍조와 행위규범이 변화하고 발전함에 따라, 그리고 사회사상이 변천함에 따라 완전히 새로운 성 관념이 흥기하고 있다. 그것은 성별을 중요하게 여기지 않고 사람 자체를 더욱 중요하게 여기고 아름다움 자체를 중요하게 여기는 견해이다. 미국의《뉴스위크Newsweek》는 이러한 새로운 풍조에 대해 상당히 흥미 있는 보도를 했다. 어떤 남자가 말하기를, 그의 연애는 성별과는 무관하다고 했다. 그는 '열네 살 때 껴안고 입을 맞추면서부터 남자에게 마음이 움직이기도 했고 여자에게 끌리기도 했다'고 한다. 그는 "어떤 때 난 사람들 목뒤에서 찰랑이는 머릿결, 그들의 눈이나 입술을 좋아하기도 했어요. 어떤 성별에 국한되지는 않았어요"라고 말했다. 또 어떤 사람은, 성별 개념으로만 사람과 사람 사이의 아끼는 마음을 살핀다면 정말 너무 편협하다고 여겼다. 그는 "개인의 성적 지향을 묻는 것은 내가 보기에 정말 너무 불필요해요. 예를 들어 광나무, 사과나무 혹은 봄날 아침에 휘파람새를 보고 흥분을 느낄 수도 있어요" 하고 말했다.

21세기 들어 젠더와 젠더 역할이 갈수록 모호해지는 추세이다. 어떤 심리치료실에서 한 여자아이가 의사에게 자신에게 닥친 문제를 이렇게 묘사했다. 그는 남자가 되고 싶고 또 동성애를 하는 남성이 되고 싶다고 했다. 바꿔 말하면 그의 생물학적 성별은 여성이고 심리적 성별은 남성이며, 성적 지향은 동성애이다. 그는 여자이고 남자를 사랑하지만, 여자로서 남자를 사랑하고 싶은 것이 아니라 남자로서 남자를 사랑하고 싶은 것이다. 이것은 21세기 사람들이 직면한 새로운 국면이다.

현재 일부 퀴어는 유머러스하게 자신들을 '구부러진 직선straight with a twist'이라고 부른다. '직선'은 영어에서 '정상인' 또는 '이성애자'를 나타내는 통속적인 표현이다. '구부러진 직선'이라는 표현은 각종 분류 경계선이 모호해지는 새로운 추세를 잘 보여 준다. 앞으로 우리에게 구부러진 직선이 나타날 것이다. 동성애를 하는 이성연애가 생기고, 여성 기질을 지닌 남성과 남성 기질을 지닌 여성이 등장할 것이다.

장궈룽의 삶의 태도는 우리에게 미래 세계의 오묘함을 보여 주었다. 그는 기묘한 신세계의 종달새였다.

✦

'계간죄'에
관심을 가져야 하는 이유

상하이의 한 여성 변호사에게서 편지를 받았다. 편지에는 쉐××
라는 사람의 항소 자료가 첨부되어 있었다. 그는 동성과 성행위를
하고 나서 자백을 했기 때문에 1984년에 건달죄로 징역 3년을 선
고받았다. 2006년 그의 항소를 상하이시 중급법원에서 기각했는
데, 통지서에는 그가 "계간(동성애)", "범죄 사실이 분명하고, 증
거가 확실하여 확인된다 (⋯) 원심에서 범죄 사실, 성질, 사건 경위
그리고 사회에 미치는 위해한 정도에 근거해서 건달죄로 유기징
역 3년에 처한 것은 부당하지 않다"고 적혀 있다.

이 사건은 논쟁할 만하다. 왜냐하면 1984년 당시 「형법」(건달
죄가 있음)에 따른다 해도, 이는 모두 오심이기 때문이다. 이유는
다음과 같다. 첫째, 중국의 「형법」에서 계간 행위는 죄가 아니라
'어린 아동 계간'과 '강요한 계간' 이 두 가지만 죄로 인정된다. 둘
째, 판결 근거의 하나로 그가 '공공장소에서 계간 활동을 해서' 사
회에 위해를 가했다고 하지만, 그의 행위는 사적인 장소(직원 숙
소)에서 발생했다. 보는 사람도 없었고 그가 자백해서 비로소 제
3자가 알게 되었는데 어떻게 '사회에 위해'를 가할 수 있겠는가?

「형법」에 따르면 중국에는 '계간죄'가 없다. 만일 이 소송사건이 법에 의해 처리될 수 없다면 심각한 문제가 될 것이다. 사적 장소에서 일반인이 행하는 항문성교는 성행위에서 흔히 보는 방식이다. 이성애자들 사이에서도 할 수 있다. 이 판결은 항문성교를 벌하든 동성애를 벌하든 모두 현행 법률을 위반했다. 그래서 이것은 관심을 기울일 만한 가치가 있는 사건이다.

이 사건이 관심을 기울일 만한 가치가 있는 첫 번째 이유는 잘못 판결된 사건이기 때문이다. 잘못 판결된 사건은 법률 체제 전체에 잠재적 위협이 될 수 있다. 20세기 하반기 이래로, 동성애에 대한 각 나라의 법률은 뚜렷이 완화되고 있다. 서양 대부분의 국가에서 다음 세 가지 원칙에 위배되지 않는다면 동성애 행위가 법률적 제재를 받지 않게 되었다. 첫째, 미성년자를 대상으로 하지 않는다. 둘째, 공공장소에서 하지 않는다. 셋째, 쌍방이 원한다. 바꿔 말하면, 법률은 더 이상 두 성인 사이에서 발생한, 스스로 원하고 사적으로 진행된 동성 간 성행위를 문제 삼지 않는다는 것이다.

이 사건이 관심을 기울일 만한 가치가 있는 두 번째 이유는 고도로 발달한 산업사회이든 날것을 먹는 원시사회이든, 21세기 오늘날이든 아득한 먼 옛날이든, 동성애 현상이 인류 역사와 문화에서 보편적으로 존재하는 기본적인 행위 유형이기 때문이다. 중국의 5000년 정사와 야사에는 동성애 현상에 대한 기록이 많다. 동성애 현상은 인류 사회에서 보편적으로 존재하는 일종의 행위 유형이다. 동서고금을 막론하고 모두 여기서 벗어나지 않는다.

오랫동안 사람들은 동성애 현상을 봐도 못 본 듯한 태도를 취했다. 이와 동시에 동성애자들도 신분이 폭로되는 것을 원하지 않아,

이 현상이 근본적으로 존재하지 않는 듯한 허상을 만들어 냈다. 우리 시야에 들어온 소수의 동성애자는 치료하기 위해 의사를 찾고 약을 찾은 사람들 아니면 범죄를 저지른 사람들이다. 그래서 동성애를 질병이고 범죄이고 사회적 일탈행위라고 여기는 사람들의 시각은 더욱 강화됐다.

이러한 상황은 서양에서 동성애 해방운동이 일어나면서 달라졌다. 1950년대에 동성애자들은 조직을 만들기 시작했다. 대규모 동성애 해방운동의 기점이 된 사건은 1969년 6월 29일 미국 그리니치빌리지에 있는 스톤월 여관에서 벌어진 경찰과 동성애자의 충돌이었다. 당시 동성애 시위에 참가한 사람은 400만 명이 넘었다. 오늘날까지 이 '스톤월 항쟁' 기념일 전후로 세계 각국의 동성애자들이 대규모 기념 활동과 시위를 벌이고 있다.

현재 몇몇 국가에서는 동성애 동거자들이 가정을 이뤄 납세의 의무를 지게 하고, 동성 배우자에게 부양비를 요구할 수 있는 권리를 인정했다. 많은 교회와 행정기관에서 공개적으로 동성애자들의 결혼식이 열리고 있다. 1989년 12월 덴마크 국회가 동성 간 결합을 포함한 '시민결합registreret partnerskab'을 통과시켜 덴마크는 동성간 결합을 법률적으로 인정한 최초의 국가가 되었다. 이 법안은 동성과 결혼한 배우자 쌍방은 유산상속, 주거 수당, 퇴직과 이혼 등에서 이성과 결혼한 배우자와 똑같은 권리를 누릴 수 있도록 규정했다. 현재 동성결혼 법안을 승인한 국가는 10여 개 나라이고 더 많은 국가에서 동성 가정 배우자 관계 법안을 승인했다.* 동성

* 덴마크에서는 2012년 동성결혼이 합법화되었고, 2020년 현재 26개국에서 동성결혼이 합법화되었다.

애자 차별 금지는 이미 전 세계 문명사회의 공통된 인식이 되었다.

이 사건이 관심을 기울일 만한 가치가 있는 마지막 이유는 동성애 차별이 사회 전체에 해를 끼칠 수 있기 때문이다. 차별 행위는 동성애 당사자들에게 직접적인 상처를 줄 뿐 아니라 소수자들을 차별함으로 인해 사회 전체의 문명 수준에도 상처를 입힌다. 히틀러가 유대인을 차별해서 유대인(그리고 동성애자)에게 상처를 주었을 뿐 아니라 독일 사회 전체에도 상처를 주어 사회의 도덕 수준과 문명을 떨어뜨린 것과 같은 이치이다. 일반 대중은 표면적으로는 상처를 받지 않았지만 사회 전체가 난폭해지고 각박해지고 이성적이지 않게 됨으로써 장기적으로 보면 일반 대중의 이익 역시 간접적으로 상처를 받는 셈이다. 따라서 이 사건에 관심을 기울일 만한 이유는 당사자인 동성애자가 받은 억울함과 차별 때문만이 아니라 이 사건이 일반 사람들과 사회 전체의 문명 및 발전과 관련이 있기 때문이다.

✦

자허마조흐와 가학 문학

레오폴트 폰 자허마조흐Leopold von Sacher-Masoch는 마조히즘 성향
이 있는 저명한 오스트리아 작가이다. 도나시앵 알퐁스 프랑수아
사드Donatien Alphonse François Sade와 마찬가지로 그의 실제 삶도 자신
의 문학작품과 긴밀하게 연결되어 있다. 그의 펜 끝에서 탄생한 여
주인공은 모두 얼음처럼 차갑다. 대리석과 같은 신체, 돌덩이 같은
여인, 얼음처럼 싸늘한 비너스, 모두 달빛 아래 있는 싸늘한 조각
상 같다. 자허마조흐는 여성이 남성의 동물적 충동을 길들이도록
만들어졌다고 여겼다. 그는 늘 자신보다 강하고 나이 많은 여인에
게 끌렸고 그녀에게 복종했다. 그에게서 동물적 충동이 나타날 때
면 그녀가 그에게 육체적 학대를 가했다. 나중에 그의 사도마조히
즘 환상은 더 분명하고 독특한 유형으로 강화되어 늘 모피를 입은
(분명히 자허마조흐에게는 모피에 대한 페티시즘이 있었다) 여인
이 손에는 성감을 상징하는 가죽 채찍을 들고 연인의 동물적 음욕
을 채워 주기 위해 그를 때렸다. 그의 소설에는 배경은 약간 다르
지만 늘 비슷하게 채찍질하는 이야기가 있다.

『모피를 입은 비너스』*는 자허마조흐의 가장 중요한 사도마조
히즘 작품으로, 귀족 남자가 자청해서 어느 부인의 노예가 되는 이

야기이다. 그는 그녀에게 혹사당하고 그녀에게 벌받기를 원했다. 그는 자신을 그녀가 생사여탈권을 가진, 그녀의 재산으로 만들었다. 두 사람이 어울리는 과정에서 여자는 줄곧 마지못해 행했으며 마지막에 변심했을 때 그들의 관계를 잔인하게 끝내 버렸다. 자허마조흐의 작품에 등장하는 주인공의 이름 제베린과 반다는 남성노예와 여성 주인의 관계를 나타내는 상징이 되었다. 오늘날 사도마조히스트가 짝을 찾는 잡지광고에 이 두 이름이 종종 쓰인다. 반다와 제베린 사이의 계약 역시 사도마조히즘 행위 중 주인과 노예관계를 맺는 계약의 교본이 되었다.

자허마조흐의 작품이 마조히즘 성향의 경전이 된 이유는 그 후에 나오는 모든 사도마조히즘 문학의 교과서이기 때문이다. 그 후의 사도마조히즘 문학에 나오는 모든 요소, 즉 줄로 묶기, 채찍으로 때리기, 노예계약, 노예와 주인 관계, 통치와 굴종의 관계 등이 그의 작품에 이미 다 들어 있다. 그의 사도마조히즘 소설의 문학적 가치는 비교적 높기 때문에 일반적인 관능적문학 작품과 구별되며, 사드의 작품과 함께 경전의 반열에 오르게 되었다.

어떤 학자는 마조히스트와 사디스트는 확연하게 다른, 초자아-자아의 구조라고 주장한다. 사드의 소설과 자허마조흐의 소설을 비교하면 확연히 다름을 알 수 있다. 사드의 소설이 표현하는 것은 범죄와 성이다. 하지만 자허마조흐의 소설은 자기 비하와 만족하기 어려운 욕망을 표현한다. 두 작가의 여성에 대한 태도 역시 확

* 레오폴트 폰 자허마조흐 지음, 김재혁 옮김, 『모피를 입은 비너스』 펭귄클래식코리아, 2009.

연하게 다르다. 사드의 여성들은 늘 피동적이고 학대를 받지만, 자허마조흐의 여성들은 학대를 한다. 사드는 늘 여성을 짓밟거나 여성과 성교를 하고 여성을 비하한다. 반면 자허마조흐는 여성을 이상화하고 상상 속 인물로 만든다. 그의 여성은 남성 노예와 거의 성관계를 하지 않는다. 사드가 중요하게 여기는 것은 숫자, 주로 여성 피해자의 숫자이지만, 자허마조흐가 중요하게 여기는 것은 개인이다. 사드가 창조한 세계는 각종 행위로 가득하지만, 자허마조흐의 세계에서 중요한 것은 행동이 아니라 기다림이다. 뜻밖의 부드러움과 잔인함을 기다리는 일종의 연기된 소비이다. 사드는 결코 감정에 호소하지 않지만, 자허마조흐의 주인공은 채찍질을 받으면서도 성적이고 감정적인 무언가를 잔뜩 기대한다.

사드의 문학과 달리 마조히즘 문학은 색정적이지만 외설적이지는 않다. 사드의 소설은 외설적인 묘사와 직접적인 행위로 가득하지만 신체 비밀에 대한 탐색은 없다. 행위만이 있을 뿐이다. 하지만 자허마조흐의 소설에서는 유희적이고 환상적인 느낌이 더 중요하다. 자허마조흐의 소설에서 학대를 하는 사람과 당하는 사람은 때때로 역할을 바꿀 수 있다. 하지만 사드의 소설에서는 절대 불가능하다. 만일 어떤 여자가 고통받기를 원한다면 학대자들은 당장 그녀를 거부할 것이다. 학대를 하는 자와 당하는 자는 서로 자원할 수 없다.

저명한 문학가이자 철학가인 질 들뢰즈Gilles Deleuze는 사드의 가학 지향은 진정한 잔인함이고, 마조흐의 피가학 지향은 환상적이고 유희적인 폭력이라고 여겼다. 이 두 작가에 대한 들뢰즈의 분석은 적절하다고 본다. 하지만 이 분석을 근거로 사디즘 지향과 마조히즘 지향이 완전히 다른 영역에 속한다고 한다면 잘못이다. 현대의 사디즘 행위에서 사디즘 지향은 사드가 그려 낸 진정한 폭력이 결코 아니라 마조히즘 지향과 마찬가지로 환상적이고 유희적인 성질을 지니고 있기 때문이다. 학대를 가하는 쪽과 당하는 쪽 모두 자원한다. 바로 이런 이유로 사도마조히즘은 인구에서 상당히 큰 비율을 차지하는 사람들의 성적인 행위와 성적 유희가 되었다. 소수 범죄자의 폭행과는 다르다.

✦

당신과 관련이
없을지도 모르지만

    소수집단에 대한 다수집단의 적대시는 예부터 존재했다. 부족 사이의 살해를 예로 들 수 있다. 이유는 아주 단순한데, '그들은 우리와 같은 부족이 아니다'라는 것이다. 현대사회에서는 그렇게 살아갈 수 없다. 중국처럼 인구가 13억이나 되는 대국에서는 특히 그러하다. 사람이 많아지면 차이가 생긴다. 자신과 다르면 적대시하고 모조리 없애 버리려는 것은 절대 통하지 않는다. 그런데 이성애자가 동성애자를 대하는 태도가 바로 그렇다. 소수집단을 적대시하는 사람은 야만인으로밖에 보이지 않는다.

    소수집단을 적대시하는 사람들은 사회적으로 불쌍한 자들이다. 루쉰魯迅이 그런 사람들에 대해 이야기하기도 했다. 그런 사람들은 사회적 지위가 낮고 종종 남에게 괴롭힘을 당하고 지질한 삶을 산다. 그러다가 문득 사회에서 자신보다 더 가련한 사람을 발견하면 충동적으로 괴롭히면서 마음의 평정을 찾으려 한다. 이성애자 중에서 가련한 사람들도 동성애자들을 괴롭히는 것을 통해 마음의 평정을 찾고 싶어 한다.

    다수집단 성원 가운데 많은 사람은 야만인이 아니고 불쌍한 사람도 아니다. 단지 자신과 관계없는 일에 무관심할 뿐이다. 조금은 이기적이고, 조금은 냉담하다. 그들은 '급한 사람이 하면 되지, 나하고 무슨 상관이야. 소수집단이 괴롭힘을 당하면 당하는 거지, 내가 그 사람들을 괴롭히지만 않으면 돼'라고 생각한다. 이런 사람들은 이기적인 사람들이다.

이런 사람들에게 나는 두 가지 이유를 들어 소수집단을 보호하는 것이 당신들과도 어느 정도 관련이 있다고 말해 주고 싶다.

첫째, 사회의 공정함은 소수집단뿐 아니라 다수집단과도 관련이 있다. 왕샤오보는 어느 글에서 한 독일 신교 목사의 참회를 언급한 적이 있다. "처음에 그들이 공산당원을 잡아갔을 때 나는 침묵했다. 왜냐하면 나는 당원이 아니었기 때문이다. 그 후에 그들은 유대인을 잡아갔다. 나는 침묵했다. 왜냐하면 나는 아리아인이기 때문이다. 그다음에 그들은 천주교도를 잡아갔고 나는 침묵했다. 왜냐하면 나는 신교도이기 때문이다. 마지막으로 그들이 나를 잡아갔지만 나를 위해 나서 줄 사람은 아무도 없었다." 당신이 남에게 닥친 불공정을 참고 지나치면 마지막에 당신 자신도 불공정한 침해를 당할 가능성이 있다는 것이다. 설령 당신이 다수집단의 일원이라고 해도 말이다.

둘째, 소수집단의 이익이 당신과 관련이 없을지도 모르지만, 만일 당신이 소수집단을 보호하지 않는다면, 그리고 오히려 소수집단을 괴롭힌다면 우리 사회는 소수집단과 조화롭게 살아가면서 모두가 서로 보살피고 즐거워하는 사회적 분위기를 잃게 될 것이다. 그러면 다수집단의 사람들은 미움과 긴장으로 가득한 사회에서 살아가게 될 것이다. 즐거운 분위기를 전혀 찾아볼 수 없고 사회 역시 조화로운 관계와는 멀어질 것이다.

내가 동성애라는 소수집단을 보호해야 한다고 거듭 설파하는 이유는 누구든 야만인이 되지 않고, 복수심으로 가득한 불쌍한 사람이 되지 않고, 이기적이고 냉담한 사람이 되지 않고, 깨어 있고, 사랑의 마음으로 충만한 사람이 되기를 희망하기 때문이다.

'동처'에 주목하다

'동처同妻' 문제 토론회에 참가했다. '동처'는 남성 동성애자의 아내라는 뜻이다. 통계에 따르면 중국에서 결혼 적령기에 있는 남성 동성애자는 최소 2000만 명에 이른다. 만일 그중 70퍼센트가 이성애자 여성과 결혼한다면 대략 1400만 명으로, 이 수치가 바로 '동처'의 대략적인 규모이다.

동처 현상은 중국적 특색이 매우 강한 현상으로, 세계 어느 국가에서도 찾아보기 힘들다. 다른 나라에서 동성애자는 독신이거나 동성과 동거하거나 결혼하지, 이성과 결혼하는 경우는 거의 없다. 동처 현상이 생긴 원인은 중국 문화가 결혼과 출산을 강박증에 가까울 정도로 특별히 강조하기 때문이다.

헝가리에서 취재했을 때 결혼 적령기에 있는 사람들 중에서 10퍼센트 남짓한 사람들만이 결혼한다는 사실을 알았다. 나머지 사람들은 독신, 동거, LAT(떨어져 사는 고정 파트너)라는 세 가지 상황에 있었다. 그 사회에서 동성애자는 이성과 혼인할 필요가 전혀 없었다. 다른 사람들이 이래라저래라 하지도 않고 그에게 스트레스를 주지도 않았다. 유감스럽게도 중국 문화는 강박증처럼 '남자가 장성하면 장가를 들고, 여자가 장성하면 시집을 가야 한다', '불효에는 세 가지가 있는데 후손이 없는 것이 가장 큰 불효'라며 남성 동성애자에게 여성과 결혼해서 아이를 낳으라고 강요한다.

동처의 처지는 매우 비참하다. 토론회에서 어떤 동처가 말을 하다가 눈물을 흘리자 모든 사람이 머리를 감싸고 통곡했다. 그들은 일상생활에서 자주 눈물범벅이 된다. 내가 들은 이야기 중에서 가장 가슴 아픈 동처 이야기는 그가 여성으로서 자신의 매력을 의심하게 되었다는 것이다. '왜 남편이 나를 한 번도 봐 주려고 하지 않고 내 몸에 닿는 것도 원하지 않을까? 내가 여성으로서 그렇게 별로인가?' 그는 모든 남자가 자신을 그렇게 볼 것이라고 생각했다. 사실은 그렇지 않다는 것을 알 수 없었다. 남편이 동성애자여서 아무리 매력적인 여성이라도 그의 욕망을 불러일으킬 수 없다는 사실을 알 수 없었다.

이제 동처들은 행동에 들어갔다. 자신들이 직접 사람들을 구하기 시작했다. 인터넷사이트를 열고 긴급 전화를 설치해서 같은 처지에 놓인 여성들을 돕고 있다.

그녀들이 하려는 일은 먼저, 여성들이 동성애자 남성과 결혼하는 것을 막을 방법을 마련하는 것이다. 남자 친구의 성적 지향에 의심을 품은 여성이 이를 판별할 수 있도록 도와주고, 상대방이 동성애자라는 확신이 들면 그 결혼을 말린다.

두 번째로, 이미 동성애자와 결혼해서 이혼을 희망하는 여성에게 도움을 제공한다. 그녀가 이혼할 방법을 마련할 수 있도록 도와주고 그녀의 스트레스를 완화해 주며 이혼으로 인한 물질적, 심리적 고통을 경감할 수 있도록 한다.

세 번째로, 동성애자와 결혼했지만 여러 사정으로 인해 이혼을 원하지 않는 여성에게는 남편과 소통하는 방식, 아이들과 함께 지내는 방식 등 이해득실을 잘 따져 결혼 생활을 유지할 수 있도록 도와준다.

이들은 "동처는 우리까지만"이라는 구호를 내걸었다. 이 구호는 아픔과 후대를 불쌍히 여기는 마음으로 가득하며, 비장한 느낌까지 준다. 남성 동성애자들이 이성과 결혼하기 전에 동처의 처지를 고려해 보기를 희망한다.

4

인식

나는 하룻밤의 정사, 파트너 교환, 동성애, 사도마조히즘 그리고
폴리아모리를 권한 적 없다. 하지만 소수 사람들에게
이러한 일을 할 권리는 있다고 생각한다.

중국의 성, 서양의 성

내가 보기에 푸코는 성 사상사에서 가장 중요한 사상가로, 그가 성애 예술ars erotica과 성과학scientia sexualis을 구분한 것이 무엇보다 중요하다. 그는 성애 예술을 현대 서양 이외의 사회의 것으로 돌렸고, 성과학은 서양 사회의 것으로 돌렸다. 푸코는 이렇게 말했다. "모든 사회(중국, 일본, 인도, 로마 등 이루 다 헤아릴 수 없을 만큼 많은 사회)에는 성애 예술이 있다. 우리 문명에는 겉으로 보기에 본질적으로 성애 예술이라고 부를 만한 것이 없지만, 우리의 문명이 유일하게 성과학을 실천한 문명이라는 사실은 조금도 의심의 여지가 없다. 혹은 과거 몇 세기 동안 성의 본모습을 이야기하는 여러 프로그램을 진행한 유일한 문명이라고 말할 수도 있다."

내가 중국의 성 관념을 연구하는 과정에서 다음과 같은 생각이 줄곧 나를 곤혹스럽게 만들었다. 나는 중국의 상황이 푸코가 말한 고대 그리스·로마 시대와 같다고 생각한다. 그리스·로마 사회에서 성애 예술은 성행위의 옳고 그름을 판단하는 영역이 아니었다. 그리스·로마 사람들은 모든 성생활을 같은 것으로 보았으며 쾌감을 즐기거나 절제하는 데에 더 큰 관심을 기울였다. 그리고 다른 한편으로 나는 중국의 현재 상황이 프로이트의 마음속에 있던 빅토리

아시대 같다고 느끼기도 한다. 빅토리아시대 사회에서 금욕주의
는 모든 사람이 문명을 위해 치르는 대가였다. 하지만 현대 중국의
성을 둘러싼 환경이 현대 서양과 아주 다르다는 점은 약간 긍정적
이다. 바꾸어 말하면, 내가 관찰한 이 사회와 푸코가 관찰한 사회
는 차이가 매우 크다.

　이 차이는 표면적으로 보면 매우 분명하다. 서양인들은 누구나
성을 이야기하지만, 중국인들은 조금이라도 '성을 이야기하면 안
색이 변한다.' 서양에서는 성과학(각종 조사 연구와 정신분석치료
를 포함해)이 기세등등하지만 중국에서는 기본적으로 성이 개인
의 침실에 한정되어 있다. 서양 여성들은 쾌감을 느끼지 못하면 의
사를 찾아가지만, 중국 여성들은 예사롭게 여긴다. 서양에서 동성
애는 형사 범죄로 여겨지다가(역사적으로 가장 엄격했던 시기에
는 사형에 처해졌다) '벽장에서 걸어 나오는' 해방운동을 겪었다.
하지만, 중국에서는 동성애가 불법으로 규정된 적이 없음에도 '정
상인'의 차별과 조소를 묵묵히 인내해야 했다. 서양에서 성은 정치
학, 사회학, 역사학, 철학에서 가장 관심을 두는 주제 중 하나이지
만, 중국에서는 고상하지 않은 주제로 여겨져 여전히 어두운 구석
에 숨겨져 있다.

　비교하고 생각한 끝에 내가 다다른 결론은 이렇다. 중국에서 성
의 지위는 고대 그리스·로마와 다르고(하지만 서로 닮은 점이 있
다) 빅토리아시대와도 다르며(역시 닮은 점이 있다) 현대 서양 사
회와는 더더욱 다르다(가장 닮은 점이 없다). 그것은 독특한 문화
적 시간과 공간에서 형성되었다. 중국의 성은 프로이트, 마르쿠제
Herbert Marcuse 그리고 푸코가 대면하지 못했던 대상이다. 이 세 사람

이 직면했던 것은 지역적으로 모두 서양 사회였고 내가 직면한 것은 동양 문화에 속한 중국 사회이다. 이 두 대상의 가장 큰 차이는 성과 관련된 논쟁의 양상에 있다. 아주 개괄적으로 정리해 보자면, 서양에서는 종종 옳고 그름, 정상과 비정상, 선행과 죄악의 문제로 성과 관련된 논쟁이 전개된 반면 중국에서는 대단한지 보잘것없는지, 숭고한지 수치스러운지, 상류인지 하류인지의 문제라는 것이다. 서양 사회에서 성은 억압과 저항, 정상과 변태, 유죄와 무죄와 같은 대항 관계에 있다. 중국 사회에서 성은 그저 흘시의 대상이다. 성은 중요함과 중요하지 않음, 숭고함과 저속함, 올바른 기개와 사악한 기운 중에 후자에 속한다. 일찍이 많은 학자가 서양은 죄의식의 사회이고 중국은 수치심의 사회라고 설명했는데 아주 이치에 맞는 말이다. 성 문제에 있어 서양의 종교나 이데올로기에서는 사람들에게 어떤 성행위는 죄악이며 하지 말아야 한다고 경고한다. 하지만 중국의 전통 윤리나 이데올로기에서는 성은 부끄러운 것이니 철저히 절제해야 한다고 주장한다. 사람들 뒤에서 몰래 행할 수는 있지만 입에는 담지 말아야 하고, 누구에게나 동물적 욕망이 있지만 고상한 사람은 그 욕망을 절제할 수 있으며, 가장 잘 절제할 수 있는 사람이야말로 가장 고상한 사람이라는 것이다.

성 문제에서 서양과 중국의 차이는 서로 다른 결과를 낳았다. 서양 문화에서는 행위의 옳고 그름을 판단하는 규범의 '응시' 때문에 사람들이 너무 많은 일을 걱정해야 하는 부정적 결과가 발생했다. 오르가슴에 도달하지 못하는 것, 체형이 완벽하지 않은 것, 성 지향이 맞지 않는 것을 걱정하는 등 걸핏하면 정신과의사를 찾아가 도움을 청한다. 이런 문화의 긍정적인 효과라고 한다면, 억압만큼 저항도 있어서 그 과정을 통해 점차 진리가 분명해진 것이다. 그래서 여성들이 성관계에서 '여성 상위'를 할 수 있는 권리를 쟁취했고, 동성애자가 결혼할 수 있는 권리를 쟁취하게 되었으며, 사도마조히즘 애호가들이 밀실에서 특별한 서비스를 받을 권리를 쟁취하게 되었다.

중국에서는 성을 하찮게 여기는 '자아'가 오히려 그 기회를 틈타 자유로워질 수 있는 기회를 갖게 되는 긍정적인 결과를 낳았다. 기분에 따라 구강성교나 항문성교를 해도 간섭하는 사람이 없을 뿐 아니라 이러한 행동에 대한 내면의 불안감도 없다. 오르가슴에 도달하지 않으면 않는 것이지 의사를 찾아갈 필요는 없다. 부정적 결과는 성을 저급하고 하층의 일로 여기게 되었다는 것이다. 많은 사람이 동물적 본능에 굴복해서 스스로 타락하고 구차한 짓을 일삼으면서 부끄러움과 수치심을 느끼고 자신의 '이드id'를 원망한다. 한편으로는 소수의 고결한 선비가 비루한 성욕을 극복하고 고상한 경지에 올라 올바른 기개로 국가와 백성에 대한 걱정만 하더라도, 사람들에게는 '위선자', '위군자'로 보일 뿐일까 봐 공연한 걱정을 하게 된다.

나는 성 문제에서 서양과 중국의 차이를 몇 가지로 개괄하고자 한다. 먼저 옳고 그른 경계가 있는 것과 없는 것의 차이이다. 서양식 기준으로는 어떤 성행위가 옳거나 그르다고 정의할 수 있다. 예를 들어 이성애는 옳고 동성애는 그르다(자연을 위반하는 범죄). 질성교는 옳고 항문성교와 구강성교는 그르다. 남성 상위 자세는 옳고 그 외의 자세는 잘못되었다. 종족 번식으로 이어지는 행위는 옳지만 그러지 않는 행위는 잘못된 것이다(예를 들어 자위). 반면 중국인들은 성이 선천적으로 발산이 필요한 충동이라고 생각한다. 중요한 것은 이러한 충동 자체와 발산이지, 발산의 대상(성별, 연령 등)이나 방식(신체 부위, 자세, 기교 등)은 오히려 중요하지 않다. 중국인이 관심을 기울이는 것은 옳다 그르다의 경계가 아니라 욕망을 절제하는 데 있다. 중용의 도를 중요하게 여겼으며, 신중함을 중히 여기고, 자연의 이치를 마음속에 간직하여 인간의 욕심을 없애는 것을 중요하게 여겼다. 서양 역사에서 어떤 사람은 동성애로 인해 사형에 처해지기도 했지만 중국인은 청나라 말기에 '상공相公을 희롱하는 것'*에서 즐거움을 찾기도 했다. 서양에서 많은 사람이 성행위나 성욕, 성적 쾌감 자체에 대해 죄의식을 가졌다. 하지만 중국에서는 무절제한 음란함에 대해 부끄러움을 느꼈지, 성욕 자체에 죄의식이 있었던 것은 아니다.

두 번째 차이점은 불안감의 유무이다. 푸코가 가장 많이 언급한 것은 종교 참회 의식에서 사람들에게 성과 관련된 모든 생각, 행위, 죄악을 고백하라고 요구한 역사적 사실이다. 이것 때문에 성 문제에 대한 불안감이 생기고 커졌다. 중국의 상황은 분명 다르다. 중국인은 보편적으로 신봉하는 종교가 없으며 신앙이 없는 민족이라고 말할 수 있다. 기독교가 성의 차원에서 서양 사람들에게 만들어 낸 불안감이 중국인들에게는 매우 낯설다. 그래서 중국인은 성 문제에서 상당히 순박하며, 죄의식에서 비롯된 과도한 불안감이 없다.

셋째, 격렬한 반항이 있고 없고의 차이이다. 푸코는 "권력이 있

---

* '상공相公'은 여자 역을 맡은 남자 배우를 지칭하는 말로, 청나라 말기에 고위 관료와 이들 사이의 동성애가 성행했으며 상공들이 사는 집은 '남성 기방'처럼 변해 갔다.

는 곳에는 저항이 있다"라고 말했다. 서양 사람들이 성 문제에서 느끼는 과도한 불안이 격렬한 반항으로 이어졌다. 그리고 그 반항은 극단적으로 표현되었다. 불안감을 느끼는 일일수록 말하고 연구하고 표현하려고 했다. 그래서 서양에는 성에 대한 연구와 치료법이 아주 많고, 이 주제를 표현하는 문학, 예술, 영상물이 많다. 반면 중국인은 성에 대한 불안감이 없었기 때문에 반항도 없었으며, 중국에서 성을 주제로 한 표현도 상대적으로 아주 적었다.

넷째, 권리의식이 있고 없고의 차이이다. 서양 사람들은 자신의 성적 권리가 오랜 시간 억압당하고 박탈당했다고 여긴다(이런 생각은 푸코가 분석한 것처럼 꼭 옳은 것은 아니다). 그래서 성 문제에서 열정과 정의, 권리의식을 가진 반역자 내지는 저항자가 생겨났고 성인용품, 성매매, 동성애 그리고 각종 '변태'적 성행위가 대단한 기세를 떨쳤다. 이 자체로 마치 혁명을 하는 것 같고(어떤 사람은 이것을 성혁명이라고 부른다), 빼앗긴 권리를 되찾은 것 같았다. 중국 사람들은 성적으로 박탈감을 느끼지 않았기 때문에 반항할 열정이나 정의감이 없고 권리의식은 더더욱 없다. 중국 사람들의 마음속에서 성적 욕망은 별것 아닌 은밀한 사생활이고 고상하지 않은 것이다. 서양 사람들은 외설적인 성인용품 시장을 개방하고 성매매를 비범죄화하고, 동성애를 합법화하는 문제에서 불꽃 튀고 광풍이 부는 논쟁을 했다. 하지만 중국인은 이런 논쟁을 무슨 소리인지 모르겠다는 듯이 이상하게 여긴다. '이런 문제로 무슨 토론을 하나, 생각하는 것만도 민망스러운 것을' 하고 말이다.

저명한 인류학자 말리노프스키는 "아담과 하와 이래로 줄곧 성충동은 절대적으로 많은 번뇌의 근원이 되어 왔다"라고 말했다. 고대 그리스 사람들은 목마름, 식욕, 성욕을 인간의 3대 욕망이자 3 대 쾌감으로 여겼다. 중국인들은 '음식남녀(식욕과 성욕)는 인간 의 가장 큰 욕망'이라고 여겼다. 이러한 분석은 문화를 초월한 것 으로 중국인이 결코 성에 냉담한 경지에 이를 만큼 수련을 한 것은 아니라고 보인다. 서양의 금지와 중국의 홀시 중 어느 것을 선택해 야 할지 모르겠다. 마치 죽음에 직면한 갓난아이가 익사당하는 것 이 좋은지 아니면 버려지는 것이 좋은지 모르겠듯이 말이다. 결론 적으로 중국에서 성은 버려진 갓난아이처럼 자생하고 자멸하면서 '나는 왜 이렇게 사랑을 받지 못할까?'라며 답답해하는 상황에 처 해 있다.

인도주의적 관점에서 인류의 성과 사랑은 저속한 품성이나 행 위가 아닐 뿐 아니라 오히려 매우 숭고한 것이다. 언급할 가치도 없는 별것 아닌 일이 아니며 오히려 매우 중요한 것이다. 성과 사 랑은 인간의 자아와 매우 중대한 관계를 맺고 있기 때문이다. 만일 어떤 사회와 문화에서 인간의 자아를 중시한다면 성과 사랑도 중 시할 것이다. 만일 어떤 사회, 어떤 문화에서 인간의 자아를 가벼 이 여긴다면 성과 사랑도 가벼이 여길 것이다. 사람들은 종종 정치 적 사건이나 경제발전은 중요하다고 여기고, 개인의 욕망과 즐거 움 그리고 행위는 근본적으로 너무나 하찮다고 여긴다. 이러한 생 각은 특히 중국에 더 널리 퍼져 있다. 왜냐하면 중국 문화에서 개 인의 가치는 줄곧 경시되었기 때문이다.

페르낭 브로델Fernand Braudel의 3단계 구분*에서 중국인은 자연스

---

* 브로델은 역사를 사건들의 연속으로 보지 않고 '장기지속-중기지속-단기지속'이라 는 다층적 구조로 보는 시각을 제시했다.

럽게 단기지속 현상(정치적 사건)이 가장 중요하고 가치가 있다고 생각한다. 중기지속 현상(어떤 발전적 추세)이 그다음이고, 장기지속 현상(생활 방식)은 가장 중시할 가치가 없다고 여긴다. 내가 보기에 장기지속 현상에 대해 브로델이 쏟은 관심에는 역사 연구 방법론적 의미뿐 아니라 인간에 대한 관심이라는 의미가 있다. 궁극적으로 말해, 정치투쟁과 경제발전은 도구에 불과하다. 인간의 행복과 즐거움이야말로 목적이다. 우리는 왜 이렇게 주객을 전도시킬까? 왜 수단을 목적으로 삼고 목적이 냉대를 받도록 하는 것일까?

✦

성을 좋아하는 사람이
고상할 수 있을까

　상하이 외국어 채널의 미국 사회자가 중국 성 관념 변천을 주제
로 나를 취재했을 때, 우리는 사회에 만연한 성을 반대하는 금욕적
분위기에 대해 이야기했다. 나는 이러한 분위기가 형성된 원인이
두 가지라고 생각한다. 첫째는 성리학 이후로 중국 사회가 점점 더
성을 반대하고 금욕하는 분위기로 변한 역사적 원인이고, 둘째는
공산당이 혁명 주체로 나선 시기에 형성된 당시의 관습보다 더 엄
격한 도덕 기준과 성행위 규범이다. 중화인민공화국이 건립된 이
후, 이러한 규범이 일반 사람들에게 널리 퍼져 성을 반대하고 금욕
하는 분위기가 사회 전체에 형성되었다. 성은 고상하고 도덕적인
정조와는 대립적이어서 양자는 공존할 수 없는 관계라고 여겨졌
다. 이런 이야기를 하자 사회자가 내게 문제를 제기했다. "인간은
성을 좋아하면서 동시에 고상한 사람이 될 수 있나요?" 나는 당연
히 그렇다고 즉시 대답했다. "인간은 성을 좋아하는 동시에 고상할
수 있습니다." 하지만 이것은 직관이었을 뿐 선뜻 이유를 댈 수 없
었다. 요 며칠 이 문제가 줄곧 내 마음속에서 사라지지 않았다. 그
래서 생각한 끝에 두 가지 결론에 이르렀다.

먼저, 인간의 정욕과 고상한 정조를 대립시키는 것은 결코 중국 문화와 혁명 문화에만 있는 현상이 아니라 세계 각국의 많은 종교에서도 그러하다. 예를 들어 니체는 기독교의 선을 반대하고 금욕적인 생활을 비판했다. 그는 "어떤 일을 나쁜 것이라고 여기면 그것은 나쁜 것이 되어 버린다. (⋯) 만일 우리가 어떤 격정을 사악하고 해로운 것이라고 생각하면, 그것은 사악하고 해로운 것으로 변할 것이다. 기독교에서는 신도들이 매번 춘심春心이 동할 때 느끼는 양심의 갈등을 이용해 사랑의 신 에로스와 미의 신 아프로디테(가는 곳마다 이상적인 빛이 반짝이고 돌도 황금으로 만들 수 있는 위대한 힘)를 매우 흉악한 괴물과 유령으로 만드는 데 성공했다. 인류가 필연적으로 겪는 감정을 내적 고통의 근원으로 만들고, 그럼으로써 인간은 누구나 내면의 고통을 일상적으로 겪게 되었다. 정말 놀랍지 않은가? (⋯) 성애와 동정심은 숭배의 마음과 공통점이 있다. 즉 한 인간이 자신을 즐겁게 만드는 일을 함으로써 다른 사람에게 즐거움을 주는 것이다. 이러한 인자한 행동은 자연에서 흔히 볼 수 있는 것이 아니다!"

니체는 에로스와 아프로디테 그리고 성애를 칭송하고 인간 세상에서 보기 드물게 인자한 것으로 보았다. 왜냐하면 세상에서는 한 사람이 즐거우면 다른 사람은 고통스러운 경우를 가장 자주 보기 때문이다. 예를 들어 권력과 돈을 싸워서 빼앗기도 하고 잃기도 한다. 반면 성애는 아름다운 예외이다. 한 사람의 즐거움이 다른 사람의 고통이 아니라 즐거움을 이끌어 낼 수 있다. 하지만 기독교는 이러한 드문 즐거움을 인간의 고통으로 만들어 버렸고 에로스와 아프로디테를 마귀로 만들었으며, 인간의 자연스러운 충동을 죄악으로 만들어 버렸다. 그러한 행동으로 인해 인간이 마땅히 부끄러움을 느껴야 하는 것으로 변화시켰다.

오랫동안 성을 반대하고 욕망을 금지하는 사회 분위기는 성욕을 홍수처럼 인간을 휩쓰는 괴물로, 고상한 정조와 대립하는 것으로 전락시켰다. 그래서 우리는 성을 좋아하는 사람은 저속하고, 고상한 사람은 성을 좋아할 수 없다고 여기게 되었다. 성애가 우리 관념 속에서 나쁜 것에서 좋은 것으로 바뀐다면 우리는 영원히 내적 갈등과 고통, 괴로움에서 벗어날 수 있다. 또 우리의 성 문화와 성 관념 그리고 성 법규 모두 순리적일 수 있다. 그래서 성을 좋아하는 사람은 동시에 고상한 사람이 될 수도 있다.

다음으로, 성별에 따른 이중기준의 문제이다. 성을 반대하고 욕망을 금지하는 분위기에서는 남성이 성을 좋아하는 것은 양해하고 용서할 수 있는 듯하지만, 여성이 성을 좋아하는 것은 큰 죄가 된다. 중국 사회는 영국의 빅토리아시대처럼, 모든 사람에게 성은 비천하고 더럽고 저열한 것이라고 강요한다. 여성에게는 특히 더 그러하다. 빅토리아시대에 아내를 존중하는 남편이라면 극단적으로 더러운 성행위를 해서 아내를 더럽힐 수 없다. 차라리 전문적으로 성 접대를 하는 여자를 찾아가는 것이 낫다. 왜냐하면 그녀들은 비천하기 때문이다. 중국에서 여성의 성적 쾌락은 신장해서는 안 되는 권리였다. 많은 여성이 성욕이 적은 것을 영예롭게 생각하고, 성을 좋아하는 것을 수치스럽게 여겼다. 2004년 조사 결과에 따르면 중국에서 60~64세 여성 중에서 평생 오르가슴을 경험하지 못한 비율이 28퍼센트에 달한다. 하지만 서양의 나라들에서는 이 비율이 10퍼센트를 넘지 않는다. 이는 중국 여성의 성적 쾌락이

한때 억압받는 가치였음을 말해 준다. 만일 성욕과 고상함이 남성에게 대립적인 것이라면, 여성에게는 물과 불처럼 더욱 용인할 수 없는 것이었다. 즉 당신은 성을 싫어하는 좋은 여성이거나 성을 좋아하는 나쁜 여성, 성욕을 억누르는 고상한 여인이거나 성욕을 맘껏 즐기는 비천한 여인 둘 중에 하나이다. 세상에는 성을 좋아하는 여성들이 있지만 그들은 종종 사람들에게 곁눈질을 당한다. 무쯔메이가 당했던 상황이 전형적인 예이다. 만일 무쯔메이가 몇몇 사람들의 은밀한 사생활을 폭로했다는 점을 무시한다면, 그녀는 영락없는 〈섹스 앤드 더 시티〉의 서맨사이다. 서맨사가 아주 정열적이고 자유분방한 긍정적 인물이라면, 무쯔메이는 반대로 사람들이 내뱉은 침에 익사당할 뻔했다.

　결론적으로 더 이상 성을 반대하고 욕망을 금지할 수 없는 사회에서는 성을 좋아하는 사람이 완전히 고상한 사람이 될 수 있다. 인간의 고상함과 비천함의 기준은 다양하다. 예를 들어 선행을 하는 사람은 고상하고 악행을 하는 사람은 비천하다. 신용이 있는 사람은 고상하고 사기를 치는 사람은 비천하다. 이타적인 사람은 고상하고 이기적인 사람은 비천하다. 하지만 성을 좋아하는지 싫어하는지는 인간의 고상함과 비천함의 기준이 될 수 없다. 다시 말해 고상한 어떤 사람이 성을 좋아할 수도 있고 싫어할 수도 있다. 또 비천한 사람이 성을 좋아할 수도 있고 싫어할 수도 있다. 이것이 그 사회자가 제기한 문제에 대해 내가 생각을 거듭한 끝에 내놓는 해답이다.

성과학의 공과와 시비

    성과학의 출현은 의심할 나위 없이 중대한 의미를 가진다. 성과학은 성 현상의 현실, 발생 원인, 결과에 대한 인류의 이해를 크게 진전시켰다. 인류는 성과 관련된 여러 가지에 대한 무지함에서 알 듯 말 듯한 모호함에서, 마지막에는 그러하다는 것을 알고 그 까닭까지 알게 되는 수준에 이르렀다. 물론 이러한 진전은 성과 관련된 모든 일을 분명히 묘사하고 이해한다는 목표와는 상당한 거리가 있다. 하지만 결국 좋은 출발을 했다.

    성과학이 출현할 때부터 자체적으로 세운 목표는 성의 진정한 현실에 대한 탐구였다. 이 점은 자연과학에서 자연법칙을 탐구하는 것과 매우 비슷하다. 19세기와 20세기는 물리학과 생물학의 세기이자 과학의 세기였다고 할 수 있다. 당시 사람들은 과학적 진리를 사물 내부에 잠재된 본질로 보았고, 그 본질이 총명한 사람들에게 발견되어 대중 앞에 공개되기만을 기다리고 있다고 여겼다. 자연과학에 대한 이러한 시각은 사회과학 연구에도 스며들었다. 성과학 역시 예외가 아니었다. 성과학자의 포부는 성적 현상 배후에 숨겨진 자연법칙을 발견하고 묘사하고 분석하는 것뿐 아니라, 인류의 성행위는 일종의 사회 행위이기 때문에 성 현상 배후에 있는 사회법칙을 발견하는 것이다. 그래서 성과학은 처음부터 본질주의적 색채를 띠었다고 할 수 있다. 성적 현상 배후에 숨은 '진실'을 발견하려는 노력에서 성과학은 성적 분류, 규칙 그리고 관념을 다수 알아냈다. 가장 전형적인 예는 19세기에 성과학이 '동성애'라는 개념을 밝힌 것이다.

과학 세분화라는 열광 속에서 성과학은 권위를 얻고 새로운 관심 분야를 만들었으니, 인류의 성본능과 그 변이, 정상 상태와 비정상 상태 혹은 정상과 비정상 등이 그것이다. 19세기 성과학자들은 인류의 성행위라는 참신한 과학의 미개척지에 발을 내디뎠고, 인류 본능에 관한 새로운 지식을 구축하려는 의지로 충만했다. 그들은 끊임없이 각종 '변태'적 성행위를 분류했다. 그리고 그것에 대해 그럴듯한 다양한 병리적 해석을 내놓았으며, 심리적이고 생리학적 방법으로 이러한 변태 행위를 '치료'했고, 인종을 우수하게 개선하는 우생학에 진지한 열정으로 임했다. 이 모든 것이 과학이라는 이름으로(최소한 주관적인 바람에서는 그러했다) 진행되었다. 하지만 이러한 노력은 푸코와 같은 후대 학자들이 보기에 성 현상 배후에 숨은 '진실'에 대한 발견이 아니라 새로운 성 담론의 발명이었다. 이 담론은 인간의 성욕을 청교도적 금욕주의에서 어느 정도 벗어나게 했다는 긍정적 작용도 했지만 부정적 작용도 했다. 새로운 통제 담론을 형성해 궤도를 이탈하거나 소위 '변태'적인 성 표현 방식을 억압한 것이다.

이러한 시각에서 평가하면, 중국인에게 프로이트는 성 해방의 대표 주자가 아니며 오히려 보수파의 대표처럼 느껴진다. 그가 말한 쾌락의 상실은 문명을 얻기 위해 반드시 지불해야 하는 대가로,

그가 보수적 입장에 섰다는 명확한 증거이다.

성과학 이전의 선배 학자들은 그 시대 사람들이 보기에 이중적 구실을 했다. 그들 작업의 긍정적 작용은 침묵하는 성의 실어 상태를 깨뜨리고, 인류 성행위에 대한 과학적 태도를 이끌었으며 성적 계몽을 가져온 것이다. 후배 성과학자들 역시 대부분 계몽시대의 인문주의와 자유주의 사상을 가지고 있다. 그들은 성과 관련된 잘못된, 인간성을 위반하는 법률을 바꾸려고 시도했다. 예를 들어 서양 각국의 성과학자들은 동성애를 위법으로 규정한 법률의 폐지를 주장하고 동성애 해방운동을 지지했다.

성과학자들의 연구가 지닌 부정적 작용은 분류와 명명을 통해 만든 새로운 성 담론이 인류의 성 활동에 가하는 감시, 통제 그리고 새로운 억압이다. 이러한 부정적 작용은 성과학에 대한 온갖 비판과 의문 그리고 도전을 촉발했다. 역사학자들은 성과학의 현대성에 도전했고, 과학철학자들은 과학성에 의문을 제기했다. 페미니스트들은 성과학의 가부장적 가치관을 공격했고, 동성애자들은 그것이 동성애를 치료해야 하는 질병으로 보는 경향에 반대했다.

종합적으로 보면 한편으로 우리는 100년 동안 성과학 분야에서 행한 계몽적 활동을 긍정해야 한다. 그것은 보수적 성도덕에 강렬한 충격을 가했다. 또 한편으로는 성과학이라는 담론이 사람들에게 형성한 새로운 억압과 속박을 경계해야 한다. 인류의 성생활을 위해 더욱 합리적이고 포용력 있는 공간을 쟁취해야 한다.

성욕은 단일하지 않다

　현대 서양의 성 영역에는 큰 변화가 세 가지 있었다. 첫 번째는 성의 세속화로 성이 종교적 가치관과 분리되었다. 두 번째는 성의 자유화로 사람들이 가족계획, 인공유산, 이혼, 혼전 성행위, 동거 그리고 동성애를 더 많이 수용하게 되었다. 세 번째는 인간관계 패러다임의 변화로 초래된 가정의 위기이다. 1960년대 중반부터 혼인율 감소는 스위스와 덴마크에서 시작해 영국으로 파급되었으며, 1970년대에는 미국과 서독으로 퍼지고 그다음에는 프랑스로 퍼졌다. 동시에 동거율과 이혼율이 증가했다. 결혼한 사람 중 3분의 1이 이혼으로 마침표를 찍었다. 세계가 에이즈 시대로 진입한 이래로, 성 영역에는 네 번째 경향이 등장했다. 바로 성적 욕망의 상실이다. 욕망의 상실은 1990년대의 질병으로 불렸다. 조사에 따르면 과거 20년 동안 성적 욕망 상실이 갈수록 보편화되어, 미국을 예로 들면 이러한 추세가 35퍼센트의 미국 여성과 16퍼센트의 미국 남성에게 영향을 준 것으로 밝혀졌다. 전반적으로 성규범은 갈수록 다원화되고, 성도덕의 구속은 갈수록 느슨해졌다고 할 수 있다.

　1990년대 이후로 세계에는 '안전한 성'을 특징으로 하는 성 활동이 새롭게 나타났다. 예를 들면 폰 섹스가 있다. 사람들이 전문 서비스 기관에 전화해서 상상하는 성적 활동을 말하고 듣는 것을 통해 성적 만족을 얻는다. 에이즈 위협에 직면한 사람들은 성교를 하지 않거나 체액을 교환하지 않는 여러 성행위 방식을 개발했다. 예를 들어 자위행위, 사도마조히즘 행위, 인터넷 섹스 등이다. 최근 컴퓨터 기술과 가상현실 기술의 발달로 미래에는 많은 사람에게 성은 나날이 고독한 개인의 행위로 변해 갈 것이라는 가능성이 제기됐다.

이러한 변화 추세를 성 이론에 반영한 것이 바로 성의 다원론이다. 날이 갈수록 성의 다원론은 세계인들과 중국인들에게 이해되고 받아들여지고 있다. 성의 다원론은 성욕 자체를 느낌에 따라 표현하고, 단일하고 고정된 표현 방식을 거부할 것을 주장한다. 차이는 건강하고 자연스러운 것이지, 변태적이고 사악하거나 정치적으로 올바르지 못한 것이 아니라는 것이 핵심 원칙이다.

전통적인 성과학은 대부분이 일원론을 기조로 하며 이성애의 음경과 질 교환을 자연스러운 성행위로 본다. 그 외 모든 성행위는 성숙하지 않고 보조적인 것 혹은 '진정한 성행위'의 대체 행위로 여긴다. 혼전 애무와 자위행위는 이성 간의 섹스라는 목적을 보조하는 수단이라는 점에서만 의미가 있다. 마스터스와 존슨이 여성은 자위행위를 통해 더욱 쉽게 쾌감에 도달할 수 있다고 인정했지만, 여전히 자위행위는 이성애 접촉에 제한이 있거나 실현할 수 없을 때의 대체 행동으로, '차선으로 선택할 수밖에 없는' 행위로 인식된다. 성 일원론의 이론적 배경은 기독교 성 문화로, 생식을 성의 유일한 합법적 기능으로 보는 낡은 틀에서 벗어나지 못했다. 대부분의 성과학자들은 이성애 삽입식 섹스를 가장 우선시한다. 그들은 종종 이러한 성행위만이 생리학적 기반을 지니며, 성의 최종 기능은 생식 기능이라고 여긴다.

이와 반대로 성의 다원론은 성생활에 대한 풍부하고 다채로운 요구를 표현한다. 분류와 정형화를 끊임없이 거부하고, 모든 특수한 인식과 고정된 사실에서 끊임없이 벗어나려고 한다. 성생활을 분류하고 정형화하는 행위를 반대하는 것은 금지에 대한 자유의 반역이다. 이는 성행위를 규범화하고 세속적인 것으로 만들거나 분류하여 통제하거나 금지하는 것을 반대한다. 성 다원론의 이론적 기초는 다양한 성욕과 성적 쾌락에서, 그리고 성의 무한한 적응력에서 나왔다. 성의 다원론은 우리에게 인류의 성욕은 단일하지 않고 다양하다고 말한다. 서로 다른 수많은 생활 방식은 모두 좋은 것일 수 있다. 그리고 개개인과 각각의 생활 방식은 모두 좋은 것일 수 있다.

✦

성에 대한 분노와
도덕적 우월감

　왜 어떤 사람들은 '성'이라는 말만 들어도 분노를 참지 못하고 긴장할까? 이는 내가 오랜 시간 여러 번 생각해도 해결하지 못한 문제이다. 만일 누군가 오랫동안 성적 억압을 당한다면 성이라는 말만 들어도 혼비백산하고 아무 말도 못 할 것이다. 그래도 이것은 아주 뜻밖이라고 보이지는 않는다. 하지만 분노는 도대체 어떻게 생겨났는지 정말 알 수 없다.

　나는 나이가 지긋한 아주머니를 한 분 알고 있다. 그분은 '38식 노간부'*로 내 어머니의 친한 친구이다. 지금은 여든 살 정도 되었을 것이다. 우리 두 집안은 관계가 좋아 이따금 그 아주머니가 어머니를 만나러 오시기도 했는데 우리에게 매우 친절하고 상냥했다. 그런데 어느 날 갑자기 나는 이 어르신에게서 긴 편지를 받았다. 편지에서 아주머니는 동성애와 문학작품 속 성 묘사에 대해 사

---

*　1937년부터 시작된 항일운동 초기에 교육 수준이 높은 혁명가가 많이 참가했다. 팔로군이라는 이름이 붙여지기 전, 1937년 7월 7일부터 1938년 12월 31일까지, 이 기간에 활동한 중국공산당 혁명가들을 특별히 존경하는 의미로 '38식 노간부三八式老干部'라고 부른다.

납게 욕설을 퍼부었다. 나는 답신을 보내 동성애에 대한 대사상가들과 학계의 일반적 시각을 소개했다. 하지만 내 편지는 그를 납득시킬 수 없었다. 듣기에 그는 여전히 자신이 쓴 장문의 글을 곳곳에 보내고 있다고 한다. 글을 보내는 곳마다 거부당해서 아주머니는 상당히 의기소침해졌다.

아주머니의 편지에는 성을 강력히 반대하는 정서가 흘렀다. 이러한 격분은 어디서 왔을까? 성은 인간의 자연스러운 욕구이고 생리적으로나 심리적으로나 합리적 욕망이다. 일반적으로 강요만 아니라면 성은 개인에게 좋은 것이다. 왜 아무런 해가 없고 때론 이로운 일에 어떤 사람들은 이를 갈고 원망하는 것일까?

사람의 생리적 구조는 비슷하지만, 인간의 성욕에는 강약 구분이 있다. 성욕이 약한 사람은 성생활을 좋아하지 않거나 오랜 시간 성욕을 억누른다. 억누르다 보면 성욕은 완전히 사라진다. 만일 이러한 억압의 동기가 공교롭게도 어떤 신앙이나 이념에서 나온 것이라면 남들은 할 수 없는 일을 해냈다는 도덕적 우월감이 생길 수 있다. 도덕적 우월감은 아주 쉽게 도덕적 의분으로 바뀐다. 욕망을 지닌 사람들을 보면 그냥 넘어가지 못하고, 욕망이 강한 사람들을 더더욱 증오하고 미워하게 된다. 내 생각에 성을 반대하는 분노는 대부분 여기서 비롯한다.

도덕적 우월감은 일반 사람들이 생각하고 바라고 사랑하는 일에 대한 혐오로 표현된다. 성이 바로 그런 일이다. 그런데 성생활은 심지어 시정잡배들도 모두 할 수 있다. 그들은 종종 성에 대해 흥미진진하게 이야기하고, 피곤한 줄 모르고 깊이 빠져든다. 이러한 이유에서 도덕적 우월감이 있는 사람들은 성을 특별히 멸시한다. 그들 마음속에서 모든 사람이 좋아하는 일은 수준이 아주 낮은 것이다. 소위 도덕적 고상함은 보통 사람들이 생각하지 못하는 일을 생각하고 보통 사람들이 하지 않는 일을 하는 것이다.

그리고 성을 반대하는 일부 사람들은 의식과 행위에서 진정 도덕적으로 고상한 사람들이 아니다. 그들은 '추악한' 일을 한 뒤 깊은 죄의식을 느끼고 자신이 도둑처럼 남의 것을 훔쳤다고 생각한다. 이런 사람들은 다른 사람이 동일한 행위에 대해 이야기하면 애매한 공범 의식을 느낀다. 그래서 그들이 남몰래 했던 일을 다른 사람이 당당하게 말하거나 행하면 매우 참을 수 없어 한다. 성을 반대하는 분노는 부분적으로는 이런 심리에서 나온다.

사람은 본래 천차만별이다. 어떤 사람은 성욕이 약하고 어떤 사람은 강하다. 이는 본래 별문제가 아니다. 하지만 성욕이 약한 사람이 성욕이 약하다는 이유로 자신을 도덕적으로 고상하다고 느낀다면 그것은 이치에 맞지 않는다. 만일 도덕적 우월감을 느끼는 사람들이 공교롭게도 권력을 잡는다면 문제는 더 심각해진다. 그들은 자신의 성욕 기준과 도덕적 기준으로 정책과 법규를 제정한다. 자신의 기준으로 서적, 신문, 음악과 영상물을 검열한다. 자신의 기준으로 다른 사람을 징벌한다. 이것은 이치에 맞지 않을 뿐 아니라 심각한 문제이다. 현재 중국 사회가 바로 이러한 상황에 처해 있다.

성에 대한 언론과 출판의 억압은 「헌법」이 공민에게 부여한 언론 자유와 출판 자유에 대한 일반적 억압의 일부이기도 하다. 바로 이러한 이유 때문에 구소련이 해체된 후, 그리고 타이완에서 계엄이 해제된 후 성에 대한 담론과 출판이 성황을 이루었다. 텔레비전에 선정적인 내용을 방송하는 유료 채널이 등장했는데, 그렇게 방영되는 모든 프로그램은 중국의 현행 「형법」(음란물에 관한 조항)을 위반하는 것들이다.

중국 「헌법」은 공민이 언론의 자유와 출판의 자유를 누릴 권리가 있다고 규정하고 있다. 하지만 「형법」의 음란물에 관한 조항과 음란 출판물에 대한 행정 시스템의 검열제도는 「헌법」의 규정과 명확하게 모순된다. 바꿔 말하면 그것은 위헌이다. 중국이 법치국가라면 마땅히 「헌법」을 수정하거나 음란물 관련 법과 음란물 검열제도를 고쳐야 한다. 이렇게 모순된 상황이 계속되도록 놔둘 수는 없다. 상호 모순되는 법률 조항이 병존하는 상황은 우리가 법치국가의 기준에서 한참이나 뒤떨어졌다는 사실을 말해 준다.

현재 중국 음란물 검열제도의 사회적 기반을 이루는 것이 바로 앞에서 언급한 아주머니와 같이 생각하는 사람들이다. 그들이 자신의 도덕 기준을 남에게 요구하고 그 기준으로 다른 사람을 비판하는 것은 가능하다. 그들은 자신의 의견을 발표할 권리가 있다. 하지만 만일 한 국가가 일부 공민의 도덕 기준으로 법률을 만들고 그 법률과 법규로 다른 도덕 기준을 가진 공민을 징벌한다면, 그것은 잘못이다. 왜냐하면 후자 역시 의견을 개진할 권리가 있으며 「헌법」이 보호하는 언론 자유와 출판 자유의 권리가 있기 때문이다.

✦

콘돔 반대?

요 몇 년간 콘돔을 둘러싼 논쟁이 끊이지 않는다. 네 곳의 성에서 실험한 '콘돔이 100퍼센트 안전한가?'를 둘러싼 논쟁, 콘돔 자동판매기를 대학교 안에 설치하는 문제를 둘러싼 논쟁, 시내버스 콘돔 광고를 둘러싼 논쟁, 대중매체에 콘돔 광고를 개방하는 문제를 둘러싼 논쟁 등등.

콘돔의 기능은 임신을 방지하고 성병 전염을 방지하는 것이다. 가족계획과 피임 차원에서 보면 콘돔은 절대적으로 필요하다. 성병 전염을 막는 안전한 성행위라는 측면에서도 콘돔은 절대적으로 유익한 도구이다. 그런데 왜 콘돔 사용을 선전하는 것이 반대 의견을 불러일으킬까? 유익하기만 하고 조금도 해가 되지 않는 인류의 발명품을 사용하는 것에 대해 왜 계속 논쟁이 일어날까? 그 배후에 숨은 논리는 성에 대한 기본적인 평가, 즉 성이 좋은 것이냐 나쁜 것이냐, 성이 긍정적인 것이냐 부정적인 것이냐 하는 것이다.

본래 상품을 광고하는 것은 당연한데 왜 콘돔 광고에 대해서만 논쟁이 벌어졌을까? 문제는 콘돔 광고가 어떤 연상, 즉 성에 대한 연상을 불러일으킬 수 있다는 데 있다. 성을 나쁜 일, 부정적인 일로 여기기 때문에 성에 대한 연상은 죄악이고 하류적이고 비천하고 불결하고 떳떳하지 못한 것으로 변질됐다. 만일 성이 좋은 일이고 긍정적인 일이라면, 이런 연상은 일어나지 않았을 것이다.

중국에서 언제부터 성이 나쁜 일로 변했을까? 중국의 고대 성 문화는 상당히 건강하고 밝았다. 서양 학자들은 종종 고대 중국, 고대 일본, 고대 이집트의 성 문화를 고대 그리스·로마의 성 문화와 함께 논하기도 한다. 당시 사람들은 대부분 성을 먹고 입는 것과 마찬가지로 자연스럽고 건강한 일로, 좋은 일로 여겼다.

성리학부터 시작해 중국의 국가 이데올로기는 성을 나쁜 것으로 보았으며 인간의 욕망을 자연의 이치와 대립하는 것으로 보았다. 이러한 관념이 계속 이어져 우리는 고대의 자연스럽고 소박한 성 문화를 잃어버리게 되었다. 1960년대와 1970년대라는 극단적 시기에 성 담론은 공공 담론에서 완전히 사라졌다. 성을 은닉하고 회피하고 두려워하는 감정이 유례없는 최고 수준에 도달했다. '혁명 양판희樣板戲'*에서는 성을 연상할 수 있는 이야기와 인물관계가 깨끗하게 지워졌다. 그중 〈홍등기紅燈記〉에 등장하는 조손 3대에 걸친 혁명가들은 마지막에 그들이 혈연관계가 아니라는 사실이 밝혀진다. 그리고 "아버지는 너의 친아버지가 아니고, 할머니 역시 너의 친할머니가 아니"라는 대목이 나온다. 그런데 딸 톄메이鐵梅를 어머니 리위허李玉和가 낳았다면 리위허가 성적 행위를 했음을 쉽게 연상할 수 있다. 이러한 연상이 혁명가의 이미지 역시 훼손할 수 있다. 혁명과 성은 물과 불처럼 대립하는 듯하다.

오늘날 이러한 관념은 터무니없고 시대에 뒤떨어진 것으로 보인

---

* 문화대혁명 시기에 정립된 무대예술 작품, 양판희는 '모범극'이라고 번역되기도 한다.

다. 하지만 "지네는 죽어서도 꿈틀거린다"고, 어떤 관념이 역사에서 사라지는 것은 결코 쉬운 일이 아니다. 그것의 위력은 여전히 사회에 존재하며 콘돔에 관한 수많은 논쟁의 배후에도 숨어 있다. 우리가 일단 성은 나쁜 것이라는 낡은 관념을 돌려놓기만 하면 콘돔을 어떻게 처리해야 하는지와 같은 문제는 자연스럽게 해결될 수 있으며, 건강한 성 문화를 조성할 수 있다. 그리고 사람들의 몸은 강력한 보호를 받을 수 있게 되며, 그럼으로써 '터무니없는 관념이 현실적 이익에 문제가 되는' 비극을 피할 수 있고, 원하지 않는 임신과 성병과 에이즈가 중국에 퍼지는 것을 대폭 감소시킬 수 있다.

내가 보기에 콘돔을 반대하는 의견은 도덕적 징벌이라는 관점에서 나왔다. 이러한 관점의 핵심은 여전히 성 반대이다. 콘돔 사용을 홍보하면 섹스를 유도하고 장려하는 효과가 발생할 것이라고 걱정한다. 이러한 의견을 가진 사람들은 성은 나쁜 것이고 사람들에게 섹스를 장려하고 유도해서는 안 된다고 여기기 때문에 당연히 콘돔을 홍보해서는 안 된다고 본다. 그들 중에서 가장 극단적인 사람들은 성을 도덕적 징계를 받아야 하는 죄라고 생각한다.

이러한 극단적 관점을 엿볼 수 있는 경우가 바로 천주교회에서 성과 콘돔을 대하는 태도이다. 천주교가 막 탄생했을 때 성을 죄악으로 여겼고, 20세기 말에 전 세계가 소위 '에이즈 시대'에 들어섰을 때도 천주교는 여전히 성을 반대하는 입장을 고수했다. 천주교는 심지어 에이즈 때문에 제기된 '안전한 성'이라는 구호도 반대하면서, 금욕과 일부일처제가 에이즈 위기를 해결하는 방법이라고 주장했다. 한 천주교 신부는 자신이 실시한 조사에서 46퍼센트의 사람들이 '콘돔으로 에이즈를 예방하는 것은 잘못된 것'이라 공언했다. 많은 보수파 정치가가 에이즈 발생을 역사의 시계를 성혁명 이전 상태로 되돌릴 수 있는 좋은 기회로 본다. 그 당시 성은 억압과 비밀스러운 상태에 있었다. 천주교 우파들에게 에이즈는 '하느님의 징벌'이다. 인류의 성적 죄악을 벌한다는 것인데, 특히 동성애와 1960~70년대 성 해방에 대한 벌이다.

서양에서 성 해방파와 성 보수파는 줄곧 시간만 질질 끄는 투쟁을 하고 있다. 1960~70년대에는 성 해방파가 우위를 점했고, 1980년대부터는 성 보수파가 등장해 강력하게 회귀의 바람을 일으켰다. 보수적 관념이 되살아난 1980년대는 에이즈가 막 발견된 시기이다. 에이즈가 전 세계에 유행해 이중적으로 영향을 끼쳤다. 하나는 1960~70년대 성 관념을 전파시킨 것이고, 다른 하나는 새롭게 성적 불안을 가져온 것이다. 그중에서 가장 분명한 것은 동성애 공포증과 위선자적 관념의 회귀이다. 종교계와 우익 인사들은 성 해방에 대해 전면적인 반격을 가했는데 그 위세가 매우 드높았다. 예를 들어 1990년대 말 미국의 보수파 인사들은 가정의 가치를 거듭 부르짖었고, 수천수만 남성들이 '프로미스 키퍼스 운동'에 참여했다. 좋은 남편, 좋은 아버지가 되고 가정의 가치를 되돌려 전통적 가부장제에서 의미하는 좋은 남자가 되기로 약속한 것이다. 이 운동은 페미니즘의 강력한 공격을 받고 또 많은 자유주의 남성들에게 멸시를 받았지만 주목할 만한 사회적 움직임이었다고 생각한다.

보수파가 꿈꾸는 세계는 성혁명이 일어나기 전의 세계이다. 이러한 사회는 어떠할까? 성혁명이 일어나기 전의 전형적인 사회 형태로 아일랜드를 예로 들 수 있다. 그곳에서는 임신중지와 동성애가 지금까지도 불법이다. 이혼은 얼마 전에 합법화되었다.* 보수주의자 중에서 가장 극단적인 사람들은 성을 완전히 반대하고 죄악으로 여긴다. 극단적이지 않은 사람들 역시 성행위는 결혼 관계에서만 해야 하고, 결혼 형식 이외에 출산을 목적으로 하지 않는 모든 성행위는 여전히 탈선행위로 본다. 그래서 마땅히 에이즈와 같은 재난으로 벌을 받아야 한다는 것이다.

콘돔에 관한 논쟁에는 무시할 수 없는 전제가 하나 있다. 그것은 사람들이 콘돔을 사용하든 하지 않든 성생활을 하려고 한다는 점이다. 이는 인간의 의지로 바꿀 수 있는 것이 아니다. 자유주의자도 보수주의자도 이 점을 바꿀 수 없다. 그래서 자유주의자는 사랑하는 마음에서 '안 좋은 두 가지 중에서 해가 덜한 쪽을 택하자'고 주장할 수밖에 없다. 즉 성생활은 피할 수 없으니 최대한 '안전한 성'이 되도록 하자는 것이다.

보수주의자의 관점은 적대적 시각과 징계에서 나왔기 때문에 사람들이 안전하지 않은 성행위의 재난을 경험하면서 하느님의 벌을 받도록 하는 것이다. 콘돔과 관련된 문제에서 중국의 성 보수파와 서양의 성 보수파 그리고 천주교 우파는 대체적으로 의견이 같다. 그들은 차라리 사람들이 원치 않는 임신을 하기를 원하고 차라리 성병이 전염되기를 원하지, 사람들이 콘돔을 사용하기를 원하지 않는다. 임신과 성병이 그런 사람들을 벌하기를 바라지, 그들

---

* 아일랜드에서 동성결혼은 2015년에 합법화되었으며, 임신중지 전면 금지 법안은 2018년에 폐지되었다. 이혼은 1995년에 합법화되었지만 이혼하기까지 걸리는 기간이 최소 4년으로 지나치게 길고 절차가 복잡해 2019년에 국민투표에 부치기도 했다. 본 저서는 2014년에 출판되었기에 '지금까지 불법'이라는 표현을 썼다.

이 '어떠한 구속도 없이 법 밖에' 있기를 원하지 않는다. 나는 우리가 이 문제에서 사랑은 더 많이 하고 증오는 좀 더 줄여야 한다고 생각한다. 또 우파들과의 경계를 분명하게 그어야 한다고 생각한다.

성은 더 이상
사치가 아니다

　1840년 이후로 쇠약한 중국은 오랫동안 가난과 쇠약함이 쌓여 여러 면에서 서양에 뒤떨어졌다. 그리고 가난하고 병약하며, 몹시 고통스러운 모습으로 이 세계에 모습을 드러냈다. 이렇게 유구하고 풍부한 5000년 역사와 문화를 지닌 고대 문명국가에서 사람들은 너무나 고통스럽게, 너무나 빈곤하고 즐겁지 않게 생활했다. 인생은 짧은 몇십 년에 불과한데 사람들이 중국에서 태어났다는 이유로 고통스러운 생활을 한다는 사실이 참으로 가슴 아프다. 배불리 먹고 따뜻하게 생활하는 것조차 해결되지 않는 빈곤한 사회에서 성은 사치품이었다. 사람들은 성적 욕구에 대해 말조차 꺼낼 수 없었고 자신에게 성적 즐거움이 있는지 없는지 관심조차 갖지 않았다. 이것이 개혁개방정책 시행 전 30년 동안 성 문제가 사람들의 시야에 들어오지 않았던 이유이다.

　나에게 큰 자극을 준 사례가 하나 있다. 개혁개방 초기에 어느 평범한 중국 학자가 미국을 방문할 기회를 얻었다. 목적지는 미국 동부였는데 중국 사람들 사이에서 미국 서부에 위치한 도박의 도시 라스베이거스에서 끝내주게 야한 쇼를 한다는 것이 널리 알려

져서, 그는 얼마 안 되는 수입에서 말도 안 되는 큰돈을 들고 천 리 길도 마다하지 않고 쇼를 보러 달려갔다. 이 사례는 중국 사회가 얼마나 성을 억압했기에 사람들이 이런 황당한 일에 가치를 두게 되었는지를 보여 준다. 이 사례를 보며 나는 중국인이 너무나 불쌍하고 너무나 억압받으며 살고 있음을 뼈저리게 느꼈다. 이렇게 별것 아닌 욕망을 실현하려고 지구 반대쪽으로 달려가서 그렇게 큰 대가를 치르다니(그가 방문 학자였다는 것이 다행이다. 만일 간부였다면 그는 이 일로 비판받고 처벌받았어야 했다), 사람이 이렇게 사는 것이 조금은 측은하지 않은가?

축하할 만한 일은 상황이 변하고 있다는 것이다. 1980년대와 1990년대는 중국 역사에서 사회변혁이 가장 크고 빠른 20년이었다. 한 미국 학자의 통계에 따르면, 영국은 19세기에 1인당 국민소득이 2.5배 증가하기까지 거의 한 세기가 걸렸다. 미국에서는 1870년부터 1930년까지 60년 동안 1인당 국민소득이 3.5배 증가했으며, 일본에서는 1950년부터 1975년까지 25년간 1인당 국민소득이 6배 증가했다. 그런데 중국의 1인당 국민소득은 1979년부터 30여 년간 십수 배가 증가했으니 그 증가율이 가장 빠르다. 중국은 먹고사는 기본 생활을 해결하고, 나아가 부유해지기까지 다른 국가는 몇백 년 동안 갔던 길을 30년 만에 질주한 셈이다. 이 30년은 중국 역사에서뿐 아니라 유사 이래 한 대국이 발전, 변화하는 데 걸린 가장 짧은 기간일 것이다.

물질생활 수준의 큰 변화는 관념의 변천에 영향을 줄 수밖에 없다. 과거에는 먹고 자는 것과 안전이라는 기본욕구가 안정적으로 해결될 수 없었기 때문에 사치로 여겨졌던 성적 욕구가 지금은 사람들의 관심을 받을 수밖에 없게 되었다. 이러한 변화를 배경으로 성의 각 영역에서 중국인의 욕구는 중요한 의제가 되었고, 중국의 보통 사람들에게 쾌락은 더 이상 사치가 아니라 기대할 수 있고 다가갈 수 있는 목표가 되었다. 푸코는 정권교체가 꼭 혁명이라고 할 수 없고, 일반 국민의 칼로리 섭취량이 올라가는 것이 진정한 혁명적 변혁이라고 주장했다. 그의 관점에서 말하자면, 중국의 일반인의 삶에서 즐거움을 높이는 것이 이전의 소위 정치적 '대사건'들과 비교해 더 중요하고 더 혁명적이라고 할 수 있다.

중국인은 줄곧 '음식남녀(식욕과 성욕)는 인간의 커다란 욕망'이라고 믿어 왔다. 음식 문제를 해결하고 성적 욕구를 만족시킨 중국인은 즐겁고 질 좋은 삶을 누리게 될 것이다. 중국인은 100여 년간의 병약하고 고통스러운 상태를 내치고 건강하고 즐거운 모습으로 세계 앞에 모습을 드러낼 것이다.

중국에 있는 성인용품

최근 외국 기자 여러 명이 내게 질문했다. "어떻게 중국에서는 일반 상점에서 성인용품을 살 수 있지요?" 그들은 이 점을 매우 신기하게 생각했고 어떻게 평가해야 할지 난감해했다. 중국에서 성 해방이 일어나고 있는 것일까? 중국인이 서양화되었나? 중국 사회가 현대사회로 진입했나? 아니면 중국인의 도덕이 타락했나? 그들이 이렇게 묻는 이유는 무엇보다 중국에서 성인용품을 판매하는 방식이 서양 국가들과는 다르기 때문이다. 서양 국가에서는 일반적으로 성인용품 판매점이 도시의 특정 지역이나 거리에 집중되어 있다. 내가 미국 피츠버그에서 대학을 다닐 때, 도시 번화가에 그런 거리가 있었다. 성인 서점, 성인 영화관 등이 있었고, 각종 성인용품을 판매하는 가게가 있었다. 그곳은 한동안 장사가 아주 잘되었지만, 1980년대에 공화당이 집권하고 보수파의 세력이 되살아나면서 쇠락했다. 이 같은 사실은 서양에서 성은 어느 정도 정치성을 띤다는 것을 보여 준다. 급진파가 우세할 때 성은 일정 지위를 차지했지만, 보수파가 우위를 점했을 때는 달라졌다. 인구에 회자되는 "개인적인 것이 바로 정치적인 것이다"라는 페미니즘의 구호가 바로 이러한 사실을 가리킨다.

중국에서 성이 차지하는 지위는 서양과 다르다. 내가 보기에 이 차이는 주로 축적된 문화가 다른 데서 기인한다. 서양에서는 기독교가 사람들에게 성은 죄라는 관념을 불어넣었다. 그로 인해 성이 강한 정치성을 띠게 되었다. 계몽주의자들은 성을 구실 삼아 인간의 본성을 제창했고, 억압에 저항하는 사람들은 성을 구실 삼아 해방을 부르짖었다. 성을 구실 삼아 보수주의자들은 도덕을 수호했고, 진보를 거부하는 사람들은 자유를 탄압했다.

중국을 되돌아보면, 민간 문화에서는 줄곧 성을 음양이 화합하여 장수하게 만드는 자연의 이치로 보았다. 그래서 중국에서 성의 정치성은 서양 국가들처럼 그렇게 강렬하지 않다. 성인용품이 중국에서 보편화된 것 역시 격렬한 논쟁을 일으키지 않았다. 그래서 중국에서 성인용품은 다른 상품과 함께 진열되고 일반 상점에서 판매된다. 요즘은 대학 매점에서 콘돔을 팔고 버스에서 성인용품을 광고한다. 내가 보기에 이런 현상은 주로 상업적 동기에서 비롯되었지, 무슨 정치적 의미가 있지는 않다. 게다가 중국인의 성 문화와 성 관념은 바탕이 견고하기 때문에 거센 저항을 만나지도 않았다(비록 버스에서는 광고를 내렸지만 다른 곳에서 광고를 할 수 있었다. 반동 표어를 처리하는 방식과는 뚜렷하게 다르다).

다시 돌아가서 말하면, 중국에서 성이 정치성을 띠지 않는 것은 아니다. 푸코는 성은 어떤 권력도 가벼이 볼 수 없는 자원이라고 주장했다. 그가 주장한 바는 권력이 성을 이용해 사람을 통제할 수 있고, 성이 권력을 키우고 권력을 보호하는 자원으로 바뀔 수도 있다는 의미이다. 좀 더 분명하게 말하면, 권력은 성에 대한 통제를 통해 인간을 통제해 사람들에게 비교적 적은 자유를 허용함으로써 권력을 강화한다. 푸코의 사상은 깊이와 예리함으로 유명하다. 나는 그 속에서 우매한 인간을 깨우는 자유분방한 힘을 느꼈다. 만일 우리가 자유사상이 무엇인지 알고 싶다면 푸코를 보면 된다. 푸코의 관점을 빌려 중국에서 성이 차지하는 지위를 살펴보면 사상 해방운동으로 할 수 있는 일이 아주 많다고 느낀다. 많은 사람이 성이 자신의 권리(권력)라는 사실을 모르고 있다. 성인용품을 살 권리(물론 성인용품을 사지 않을 권리도 있다)가, 자신에게 성인 용품 광고를 볼 권리(물론 광고를 보지 않을 권리도 있다)가 있다는 것을 모르고 있다. 많은 사람이 개인적 삶의 공간을 소중히 여기고 쟁취해야 함을 모르고 있다.

동정에 대한 견해

최근, 쓰촨의 대학생 몇 명이 '동정 유지 선서'를 발표했다.[*] 그들의 관점은 오늘날 중국에서 이미 소수자의 관점이 되어 버렸다. 서양에도 그와 비슷한 선서를 한 사람들이 있는데, 그들은 더 극소수이다.

근 20년간 중국인의 여러 성 활동에서 나타난 가장 큰 변화는 아마도 혼전 성관계가 크게 증가하고 혼전 성행위 규범이 대폭 바뀐 일일 것이다. 내가 1989년에 베이징시에서 실시한 무작위 추출 조사에서 혼전 성관계를 했던 사람들은 조사 대상자 중 15.5퍼센트였다. 하지만 최근 실시한 조사 자료에 따르면 중년과 청년의 혼전 성관계 비율은 71퍼센트에 달했다. 이는 서양 성혁명 이후의 혼전 성관계 수준을 바짝 따라잡은 수치이다.

서양 국가의 혼전 성행위 규범과 관념은 현대화와 도시화 과정에서 거대한 변화를 겪었다. 혼전 성 경험은 각 나라에서 모두 증가했다. 이러한 변화는 갑자기 발생한 것이 아니라, 현대화 과정에서 서양 사회에 먼저 나타났다.

[*]　2008년 5월 7일에 발생한 일이다.

혼전 성행위 규범은 사회의 성 관념 변화를 반영하는 민감한 지표이다. 이러한 변화는 미국에서 매우 두드러졌다. 청소년의 혼전 성행위 발생률이 과거 100년 사이에 크게 높아졌다. 20세기 미국 사회에 대한 관찰은 청소년 혼전 성행위의 발생률 변화가 매우 분명하다는 사실을 보여 준다. '킨제이 보고서' 통계에 근거하면, 과거 혼전 성관계를 경험한 사람의 비율은 비교적 낮았고 혼전 성관계는 종종 결혼으로 이어졌다. 1900년 이전에 출생한 여성 중에서 8퍼센트만이 20세에 혼전 성행위를 경험했다. 1910년에서 1919년 사이에 태어난 여성들의 경우 20세에 혼전 성관계를 경험한 비율이 23퍼센트 증가해 과거의 3배가 되었다.

1948년 킨제이 보고서에서 90퍼센트의 남자들이 결혼 전에 여자 친구 또는 성매매 여성과 성교했다는 사실이 발표되었다. 결혼한 여성 중에는 50퍼센트가 혼전 성행위를 했다. 혼전 성행위와 교육 수준의 관계를 살펴보면, 여성의 경우 양의 상관관계(교육 수준이 높을수록 혼전 성관계가 많았다)이고 남성의 경우에는 음의 상관관계(교육 수준이 높을수록 혼전 성행위가 적었다)로 나타났다. 중학교 교육 수준의 여성 중 혼전 성관계를 경험한 비율은 30퍼센트였지만, 고등학교 교육 수준의 여성 중에는 47퍼센트, 대학원생 중에는 60퍼센트였다.

'킨제이 보고서' 발표 이후 수십 년 사이에, 미국의 혼전 성행위 비율은 큰 폭으로 증가했다. 15세 청소년 가운데 성행위를 경험한 사람이 6분의 1을 차지했고, 20세가 되었을 때는 70퍼센트, 결혼을 앞둔 여성과 남성 모두 4분의 3이 혼전 성 경험을 했다. 1974년 미국 전국 성인을 대상으로 한 조사에서는 25세까지의 남성 97퍼센트, 여성 81퍼센트가 혼전 성 경험이 있는 것으로 나타났다. 프랑스에서는 1972년 조사에서 29세까지의 남성 75퍼센트, 여성 55퍼센트가 혼전 성 경험이 있다고 답했다. 구서독의 1973년 통계에서는 21세까지의 미혼 대학생 중에서 남성 44퍼센트, 여성 33퍼센트가 혼전 성 경험을 했으며, 미혼 노동자 중에는 81퍼센트의 여성이 혼전 성 경험을 한 것으로 나타났다. 미국 잡지《사이콜로지투데이Psychology Today》에서 조사한 바에 따르면 이 잡지 여성 독자 중에서 78퍼센트가 혼전 성 경험이 있다고 공언했다.《플레이보이Playboy》는 1970년대 초에 기혼 여성을 대상으로 한 조사에서 55세 이상 연령의 사람들 중에 31퍼센트만이 혼전 성 경험을 했지만 조사 당시 젊은 연령층에서 혼전 성관계를 경험한 비율은 81퍼센트에 달한다고 밝혔다. 가장 극적인 수치는 스위스에서 나왔는데, 99퍼센트의 여성이 남성과 마찬가지로 결혼하기 전에 이미 성 경험을 했다.

많은 사람이 혼전 성관계를 경험함에 따라 결혼할 때 동정을 요구하는 문화에 큰 변화가 생겼다. 미국에서 행한 배우자 선택 기준 18가지에 대한 조사에서 1930년대에 동정의 중요성은 10위였다. 하지만, 1977년 여성 답변 중에는 17위였고(아래서 2위) 남성 답변 중에서는 18위였다(아래서 1위). 33개국에서 약 1만 명의 사람들을 조사한 바에 따르면 동정을 가장 중요하게 생각하는 나라는 중국, 인도, 인도네시아, 이란, 이스라엘이었으며, 동정을 중요하게 생각하지 않는 나라는 스위스, 노르웨이, 핀란드, 네덜란드, 독일, 프랑스였다. 미국 역시 동정을 중요하게 생각하지 않지만 그 정도가 북유럽 국가들보다는 못했다. 또 다른 조사에서는 반려자의 동정을 중요하게 생각하는 사람은 아시아인, 멕시코인, 중동인, 남아메리카인이며, 상대적으로 관용적인 사람들은 미국인, 벨기에인, 프랑스인, 스칸디나비아인으로 밝혀졌다. 심지어 어떤 사람들은 반려자의 동정을 결점이라고 여겼는데, 이유는 상대방이 매력적이지 않다는 증거이거나 상대방에게 성 경험이 없는 것이 염려스럽다는 이유였다. 만일 당대 중국의 혼전 성규범을 중국의 전통적 성도덕과 비교한다면 변화는 더욱 분명해질 것이다. 전통적인 성도덕은 혼전 성행위를 완전히 금할 뿐 아니라, 심지어 손을 잡고 키스를 하고 포옹을 하는 것도 전혀 허락하지 않았다. 결혼할 두 사람은 혼인 전에 어떤 접촉도 하지 않아야 하고, 심지어 완전히 모르는 관계가 제일 좋았다. 이러한 의미에서 나는 진정으로 혁명적 의미를 지닌 것은 혼전 성관계 비율의 상승이 아니라, 결혼 전에 일어나는 일반적인 육체적 접촉(손잡고 키스하고 포옹하고 애무하는 것 등)일지도 모른다고 생각한다. 왜냐하면 이런 행동이야말로 현재는 거의 모든 사람이 하고 있지만 과거에는 전혀 없었기 때문이다. 육체적 접촉이 현재는 완전히 허락되고 심지어 칭송받지만 과거에는 전혀 허락되지 않는 행동이었다. 진정한 성규범의 변천은 여기에서 발생했다. 이것이 진정한 혁명적 변혁이다.

간단히 정리해 보면, 혼전 성관계에 대한 세 가지 규범이 있다. 첫째는 전통적 성규범으로, 생식生殖을 성의 주요한 목적으로 삼는다. 그래서 혼전 성관계를 단호히 반대한다. 둘째는 낭만주의적 성규범으로, 사랑이 성의 주요한 목적이 되어야 한다는 주장이다. 그래서 혼자 마음대로 하는 성행위는 반대하지만, 당사자 간에 사랑이 싹터 일어나는 혼전 성행위는 받아들일 수 있다. 셋째는 자유주의적 성규범으로, 이런 성규범을 가진 사람들은 성이 인간의 권리이기에 의지에 따라 자신의 신체를 쓸 수 있다고 여긴다. 따라서 당사자 쌍방이 원하면 혼전 성행위는 가능하다. 현재 중국의 발전 추세로 보면, 우리는 첫 번째 규범에서 두 번째 규범을 거쳐 세 번째 규범으로 나아가고 있다. 달리 말하면, 전통적 성규범을 믿고 실천하는 사람들이 점점 줄고, 낭만주의적 성규범을 선택하는 사람들이 점점 늘고 있다. 마지막에는 자유주의적 성규범으로 발전하게 될 것이다.

혼전 성행위에 대해 긍정적인 사람들은 인간이 성적인 존재라는 의미에서 혼전 성행위가 생리적으로나 심리적으로나 건강에 도움이 된다고 여긴다. 왜냐하면 인간의 절실한 욕구를 성년기까지 미뤄 둘 수 없기 때문이다. 사춘기에 접어들고부터 성년이 되기까지는 대략 10년이 걸린다. 결혼이 아주 늦거나 결혼을 하지 않는 사람들이 있는데, 그들에게 동정을 지키라고 요구하기란 매우 어렵다. 현재 미국과 프랑스에서 독신자들은 인구의 약 4분의 1을 차지한다. 만일 그들에게 동정을 지키라고 요구한다면 완전히 비현실적인 요구이다. 혼전 성행위에 대한 사회규범이 얼마나 엄격하든지 간에 이러한 행위를 하는 사람들이 갈수록 증가한다면 규범은 바뀔 수밖에 없다. 과거에 사회규범을 위반한 것으로 여겨지던 혼전 성행위가 점차 사회규범으로 받아들여질 것이다. 많은 사회에서 이러한 수용을 내키지 않아 할지라도 말이다. 그래서 내가 보기에 쓰촨의 몇몇 대학생의 바람은 낡은 도덕이고 낡은 규범이 사라지기 전에 잠깐 반짝하는 일에 불과하다. 동정 관념이 약해지는 것은 피할 수 없게 되었다.

✦

광저우 여성의
'처녀성 상실'에 대해

《파즈완바오法制晚報》에서 내가 광저우 성문화 축제에서 "광저우
에 사는 젊은 여성의 혼전 성관계 비율이 86퍼센트에 달했다"라고
한 말이 틀렸다는 비판문을 게재했다.

비판문에서 말하기를, 내가 제시한 데이터가 '인터넷 조사 데이
터'라고 했다. 틀린 말이다. 나는 분명 인터넷에서 본 숫자를 인용
했지만, 이 숫자는 인터넷 조사에서 나온 것이 아니라, 가족계획 시
스템에서 지난 몇 년간 강압적으로 시행한 혼전 조사에서 나왔다.

또 비판문에서 말하기를, 86퍼센트는 "일부러 사람을 놀라게 하
려는 말이다"라고 했다. 역시 틀렸다. 86퍼센트는 놀라운 숫자이
지만 나는 있는 그대로 인용했을 뿐이다. 내 말이 사람들을 놀라게
한 것이 아니라 이 숫자 자체가 놀라운 것이다. 만일 당신이 충격
을 받았다면, 아마도 그것은 당신이 세상의 변화를 제대로 이해하
지 못하기 때문일 것이다.

비판문에서 "이 숫자는 절대다수의 광저우 여성을 가여운 위치
에 놓았다"고 했다. 이상한 말이다. 왜 혼전 성행위가 '가여운'가?
북유럽 국가에서 혼전 성행위 비율은 95~99퍼센트에 달하지만,

아무도 북유럽 사람들이 가엾다고 여기지 않는다. 그들은 너무 잘 살고 있지 않은가? 그들의 삶의 질은 우리보다 훨씬 높을 것이다.

최근 나는 '신랑문화新浪文化'라는 채널에서 정말로 인터넷 조사를 했다. 참가자가 3만 명을 넘었는데, 그 조사에서 혼전 성행위를 한 사람이 80퍼센트 이상이었다. 이것은 정말 인터넷 조사이고, 나는 인용할 때 사실대로 설명할 것이다.

인터넷 조사에서 쉽게 발생할 수 있는 시스템 오차의 원인이 몇 가지 있다. 첫째, 비교적 평균연령이 젊다. 둘째, 비교적 평균 교육 수준이 높다. 셋째, 비교적 평균 사회경제적 지위가 높다(최소한 인터넷을 할 수 있어야 한다). 이러한 편차는 당연히 고려되어야 한다. 이 모든 요소를 고려하고 나니 '혼전 성행위를 한 중국인이 80퍼센트 이상'이라는 결론을 내릴 수 없게 되었다. 중년과 노년을 더하고 교육 수준이 낮은 사람들을 더하고, 사회경제적 지위가 낮은 사람들을 더하면 비율이 낮아지기 때문이다. 어쩌면 많이 낮아질지도 모른다. 2012년 청화대학에서 실시한 무작위 표본조사에서는 현재 혼전 성행위 비율이 71퍼센트로 나타났다.

하지만 설사 이렇다 할지라도, 광저우는 성 관념이 비교적 개방적인 대도시로, 젊은 여성 중 혼전 성행위를 경험한 비율이 86퍼센트에 달하는 것은 분명 가능하다. 광저우가 성적으로 좀 더 개방되었다고 말하는 데는 증거가 있다. 2005년 광저우에서 성 문화 축제가 열렸는데, 당시 전국 거의 모든 도시에서는 열린 적이 없다. 하지만 나는 이 때문에 광저우 여성들이 아주 '가엾다'고 여기지 않는다. 오히려 다른 도시의 여성들이 약간 '가엾다'고 느낀다.

중국인의 처녀 콤플렉스

최근 몇 년간 중국인의 '처녀 콤플렉스'를 보여 주는 사건이 반복해서 일어났다. 관료가 처녀를 성 매수했다는 보도가 많아지면서 사람들은 머리털이 곤두서는 분노를 느끼고 있다.

몇 년 전에 쓰촨의 모 대학 여학생이 '청춘무결점소녀단' 결성을 부르짖으며 결혼할 때까지 순결을 지키겠다고 맹세했다. 근래에 우한의 모 고등교육기관의 한 여학생이 정절 사이트를 만들어 모든 사람이 23세까지 동정을 지키자고 호소했다. 어떤 여성은 38세인데도 처녀라는 병원 증명서를 인터넷사이트에 공개했다. 어느 곳에서는 혼전 검사를 실시할 때 여성이 처녀인지 아닌지 검사하는 항목이 갑자기 추가되었다. 어느 유명 대학에서는 혼전 순결 교육을 해서 논쟁을 일으켰다. 미국 기독교 우파는 일부 지방정부와 계약을 체결해 중국의 열한 개 성시省市에서 혼전 순결 교육을 진행하기로 했는데, 미국에서는 이를 기념비적 사건이라며 크게 보도했다. 각 지역에서 상업적으로 운영되는 처녀막재생술 업소가 빈번하게 발견되고 있다. 가장 황당한 뉴스는 어느 지방의 부련에서 여성에게 도움을 주는 활동에 무료 처녀막재생술이 있었다는 것이다. 몇 년 전에 전국부련에서 실시한 조사에서 정절과 생명 가운데 무엇이 더 중요한지를 묻는 문항에 72퍼센트의 농촌 여성이 정절이 생명보다 더 중요하다고 응답했다. 몇 년 전만 해도, 신혼인 남편이 아내가 처녀가 아니라는 사실을 알게 되면 십중팔구는 혼인을 깼을 것이다. 혼전 성 경험이 71퍼센트에 달하는 오늘날에도 여전히 많은 남성이 반려자가 될 사람이 처녀인지 아닌지를 마음에 두고 있다. 일부 부유한 사람들은 더더욱 구혼 상대로 처녀를 둘도 없는 선택으로 본다.

이러한 현상은 현대인의 마음속에 처녀 콤플렉스가 여전히 남아 있으며, 가슴을 졸이게 하는 문제임을 말해 준다. 그 원인은 분명 전통문화와 관습이다. 중국의 수천 년, 특히 최근 1000년(송대부터) 역사에서 혼전 정절은 사람들이 보편적으로 신봉하는 관념이며 엄격하게 시행되던 사회적 관습이었다. 세계 각국의 전통문화 가운데 중국처럼 정절을 강조하는 곳은 드물다. 국가가 직접 은밀한 개인의 영역을 칭찬하는(국가에서 표창하고, 역사서에 기록하고, 정절 패방牌坊*을 만드는) 방식은 고금을 통틀어 어느 곳에서도 찾아보기 어렵고, 그것의 엄청난 영향력과 사람들 마음에 내재화된 정도는 견줄 데가 없다.

오늘날 중국에서는 동정 관념이 흔들리기 시작했고, 혼전 성행위가 크게 증가했다. 혼전 성행위는 불과 10~20년 사이에 극소수 사람의 탈선행위에서 많은 사람의 일반적 행동으로 바뀌었다. 그렇게 된 데에는 네 가지 주요 원인이 있다고 생각한다.

먼저, 성 활동의 목적이 바뀌었다. 전통문화에서 성 활동의 주요

---

* 효자나 절부節婦 등을 표창하기 위해 마을 입구에 세운 문짝 없는 문 형식의 건축물.

목적(만일 유일한 목적이 아니라면)은 대를 잇는 것이었다. 출산은 성행위의 가장 정당하고 유일한 이유로 여겨졌다. 하지만 1970년대부터 가족계획이 널리 시행되면서, 출산은 점점 성의 목적에서 중요하지 않은 것으로 바뀌었다. 출산만이 목적이라면 그 후에 더 이상 성행위를 하지 말아야 하는데 대부분은 그렇게 할 수 없었다. 그러다 보니 성의 목적이 출산에서 쾌락으로 바뀌었다. 성 목적의 이러한 변화로 인해 혼전에 동정을 지켜야 하는 절대적 이유가 사라졌다.

둘째, 사춘기가 앞당겨지고 법정 결혼연령이 늦추어져서 그 사이에 대략 10년의 기간이 생겨 혼전 성행위에 대한 요구가 강해졌다. 이는 고대 전통사회에서는 없던 문제이다. 당시 사람들의 사춘기는 현대인보다 늦었고, 법정 결혼연령은 보통 15세 전후였다. 그래서 혼전에 동정을 지키는 것이 보편적으로 가능했다.

셋째, 현대인의 성 권리의식이 전에 없이 높아졌다. 자신의 신체를 마음대로 할 수 있으며 그럴 권리가 있다는 의식이 생겨났다. 그리고 자신의 신체로 쾌락을 추구할 수 있다고 생각하게 되었다.

마지막으로, 전통 정조 관념은 여성에게만 일방적으로 강요되었지 남성에게는 강력하게 요구되지 않았다. 하지만 현대사회에서 여권이 신장되고 성평등이 빠르게 이루어지면서 여성에게만 적용되는 일방적인 정조 요구는 점점 더 시대에 맞지 않게 되었고, 점점 더 많은 여성이 그런 요구를 무시하고 있다.

결론적으로, 중국인이 처녀 콤플렉스에 얼마나 사로잡혀 있든지, 얼마나 미련을 가지며 걱정하든지 간에 이 관습과 관련해서는 이미 대세가 기울었고, 대세를 되돌리려는 모든 시도는 점점 더 황당하고 우스워질 뿐이다. 1000년 된 관습이 점차 사라지는 것을 탄식하는 만큼, 새로운 사회 관습과 행위규범을 좀 더 너그럽고 긍정적으로 이해하고 받아들일 수는 없을까?

아득히 사라지는 정절 패방

안후이성의 농촌에 명성이 자자한 '패방촌'이 하나 있다. 보슬비가 부슬부슬 내리는 날 나는 우산을 쓰고 정절 패방 일곱 개가 나란히 이어져 있는 푸른 돌길을 천천히 거닐었다. 그 패방이 세워졌을 몇백 년 전으로 거슬러 올라가 생각하니 참으로 감개무량했다.

무엇보다 공권력이 개인 생활에 얼마나 깊숙이 들어왔고 얼마나 두루 간섭했는지 탄식을 할 수밖에 없었다. 세계 어떤 국가와 정부도 중국 봉건왕조처럼 농촌 여성이 수절하는지 아니면 재가하는지와 같은, 전적으로 사생활 영역에 속하는 소소한 문제에 관심을 두지 않았을 것이다. 이와 같은 표창이 사회 관습과 인간의 관념에 얼마나 광범위한 영향을 미쳤을까 생각하니 또다시 탄식이 나왔다. 중국에 천지개벽하는 변화가 일어나 군주제가 무너지고 한 세기가 지나고 나서, 중국이 가난하고 쇠약하고 늙은 제국에서 세계 제2의 경제대국으로 변신한 이후에, 사회생활 전면이 현대화 과정으로 진입한 이후에도, 그러한 영향은 여전히 사람들 마음속에 깊이 새겨져 있고 현대 중국인의 사유를 지배하고 있다.

얼마 전에 중국 농촌 여성을 대상으로 한 조사에서 전통적 정조 관념이 여전히 만연한 것으로 밝혀졌다. 조사에서 '여자의 정조가 생명보다 중요하다'는 가치관을 제시하고 조사 대상자들의 의견을 물으니, 동의한다는 여성이 뜻밖에도 72.37퍼센트라는 높은 비율을 차지했다. 동의하지 않는 사람은 27.63퍼센트에 불과했다. 이 수치는 '여자가 성매매를 강요당하자 건물에서 뛰어내려 자진하여 정조를 지켰다'라는 뉴스가 종종 보도되는 이유를 설명해 준다. 그들의 생사 선택, 언론의 긍정적 보도, 부련의 위문 포상, 이런 것들은 모두 정조가 생명보다 중함을 보여 주는 증거이다.

하지만 중국이 현대화로 진입한 이후, 사람들의 행동 방식에는 이미 심각한 변화가 일어났다. 이 변화로 인해 발생한 관념은 인간 생명의 가치를 정조보다 위에 올려놓았다. 최근 조사에 근거하면 중국의 혼전 성행위 비율은 초혼인 사람들 사이에서 이미 70퍼센트를 넘는다. 이는 젊은 사람들이 전통적인 정조 관념을 버리고 있음을 보여 준다. 일반 도시의 젊은 사람들 중에는 혼전 정절을 비교적 중요하게 여기는 사람도, 비교적 가볍게 보는 사람도 있지만 이미 많은 사람이 혼전 성행위는 대단한 죄가 아니라고 여기고 있다. 그것은 도덕과 관계없는 개인적 선택일 뿐이다. 혼전 성행위는 젊은 미혼 여성들 사이에서 이미 70퍼센트를 차지하기 때문에 남성이 배우자를 선택할 때는 어쩔 수 없이 이 현실을 받아들여야만 한다. 만일 처녀를 찾고자 고집한다면 배우자 선택 범위는 70퍼센트 줄어든다.

정조 관념은 전통 성 관념에서 가장 전형적인 관념 중 하나이다. 동서양을 막론하고 종교 교의이든 세속적 행위규범이든 모두 혼전 정절과 혼인의 정조를 매우 강조한다. 전통의 힘이 너무나 단단하기 때문에 사람들의 행위와 의식에 미치는 전통의 영향이 클 수밖에 없다. 하지만 1989년 미국에서 실시한 어느 조사에서 과거 몇십 년간 '남녀 관계에 깜짝 놀랄 만한 변화가 일어났다'고 밝혀졌다. 이러한 변화는 주로 정조 관념의 변화에서 나타났고, 그중에서도 여자의 성행위와 태도 변화가 남자보다 훨씬 두드러졌다. 미국의 9학년 학생 중에서 섹스를 경험한 남학생은 48.7퍼센트이고 여학생은 31.9퍼센트였다. 12학년 학생 중에서 섹스 경험이 있는 남학생은 76.3퍼센트이고 여학생은 66.6퍼센트였다.

2005년 듀렉스가 실시한 인터넷 조사에 따르면 세계 각국에서 처음 성행위를 하는 평균연령은 17.3세였다. 젊은 세대가 처음 성관계를 하는 평균연령은 이전 세대보다 낮아졌다. 16~20세의 청소년 중에서 처음 성관계를 하는 평균연령은 16.3세이다. 여학생이 성과 관련해서 남학생보다 좀 더 적극적이다. 전 세계에서 아이슬란드인이 처음 성행위를 하는 평균연령이 가장 어리고(15.6세), 그다음이 독일인(15.9세)이다. 인도인이 처음 성관계를 하는 평균연령이 가장 늦다(19.8세). 중국인이 처음 성경험을 하는 평균연령은 18.3세이다. 첫 성 경험을 하는 연령으로 볼 때 절대다수가 혼전 성행위이다. 혼전에 동정을 지키는 사람은 이미 소수이고 대부분은 지키지 않는다.

보슬비 속에서 적막하고 쓸쓸한 패방을 바라보며 나는 생각했다, 우리 마음속에 있는 정절 패방은 아득히 사라지고 있구나.

✦

'소년 거세' 사건이
보여 준 문제

보도에 따르면 푸젠성 취안저우시 안시현에 17세 남자아이가 음경이 자주, 때로는 대낮에 공공장소에서도 발기해서 부끄럽고, 그런 자신이 너무 싫어서 집에서 칼로 자신의 음경을 뿌리까지 절단해 버렸다고 한다. 푸젠의대 부속 제2병원(취안저우) 비뇨기과 의사가 10시간 넘게 수술해 이식에 성공했고, 환자는 생명의 위험에서 벗어났다. 감염이 발생하지 않는다면 회복할 것이다(《하이샤다오바오海峽導報》 2012년 11월 5일).

이런 일이 21세기 중국에서 벌어지다니 정말 놀라움을 금할 수 없었다. 이 사건은 두 가지 문제를 제기한다. 하나는 성교육의 부족이고, 또 하나는 성을 반대하고 금욕하는 사회 분위기이다.

성교육은 현재 중국에서 추진하기가 매우 어렵다. 교육부에서 전국에 공문을 내려보내 성교육을 실시하라고 했지만, 저항이 강하고 성교육을 중시하는 사람이 없다. 대부분 학교에는 성교육을 다루는 교재도, 수업 시간도, 교사도 없는 실정이다. 나는 성교육을 제대로 실시하려면 반드시 평가 제도와 평가 지표를 마련해야 한다고 생각한다. 예를 들어 어느 학교에서 어린 여자아이가 임신하는 일이 생기면 성교육 평가에서 불합격 판정을 하고 학교 측의 직무 유기 책임을 따져야 한다(과거에 이런 일이 벌어졌을 때 학교는 책임을 추궁당하지 않고 오히려 임신한 학생을 제명하곤 했다. 참으로 황당하기 그지없다).

사람은 청소년기에 가장 순진하다. 청소년은 감수성이 풍부해서 자신의 행동에 대한 주위의 평가를 민감하게 받아들인다. 어떻게 인간의 자연스러운 생리적 반응이 그토록 강렬한 수치심을 불러일으킬 수 있을까? 이는 성과 관련해 우리 사회에 조성된 분위기가 어떠한지를 반영한다. 니체는 성에 대한 기독교의 시각을 꼬집어 비판하고, 성을 반대하고 욕망을 억압하는 당시 사회 분위기를 비판했다. 하지만 우리 사회의 문제는 인간의 성욕을 폄하하고 부정하는 세속적 관념이다. 인간의 성욕을 비열하고 상스러운 동물성으로 폄하한다. 인간의 성욕을 인간의 자연적 특징으로 보지 않고, 사랑과 아름다움의 훌륭한 범주로 보는 것은 더더욱 아니다.

순진한 소년이 들었던 그 칼이 현재 성교육 상황과 사회의 성 분위기에 대한 우리의 깊은 반성을 이끌어 내야 한다.

누드모델 소란

   류하이쑤劉海粟*가 1914년 상하이미술전문학교에서 인체 스케치 수업을 개설했던 때부터 21세기에 탕자리湯加麗**가 누드사진집을 낼 때까지, 미술계의 누드모델 사건은 중국을 100년 가까이 시끄럽게 했다. 거의 한 세기가 지났는데도 아직 이 일은 분명하게 정리되지 않았다. 가장 재미있는 것은 누드모델 사건 때문에 마오쩌둥毛澤東 주석이 의견을 두 번이나 내야 하는 번거로움을 감수했고(1965년과 1967년), 대학 예술과에 재학 중인 학생들이 스케치 작품을 다른 사람에게 보여 주어서 체포당하기도 했으며(1983년), 한 모델이 가족을 만나러 고향에 갔다가 마을 사람들에게 괴롭힘을 당해 미쳐 버린 일도 있었다(1986년)는 것이다. 21세기를 사는 여성 모델들은 날마다 눈물로 세수하고 있다(탕자리는 "어떻게 스트레스를 푸느냐"는 기자의 질문에 "울어요! 다 울고 나면 조금 진정이 되죠, 진정되고 나면 다시 울어요"라고 대답했다).
   나는 탕자리에게 진정으로 말해 주고 싶다. "울지 말아요, 울어

---

*   중국 근현대 시기의 화가. 1914년 상해미술아카데미 교과과정에 누드모델을 세워 수업하고 드로잉 50점을 전시해 큰 풍파를 일으켰다.
**   1976년생으로 2002년 중국 최초로 상업용 개인 사진 누드집을 발행한 무용가.

야 할 사람은 그들이에요. 울어야 할 사람은 모델을 핍박해 미쳐 버리게 만든 우매한 마을 사람들이에요. 그리고 무고한 대학생을 체포한 경찰들이고, 인터넷에서 당신에게 욕을 퍼부은 천박한 네티즌이며 '음탕하기에 음탕한 것만 보이는' '봉건'의 잔당이에요!"

인체가 그렇게 두려운가? 그렇게 추하고 더럽고 외설스러운가? 왜 인체는 아름다우면 안 되는가? 속담에 이르기를 같은 물건이라도 어진 사람에게는 어진 것만 보이고 지혜로운 자에게는 지혜로운 것만 보인다고 했는데 한 구절을 덧붙여야겠다. 음탕한 사람에게는 음탕한 것만 보인다. 전문 사진사가 촬영한 아름다움으로 충만한 인체 예술사진 한 장에서 보통 사람들은 아름다움을 보지만, 마음이 어두운 사람들은 아름다움을 보지 못하고 음란한 것만 본다. 그들은 그래서 부끄럽고, 그래서 떳떳하지 못하고, 그래서 분노한다. 작품 자체가 고상하지 않다고 말할 수는 없다. 단지 보는 사람이 고상하지 않고 심지어 마음이 음험하고 천박하고 왜곡되었으며 변태적이라고 말할 수 있을 뿐이다.

철학자 루소는 성은 먹는 것과 같이 인간의 자연스러운 욕구이기 때문에 건강을 보호할 목적이 아니면 성에 대한 구속은 전혀 필요 없다고 보았다. 중국인들 역시 줄곧 음식남녀(식욕과 성욕)는 인간의 가장 큰 욕망이라고 굳게 믿어 왔다. 음식 문제를 해결하고 또 성의 욕구를 만족시킨 중국인은 즐거운 사람일 것이다. 눈, 코, 입, 귀와 같은 감각기관으로 느끼는 단순한 감각의 즐거움으로 만족한 중국인은 한 걸음 더 나아가 정신적 즐거움을 추구할 테고, 즐겁고 질 높은 삶을 누릴 수 있을 것이다. 중국인은 약 100년간의 병약하고 힘겨웠던 모습을 떨쳐 버리고 건강하고 즐거운 모습으로 세계 앞에 나타날 것이다. 탕자리 사건으로 인해 이 점에 대해 약간 비관적으로 생각하게 되었지만, 총체적으로 보아 중국인의 즐거운 삶에 대해 나는 낙관적 기대를 하고 있다. 나는 누드모델 사건을 보는 대다수 중국인의 관점이 나와 비슷하다고 믿는다. 이것이 내가 낙관하는 근거이다.

누드 해변 논란

최근 어떤 사람이 하이난에 누드 해변을 조성하자는 건의를 했다. 이전에 없던 일이 제기되면 매번 그렇듯이 사람들은 자연스럽게 찬성파와 반대파로 나뉘었다.

반대 의견은 주로 풍속을 생각하는 입장으로 누드 해변이 조성되면 풍속을 해친다는 것이다. 나는 풍속은 시간과 공간에 따라 변한다는 관점을 사람들이 이해하기 바란다. 신체의 노출 정도를 예로 들 수 있다. 1950년대에 미국 경찰은 해변에서 비키니를 입은 사람들을 잡아갔다. 풍속을 해쳤다는 이유였다. 지금은 중국 사람들도 비키니를 입는다. 유럽의 풍속 기준은 줄곧 세계에서 가장 개방적이었다. 미국보다도 개방적이다. 1986년 내가 유럽 여행을 할 때 프랑스 니스에 있는 누드 해변을 가 보았다. 분위기가 매우 평온했고 자연스러웠다. 깜짝 놀라는 사람도 없고, 음란하고 타락해서 풍속을 해친다는 느낌도 받지 못했다.

누드 해변은 분명 중국의 국민 정서에 맞지 않는다. 신체 노출 정도에 대한 중국인의 시각은 미국인보다 많이 엄격하고 유럽인보다 고지식하다. 그래서 일단 누드 해변이 조성되면 문화충격이 서양보다 훨씬 더 클 것이다. 서양에서 누드를 좋아하지 않는 사람이 나체로 수영하는 사람을 본다면 약간 난감하고 불편한 느낌을 받겠지만, 중국인은 아마도 충격을 받고 참기 힘들어할 것이다. 서양 문화에서 나체 수영이 하찮은 충격이라면, 중국에서는 사회 관습을 전복시키는 듯한 충격이다.

문화 변천이라는 차원에서 나는 중국에서 누드 해변이 등장하는 것도 아주 불가능하지는 않다고 생각한다. 다만 저항이 서양 사회에서보다 훨씬 클 것이다. 중국 여성들이 전족을 안 한 지도 몇 년 되지 않았다. 깊은 산골에서는 아직도 전족을 한 여인을 찾을 수 있다. 전족을 한 여인, 웃을 때 이를 드러내지 않는 여인, 바깥출입을 하지 않는 여인에서 나체 수영을 하거나 나체 수영을 용인하는 여인으로 변화하는 그 폭은 정말로 크다. 남자 역시 마찬가지이다. 변발을 늘어뜨린 남자와 나체 수영하는 남자 사이의 간극은 말할 수 없이 크다. 우리의 나약한 정신이 감당할 수 있을지 나는 아직 확신할 수 없다.

나체 허용 여부는 무엇보다 문화의 문제라고 생각한다. 서양 문화에서는 나체를 수용하는 정도가 매우 높지만 중국 문화에서는 비교적 낮다. 단지 그뿐이지 법률과 도덕 문제와는 관계없다.

법률 차원에서 보면, 중국에는 나체 운동을 금지하는「형법」조문이 없다. 오히려「헌법」의 신체 자유에 관한 조항은 사람들이 나체로 수영할 권리가 있다는 근거가 될 수 있다. 중국은 오랜 시간 법치法治가 아닌 인치人治에 의존했던 국가이기 때문에, 법치 질서에 익숙하지 않아 법치에 대해 사람들이 오해하는 것이 있다. 다시 말해 사람들은 법률에서 해도 된다고 규정하는 것만 할 수 있다고 생각한다. 하지만 법치국가의 사람들은 법률에서 금지한다고 명문화하지 않은 것은 무엇이든 할 수 있다는 생각에 익숙해 있다. 우리나라 법률에서 분명하게 나체 수영을 금지하지 않으니 공민들은 나체로 수영할 권리가 있다.

도덕 차원에서 보면, 나체 수영이 도를 넘는 것도 아니다. 우리는 수영복을 입고 수영해야만 도덕적이고 수영복을 입지 않고 수영하는 것은 부도덕하다고 여길 수 없다. 누군가의 호불호가 사회 도덕의 절대적 기준이 되어서는 안 된다. 누구는 나체를 추하다고 여기고, 또 누구는 아름답다고 여긴다. 이 두 부류의 호불호가 나체 운동의 도덕성을 따지는 기준이 되어서는 안 된다. 일반적으로 말해 도덕의 가장 중요한 기준은 남을 해치지 않는 것이다. 나체 운동은 결코 다른 사람을 다치게 하지 않는다. 따라서 그것이 도덕적이지 않다고 말해서는 안 된다. 한마디로, 나체 수영에 대한 판단은 도덕과 무관하다.

문화 차원에서 말하면 우리가 신체 노출에 비교적 조심스럽기는 했지만(당나라 때 무지개 치마와 깃털 윗옷을 입고 추었던 '예상우의무霓裳羽衣舞'는 예외이다) 이제 우리에게도 문화 다원론적 아량이 필요하다. 설사 99퍼센트의 사람들이 좋아하지 않더라도 1퍼센트 사람들의 선택을 존중해야만 한다. 그들은 그런 선택을 할 권리가 있기 때문이다.

'염조문' 사건 평론

한동안 인터넷을 잘 보지 않았는데, 그제 한 기자가 방문해 홍콩 '염조문 사건'*에 관한 이야기를 들려주었다. 듣자 하니 지금 수백만 네티즌이 새로운 사진이 나오기를 목이 빠져라 기다리고 있고, 홍콩에서는 이틀 전에 경찰이 잡아간 사람을 석방하라고 요구하는 시위가 벌어졌다고 한다. 새로운 사진이 또 나왔으니 그 이전에 잡아간 사람이 최초 제공자가 아님이 증명되었다는 것이다.

이 사건은 남의 사생활을 폭로한 것으로, 사진을 맨 처음 공개한 사람은 법에 따라 처벌받아야 한다. 또 경찰은 사진 찍힌 사람이 모두 원해서 촬영했는지를 조사하고 있다는데, 만일 원하지 않았다면 사진 찍은 사람은 범죄자가 될 수 있다. 하지만 모두 스스로 원했다면 위법은 아니다.

이 사건에서 가장 재미있는 것은 네티즌의 심리인데, 그 면면을 나는 이렇게 생각한다.

첫째는 오락적 즐거움, 단순한 기쁨이다. 마치 카니발에서 경험

---

* 2008년에 홍콩의 연예인 천관시陳冠希가 찍은 여러 명의 여성 연예인 누드 사진이 유출된 사건.

하는 느낌과 같다.

둘째는 유명한 사람들의 사생활을 엿보는 즐거움으로, 모든 황색언론에서 유명인의 스캔들을 추적해 대중을 만족시키려는 것도 같은 맥락이다.

셋째는 스타의 부정적인 면을 추적하려는 심리이다. 지금까지 사람들은 스타의 밝은 면만 보았다. 유출된 사진 속 한 여성은 혼전 성관계를 반대하고 혼전 순결을 지켜야 한다고 공개적으로 주장했었다. 하지만 사진이 유출되면서 제대로 변명도 못하고 입장이 약간 난처하다고 한다. 네티즌은 그 사람의 본모습을 끄집어냈다며 쾌감을 느끼고 있다.

이 사건으로 드러난 법적, 사회적 문제가 있다.

첫째, 혼전 성행위가 일반인이 생각하는 것보다 널리 퍼져 있고, 동정 관념은 매우 희박하다.

둘째, 성 파트너가 여러 명인 사람이 늘고 있고 사람들이 그런 현상에 놀라지도 않는다. 사건 당사자인 천관시는 성 파트너의 수가 7명도 넘지만, 중국인의 평생 관계를 갖는 성 파트너의 수는 세계에서 끝에서 두 번째로 약 1.3명이다. 분명 증가하는 추세이긴 하지만 말이다.

셋째, 중국 대륙의 「형법」에는 집단 음란죄가 있다. 세 명 이상의 집단 성행위는 모두 이 죄에 속한다. 듣기에는 영상물에 제3의 인물이 현장에 있었다는 증거가 있다는데, 당사자는 손에 땀을 쥐고 있을 것이다. 다행히 홍콩에는 이 법률이 없지만 중국 대륙법에 따라 제3의 인물이 확인되면 그는 감옥에 가야만 한다. 아주 위험하다.

위 세 문제에서 중국의 집단 음란죄가 다소 낡았고 다수의 생각

변화를 따라가지 못하고 있음이 드러난다.

거기에 더해 중국의 음란물 관련 법률 역시 크나큰 도전을 맞았다. 인터넷상의 선정적 내용이 이 법을 유명무실하게 만들었다. 기술적인 면에서 근본적으로 불가능하지만 이 같은 최신 인터넷 기술로 인한 폭발적인 흐름에 대응하기 위해서 끊임없이 금지하려는 노력을 해야 할까, 아니면 음란물을 전면 금지하는 법률을 등급별 관리(주로 연령대로 나누어 관리하는 것)로 바꿔야 할까?

무지는 힘?

인생살이란 무지에서 앎으로 나아가는 과정이다. 이 점에 대해서는 특별히 말할 거리가 없다. 하지만 인위적 요인 때문에 어떤 일에 무지하다면, 즉 누군가 의식적이든 무의식적이든 어떤 일에 대해 사람들이 무지하도록 만들었거나 그것을 이해하는 시기를 일부러 늦추었다면, 이는 비교적 거론할 만한 일이다. 성이 전형적인 사례이다. 과거 몇십 년 동안 우리 사회는 성에 심각하게 무지한 상황에 처해 있었다. 성에 대한 무지는 성의 생리에 대한 일반적인 무지, 성행위에 대한 무지, 성 쾌락에 대한 무지, 그리고 성행위와 출산의 관계에 대한 무지 등등을 포함한다.

내가 취재한 한 중년 여성은 성에 무지했던 젊은 시절을 생생한 사례를 들어 이야기해 주었다. "난 그때 아이가 어떻게 생기는지 전혀 몰랐어요. 정자가 벼룩이나 이처럼 여기저기 뛰어다니는 줄 알았어요. 그래서 내가 생산부대*에 갔을 때 남학생 옷 위에 내 옷이나 이불을 겹쳐서 널 생각을 할 수 없었어요. 정자가 묻을까 봐

---

* '생산건설병단生産建設兵團'을 지칭하는 것으로, 중화인민공화국 성립 이후 변방을 공고히 하고 경제발전을 도모할 목적으로 변경 지역 개척을 위해 조직된 생산대이다.

두려웠거든요. 그런 생각이 더 분명해진 사건이 있었어요. 그때 비교적 나이가 어린 베이징 지식청년이 있었어요. 그는 아주 순수했어요. 그런데 어찌 된 일인지 점점 배가 불러 왔고 사람들이 모두 그가 나쁘다고 말했어요. 그에게 '남자와 관계가 있었냐'고 물었지요. 그는 '관계가 있다가 무슨 말이에요?'라고 말했죠. 그는 남학생과 같은 빨랫줄에 이불을 말린 적이 있다고만 인정했어요. 나는 그때 정말로 그렇게 임신이 된다고 생각했죠. 나중에 그는 병원에서 검사받고 자궁 종양을 발견했지만 평판이 이미 나빠졌고 그의 어머니는 생산부대 지도자를 찾아가 항의했어요. 난 이 사건에 대해 듣고는 '도대체 사람은 어떻게 임신할까?' 하고 궁금해졌죠. 감히 이 문제를 남에게 물어보지도 못하고 마음속 깊이 숨겨 둘 수밖에 없었어요."

성의 무지가 순결의 상징이고 사람들이 자랑스러워할 만한 일이던 시절이 있었다. 그 시절에 성에 대해 지식이 있다는 것은 반대로 부끄러운 일이었다. 1974년 내가 대학에서 역사학을 공부할 때 한번은 같은 숙소의 여학생들이 '내시'에 대해 떠들어 댔다. 한 여학생이 나에게 내시가 무엇인지 알았냐고 물었고 나는 알고 있었다고 답했다. 그런데 그 학생은 아주 자랑스럽게 "난 내시가 무엇인지 몰랐어!"라고 말했다. 그 말은 그가 나보다 더 순수하다는 의미였다. 나는 지금도 내시에 대해 남보다 좀 더 일찍 알고 있었기 때문에 느꼈던 부끄러움과 난처함을 기억하고 있다. 여기서 주목할 것은, 우리가 역사를 공부하는 대학생들이었다는 사실이다! 이 일에 담긴 의미는, 한 사회 혹은 한 시기에 사람들이 어떤 지식(사물에 대한 지식이든)을 부끄럽게 여긴다면 그 사회 혹은 그 시기 사람들의 합리성에 대해서는 희망을 가질 수 없다는 것이다. 이런 사회를 조지 오웰George Orwell은 소설 『1984』에서 예리한 한마디로 정리했다. "전쟁은 평화이고, 자유는 예속이고, 무지는 힘이다."

중국의 금욕주의

중국인이 성에 대해 상당히 개방적이고 긍정적 태도를 지녀 왔음을 수많은 고서적에서 알 수 있다. 비록 청조 때부터(일설에 따르면 송조 때부터) 대중이 성을 은밀하고 사적인 일로 여겨 공공장소에서 성을 이야기하지 않았지만, '식색성야(食色性也, 식욕과 성욕은 인간의 본성이다)'를 깊이 믿는 중국인에게 성은 인간의 몸과 마음을 즐겁게 하고 수명을 연장할 수 있는 활동이다. 중국의 전통적 성 관념에 따르면, 정력을 헤프게 쓰지 않는다면 성의 영역에서 어떤 행위도 받아들일 수 있다. 중국 문화에서 성은 두려운 일이 아니며 또 죄도 아니다. 그것은 건강과 인륜人倫에 도움을 주기 때문에 자연스러운 것이다.

이처럼 중국 고대에는 성에 대해 죄의식이 없고 성을 자연스러운 것으로 보았는데 왜 현대 중국의 성은 비정상적인 억압에 빠져들게 되었을까? 왜 성에 대해 어떤 편견도 없던 사회가 '성을 이야기하면 얼굴색이 변하는' 사회로 변했을까? 왜 모든 출판물에 대한 검열과 자기검열이 전대미문인 정도가 된 것일까? 고대와는 다르게 현대 중국에서 성이 달라졌다는 말인가? 자연스러운 것에서 흉악한 것으로 변한 것일까?

이에 대해 세 가지로 설명할 수 있다. 첫째는 중국 고대 성 관념의 변화이고, 둘째는 공산당 창립 초기부터 이어져 내려온 금욕주의 경향이다. 셋째는 중국 문화에 고유한 성을 수치스럽게 여기는 (성을 죄악으로 여기는 것은 아니다) 관념이다.

일부 전문가들은 중국인의 성 관념이 한결같지 않았고 또 현대의 성 관념이 고대처럼 자유롭고 순박하지는 않다고 생각한다. 성을 억압하는 방향으로 크게 변했고, 청대에 특히 그러했다. 하지만 롼팡푸阮芳賦*가 제기한 전환 시간표에 따르면 변화의 시기는 훨씬 앞당겨진다. 그는 성에 대한 중국인의 태도가 5000년 역사 중 4000년 동안에는 기본적으로 긍정적이었지만, 1000년 전(960년에 세워진 송宋부터)에 변화하기 시작해, 점점 부정적이고 억압적으로 변했다고 설명한다.

중국 사회의 성 분위기를 바꾼 두 번째 중요한 요인은 공산당의 금욕주의적 경향이다. 처음에 이상을 품고 모이는 여느 당파 집단처럼 공산당은 창립 초기에 도덕적 힘을 매우 강조했다. 공산당은 엄격한 성규범을 선택했고, 혁명가 집단에는 더욱 엄격한 금욕적 경향이 있었다.

에드거 스노Edgar Snow는 『중국의 붉은 별』**에서 많은 홍군 전사가 동정이었으며 농가의 여성들을 매우 존중했다고 한다. 왜냐하

---

* 중국인 최초 성과학 관련 박사. 2010년에 '독일의 사회-과학 성 연구회German Society for Social-Scientific Sexual Research'가 수여하는 '마그누스 히르슈펠트 메달Magnus Hirschfeld Medal'을 받기도 했다. '세계화인성학자협회世界華人性學家協會 (WACS)'의 창립인이다.

** 에드거 스노 지음, 신홍범·홍수원·안양노 옮김, 『중국의 붉은 별』, 두레, 2013.

면 홍군의 규율이 매우 엄격했기 때문이다. 군관은 모두 첩을 두지 않았고 애인도 없었다. 만일 홍군 사병이 여성을 임신시켰다면 그는 그녀와 결혼할 책임이 있었다. "혁명군은 항상 지나칠 정도로 마음을 깨끗하게 하고 욕망을 억제하는 경향이 있었다."

재키 스테이시Jackie Stacey*는 중국 여성에 대한 전문 연구서에서 중국공산당의 성도덕에 대해 논했다. 그는 "공산당의 가족정책에서 두드러진 특징은 엄격한 성도덕을 부르짖었다는 점이다. (…) 혁명 시기에 중국공산당원은 결코 빅토리아시대 사람들이 아니었지만, 그들은 한결같이 성생활을 결혼 생활 안에서만 해야 하다고 주장했다. 그리고 사회적 책임을 들먹이며 성생활을 간섭하는 것을 용납하지 않았다.** 혁명 시기 내내 적들은 늘 공산당을 성도덕이 타락한 집단으로 묘사했다. 하지만 우리는 중국공산당이 이러한 비난에 대해 오히려 당시의 일반적인 기준보다 더 엄격한 성규범을 자신들에게 적용하는 것으로 대응했음을 알고 있다. (…) 부녀자를 범하는 것을 범죄행위로 규정하고 사병들의 성충동을 억누르려고 군대 차원에서 의식적으로 노력했다."

공산당의 전통적인 영향 외에도, 성 관념을 수치스러워하는 중국 문화의 고유한 사상이 사라지지 않고 여전히 사람을 억압하는 영향력을 행사하고 있다. 중국인에게 성은 고상하지 않고 부적절한 일이어서 행할 수는 있되 말해서는 안 되는 것이었다. 이는 완전한 금욕을 의미하지는 않지만 욕망의 절제와 금욕은 상당히 일

---

* 맨체스터대학 교수로 페미니즘 영화이론가이다.
** 예를 들어 대를 잇는 사회적 책임을 위해 첩을 들이는 등의 행위.

치하는 면이 있다. 최근 몇십 년 사이에 예전 혁명 단체의 '절욕주의'가 중국 사회의 고유한 절욕 관념과 융합되어 중국의 성 현상을 만들어 냈다.

금욕주의의 연원은 그리스인 제논Zenon으로 거슬러 올라간다. 제논이 기원전 315년에 제창한 금욕주의는 감정적 파동을 억누름으로써 개인적 즐거움과 고통을 문제 삼지 않는 것과 인내로 얻은 정결함을 최고의 선행이자 아름다운 일이라고 보는 사상이다. 기독교의 금욕주의 사상가들은 육체는 내적 죄악의 증거이고, 여성의 몸과 남성의 하반신은 악마의 걸작이며, 성욕의 만족은 '몸을 굽혀 독극물을 시험'하는 것이라고 보았다. 또 결혼은 '생명의 오염이자 부식腐蝕'이고, 성교는 구역질이 날 정도로 더럽고 타락한 행위이며 떳떳하지 못하고 깨끗하지 못하고 수치스러운 일이라고 여겼다.

금욕주의가 유행한 시기와 지역 그리고 문화에는 차이가 있다. 영국 빅토리아시대에 여성은 두 부류로 구분되었다. 한 부류는 사람들의 존중을 받고 결혼을 준비하는 숙녀들이고, 또 한 부류는 '나쁜 여자'로서 하녀와 노동자계급에 속한 여성들이다. 전자는 정결하고 성적이지 않지만, 후자는 성적이지만 정결하지 않다. 그 시대에는 여성의 생리적 특징을 표현하지 못하도록 하는 언어적 금기가 아주 많았다. 누구는 여행기에 이러한 내용을 기록했다. 당시에 체면을 중시하는 계층에서는 심지어 피아노 다리도 투박한 천으로 가려 놓았으며, 닭고기를 먹을 때 '다리'나 '가슴'이라고 말해서는 안 되고 '검은 고기'나 '흰 고기'라고만 말할 수 있었다. 또 '임신'은 '조금 특별한 기분이 든다'라고 말해야 했으며, 여자 환자는

의사의 진료실에서 옷을 벗고 진료받을 수 없었고 의사가 준비해
둔 인체 모형에서 자신의 아픈 부위를 가리켜야 했다.

일부 광기 어린 금욕주의자들은 매독 예방을 반대하거나 이러
한 질병을 효과적으로 치료하게 될 미래에 대한 우려를 드러냈다.
그런 치료가 성적 자유를 더욱 신장할 것을 걱정했기 때문이다. 지
금 에이즈가 동성애에 대한 징벌이라고 여기는 사람들이 있듯이
과거에도 매독이 성적 자유에 대한 징벌이라고 믿는 사람들이 있
었다. 사실 질병은 질병이다. 어떤 사람들에게만 내리는 하느님의
고의적 징벌은 아닐 것이다. 만일 질병이 징벌이라면 하느님은 인
류의 많은 고통과 죽음에 책임을 져야 한다. 내 생각에 하느님이
그런 책임을 흔쾌히 지실 것 같지는 않다.

인간은 세상에서 자살을 선택할 수 있는 거의 유일한 동물이다.
백해무익해 보이는 일일지라도 그것을 선택하는 사람이 있다. 누
구는 매독에 걸리기를 감수하고, 누구는 동성애를 하려 하며, 누구
는 성 파트너를 여러 명 두기를 원하고, 또 누구는 자살을 원한다.
어떤 질병이 어떤 사람들에게 내리는 징벌이라는 공연한 잔소리
를 하기보다 질병을 감수하는 사람은 병에 걸리게 놔두고 치료를
원하는 사람은 치료해 주는 것이 낫다.

서양 금욕주의는 기독교문화의 전통일 뿐이다. 동양 문화는 성에
대해 비교적 자연스러운 태도를 취할 수 있다고 본다. 고대 이집트
에서도 성을 쾌락의 원천으로 보았기에 사회적인 성 금기가 거의 없
었고, 사람들은 성에 대해 태연자약하고 조금도 공포심을 느끼지 않
았다. 고대 극동 문명에서는 인류의 성 활동을 마음껏 누렸다. 일본
과 중국에는 성 활동을 솔직하게 그린 그림책이 많았고 사람들은 성

에 대해 죄의식을 거의 갖지 않았다. 그래서 동양 사람들은 오늘날 서양 사람들이 보기에 '정상적이고 행복한 사람들'이었다.

그런데 이러한 상황이 근현대에 이르러 크게, 완전히 반대로 변화했다. 서양은 성 해방의 방향으로, 중국은 금욕주의 방향으로 변화했다. 물론 중국의 금욕주의는 결코 종교적 색채를 띠지 않는다. 그것은 순결에 대한 이데올로기적 의도에서 비롯한 세속적인 금욕주의이다.

중국의 상황은 표면적으로 보면 푸코가 고대 중국에서 받은 인상과는 크게 차이가 난다. '성'의 이미지는 한동안 문학, 영화, 희극, 가곡, 미술 심지어 시에서도 남김없이 사라졌다. 성 연구와 교육 역시 전혀 이루어지지 않았다. 이 시기(문화대혁명 시기) 사회 분위기를 나타내는 전형적 사례로 '혁명 양판희' 〈홍등기〉를 들 수 있다. 이 양판희에서 한 가족이라고 여겨졌던 삼대가 혈연관계가 아니라는 사실이 마지막에 밝혀지고, 혁명 동지의 관계와 전우의 고아를 양육하는 관계만 남는다.

이러한 분위기는 사회 각 방면에서 나타났다. 심지어 당시의 복식에도 드러난다. 어느 서양 연구자가 1974년 중국을 방문했을 때 받은 인상은 이랬다.

중국 옷과 장신구의 특징은 성별을 고의로 드러내지 않는다는 점이다. (…) 중화인민공화국에서 인간의 성행위는 금기의 영역이었다. 극단적으로 조심스러웠던 청대淸代의 전통이 혁명 담론 속으로 결합되어 들어갔지만, 국가의 금욕주의와 어긋나는 청대의 방탕한 하위문화는 포함되지 않았다. 매음은 재현되지 않았고 성병은 효과적으로 통제되었다. 동성애와 수음은 공개적으로 이야기되지 않았고, 사춘기와 청년기의 성관계는 장려되지 않았다. 하지만 이러한 관계가 발생했다는 이야기는 때때로 들려왔다.

한마디로, 이 시기 사회 분위기의 주된 특징은 금욕주의이다. 그 근원은 성리학과 20세기 중국식 혁명 이데올로기이다.

근 몇십 년 사이에 중국의 성 문화는 점점 정상 궤도로 돌아왔다. 소위 '정상 궤도'라는 표현에는 두 가지 함의가 있다. 하나는 원초적 순박함으로 돌아갔다는 의미로, 고대 중국의 건강한 성 문화로 돌아갔다는 뜻이다. 둘째는 현대, 심지어 포스트모던적 성 관념과 접목된 것으로, 사람들이 다시 성에 대한 평상심을 되찾았을 뿐 아니라 다원적이고 자유로운 성 관념을 받아들이게 되었다는 뜻이다. 새로운 성 관념에 따라, 인류는 성에 대한 모든 죄악감과 양심의 가책에서 벗어나고, 모든 왜곡에서 벗어나 풍부하고 다채로운 성적 즐거움을 자유롭게 누리게 될 것이다.

〈버자이너 모놀로그〉
상연 금지에 대해

문화산업에 종사하는 한 친구가 중국 성性학회의 의뢰를 받아 우한시에서 성 박람회를 기획하게 되었다. 박람회에서 그녀는 연극 〈버자이너 모놀로그The Vagina Monologues〉 공연을 준비했고 나에게 이 연극의 배경을 소개해 달라고 할 생각이었다.

〈버자이너 모놀로그〉는 서양 페미니즘 예술가가 창작한 연극으로, 자신의 신체에 대한 여성의 인식을 일깨우는 동시에 여성 신체를 존중하도록 사람들을 각성시키는 것이 주제이다. 연극에서는 여성의 신체 기관이 겪은 긍정적이거나 부정적인 온갖 경험을 언급한다. 이 연극은 서양 각국에서 큰 파문을 일으켰다. 내 기억이 틀리지 않는다면 유명 스타 수전 서랜던Susan Sarandon과 우피 골드버그Whoopi Goldberg 등이 이 모노드라마에 출연했을 것이다. 하지만 젠더 관념(성평등)과 성 관념(성을 긍정적으로 평가하고 여성에 대한 남성의 성폭력을 반대)에 대한 날카로운 시각이 담긴 이 연극이 중국에서 상연되는 데는 어려움이 겹겹이었다.

내가 아는 바에 따르면 이 극은 상하이에서 근거 없는 이유로 처음 상연 금지를 당했고, 이어서 베이징 어느 극장에서는 표를 예약 판매한 상황에서 상연 금지를 당했다(수익금은 성평등 사업에 기부할 예정이었다). 내 분석에 따르면 상연 금지의 원인이 성평등 반대는 아니다. 왜냐하면 성평등은 중국 국가정책으로 「헌법」에 명시되어 있기 때문이다. 원인은 아마도 '버자이너(질)'라는 단어가 들어간 연극 제목이 자극적이기 때문일 것이다.

성리학이 주류 이데올로기를 지배한 이래로 '모든 악에서 음란함이 으뜸'이라는 비이성적인 관념이 점차 사람들 마음에 스며들어 '성을 이야기하면 얼굴색이 변하는' 지경에 이르렀다. 21세기가 되었는데, 우리는 아직도 이러한 소재를 언급할 수 없다. 〈버자이너 모놀로그〉를 상연 금지한 것이 그 증거로, 우리의 성 관념은 여전히 1000년 이전의 수준에 머물러 있음이 증명되었다. 중국이 조금씩 나아가긴 해도 아직 가야 할 길이 아득하다. 중국의 성 연구자가 맡은 책임이 무겁고 갈 길이 아직 멀다.

이 세계에서 가장 왜곡된 관념은 바로 성을 죄라고 여기는 것이다. 하지만 이것에 대해 몇 가지 의문이 든다.

첫째, 성욕은 식욕과 마찬가지로 인간의 기본적 욕구인데 무슨 죄가 있을까?

둘째, 인간은 동물인데, 왜 '동물'이라는 단어를 욕하는 말로 여기는가? 식욕이나 성욕처럼 인간의 몸에 있는 약간의 동물적 특성은 본능이지 죄가 아니다.

셋째, 인간과 동물의 차이는 정신적 추구에 있다. 인간의 정신적 추구와 생리적 추구는 모순되지 않는다. 인간의 정신적 추구가 생리적 욕구를 죄로 만들 수는 없다.

넷째, 인간은 성욕을 만족시키기 위해 성병에 걸릴 수도 있다

(보호 조치가 충분하지 않은 상황이라면). 이것은 결코 성을 죄로 만들지 않는다. 마치 인간이 식욕을 만족시키기 위해 병에 걸릴 수도 있지만(예를 들어 간염이나 심혈관질환 등) 밥이 죄가 될 수 없는 것과 마찬가지이다.

많은 종교에서 성을 죄로 여긴다. 하지만 나는 그렇게 생각하지 않는다. 중국에서 성이 처한 현실에 대한 나의 시각은 '어쩔 수 없다'(설사 성이 죄라고 해도 사람들이 이 죄를 지으려고 하니 나도 어쩔 수 없다)는 것이 아니며, '관찰'(너희가 어떻게 죄를 지었고 어떻게 타락했는지 나는 봤어)만 하려는 것도 아니다. 나는 사람들의 성적 행위는 근본적으로 죄가 아니라고 생각한다. 나는 '관찰'할 뿐 아니라 용감하게 '성은 죄가 아니다'라는 생각을 말하고자 한다. 모든 사람이 성욕과 식욕만 있고 정신적 추구는 없는 동물로 변하기를 희망하기 때문이 아니고, 모두가 성병에 걸리기를 바라서가 아니다. 모두가 태어나면서부터 지닌 성욕에 대해 느끼는 죄악감을 없애고 이 왜곡된 관념을 바꿔 짧은 인생을 좀 더 즐겁게 살기를 바라기 때문이다.

조용한 '성혁명'

　해외 유학생이 최근에 발표된 어떤 글에 대해 언급한 편지를 한 통 받았다. 편지에서 그는 영국 의학계의 권위 있는 잡지 《랜싯 Lancet》을 인용해 지금 중국에서 일어나는 몇 가지 현상을 평론했다. "매독을 예로 들면, 1993년 중국 대륙에서의 발병률이 10만 명당 0.2명에 불과했지만 1999년에는 6.5명까지 증가했다. 선천적인 매독 발병률 역시 늘고 있다. 1990년대 초에 중국 대륙에서 영아 10만 명당 선천적 매독 발병률은 0.01명에 불과했지만 2005년에는 19.68명으로 증가했다. 놀랍게도 매년 증가율이 72퍼센트에 달했다." "정말 걱정스러운 것은 중국 대륙의 성적 문란함이 젊은 세대에게 심각한 영향을 미치고 있다는 점이다. 여전히 많은 중국인이 '서양 사람들이 성적으로 더 개방적'이라고 생각하지만, 중국을 방문한 많은 외국인과 화교는 중국이 사실 가장 개방적인 나라임을, 특히 성적으로 개방적이라는 사실을 발견한다. 2004년에 나온, 이와 비슷한 사회조사 보고서에 따르면 상당히 많은 청소년이 성적 모험을 감행하며 금지된 열매를 처음 맛보는 연령이 갈수록 낮아진다고 한다. 그중 많은 사람이 학교에서는 좋은 학생이고, 부모 앞에서는 착한 아이이다." 조사 보고서는 또 그중 많은 사람이 성관계를 할 때 피임 기구를 사용하지 않았으며, 여학생은 인공유산을 반복하는 것을 전혀 개의치 않았다고 밝혔다. 로이터통신이 2007년 1월 12일 중국 정부에서 나온 통계를 인용한 것에 따르면, 중국에서는 매년 전국에서 여성 약 200만 명이 인공유산을 하며 그중 '4분의 1이 미성년'이라고 한다.

당대 중국인의 성 관념이 매우 크고 빠르게 변화한다는 점은 주목할 만한 일이다. 1989년 내가 베이징시에서 실시한 무작위 추출 조사에서 혼전 성행위 발생률은 조사 대상자의 15퍼센트에 불과했고, 그중 상당수는 성관계 상대가 결혼을 약속한 고정 파트너라고 답했다. 하지만 2012년 조사에서는 혼전 성행위 비율이 71퍼센트까지 올라갔다. 이에 근거해 나는 중국에서 조용한 성혁명이 일어났다고 판단했다. 이 혁명은 침실에서 조용히 일어났다. 사람들이 거리로 나가 시위를 하지 않았지만 행동 방식에서부터 관념에 이르기까지 격렬한 혁명적 변화가 생겨난 것이다.

이러한 변화된 국면을 어떻게 대해야 할까? 다수의 사람들은 걱정하고 탄식할 뿐 아무것도 하지 않는다. 소수의 사람들은 1949년 중국 혁명 승리 이전으로 돌아가기를 바란다. 예를 들어 혼전 동정 관념을 선전하고 혼전 순결 교육을 진행하며 '청춘무결점소녀단'을 만들자고 주장한다. 아쉽게도 효과는 미미하다. 관계 기관에서는 '타조 정책'*을 더 많이 사용한다. 보이지 않으면 깨끗하다고 여기는 것이다. 이것이 바로 중학교와 초등학교에서 성교육을 추진하기 어렵고 효과가 미미한 원인이다.

* 눈 가리고 아웅 하는 식의 일시적인 정책.

나는 청소년들에게 과학적 성교육을 진행하는 북유럽 국가들처럼 진지하고 보편적인 성교육을 통해 소녀들의 임신을 100퍼센트 예방하는 목표를 달성하자고 강력하게 외친다. 그 나라들에서 혼전 성행위 비율이 95~99퍼센트에 달하는데도 혼전 임신과 성병 전염의 위험을 최저치로 낮출 수 있는 것은 전문가가 인증한 과학적이고 대중적인 성교육 때문이다. 사실 이것은 어려운 일이 아니다. 현재의 보건교육에 성행위와 성 관념을 추가하면 된다. 만일 관련 기관에서 적극적으로 이 일을 하지 않는다면, 청소년의 혼전 성행위를 근본적으로 통제할 수 없는 '타조 정책'으로 인해 청소년의 몸과 마음에 커다란 상처를 주게 될 것이다.

성이라는 관점에서 오늘날 중국은 1950년대 말과 1960년대 초 미국의 상태라고 생각한다. 바로 성혁명의 초기 단계이다.

첫 번째 징조로 동성애 술집이 각 도시에 나타났다. 두 번째 징조로 혼전 성행위 비율이 15퍼센트에서 71퍼센트로 급격히 늘었다(연령대가 낮을수록 비율이 높아진다). 세 번째 징조, 혼인 이외 여러 형식의 성관계가 크게 증가한다.

장기적 억압에서 벗어난 이후, 성 해방이 막 일어날 때 사람들은 기쁨에 들떠서 모든 것을 가벼이 여기곤 한다. 이 에이즈 시대에는 사람들의 목숨을 빼앗는 이 불치병이 대다수 사람이 가졌던 낙관적 정서에 이미 어두운 그림자를 드리웠다. 그래서 나는 중국의 성혁명은 시기를 잘못 만났다고 말한다.

'모두가 기쁨에 젖어 다시 찾은 성 권리와 성 자유를 누릴 때 병을 예방하는 것은 제발 잊지 마세요. 그러지 않으면 즐거움의 끝에 슬픔이 있습니다'라고 사람들에게 상기시키지 않을 수 없다.

성의 죄와 잘못

성은 인류의 타고난 권리, 천부인권이다. 한 중국의 성인은 일찍이 '식색성야'라고 했다. 밥을 먹는 것과 성생활을 하는 것은 인간의 본성에 속한다는 의미이다. 현대의 인권 담론을 빌려 말하면, 성은 모든 사람이 태어나면서 부여받은 인간의 권리이다. 그래서 각 나라의 「헌법」에 '인간에게는 밥을 먹을 권리가 있다'는 조문을 쓸 필요가 전혀 없듯이 '인간에게는 성적인 권리가 있다'는 조문도 쓸 필요가 없다. 이 권리는 인신 자유의 권리에 포함되어 있다.

인생은 자유롭지만 구속이 없는 곳은 어디에도 없다. 모든 문명사회에서나 어느 정도는 인류의 성행위를 통제했다. 성을 전혀 통제하지 않았던 사회와 시대는 없다. 이러한 통제가 성에 대한 인류의 관점을 세 유형으로 나누어 놓았다. 첫 번째는 죄라는 것이고, 두 번째는 잘못이라는 것이며, 세 번째는 죄도 아니고 잘못도 아니라는 것이다.

사회와 시대마다 성범죄에 대한 규정은 다르다. 예를 들어 어떤 사회에서는 동성애자 사이에서 일어났든 이성애자 사이에서 일어났든 항문성교를 징벌한다. 간통법이 시행되는 사회에서는 혼외성관계를 징벌한다. 시대의 발전과 사회의 진보에 따라 성범죄에 관한 규정은 점점 느슨해지는 추세이다. 현대화가 된 사회에서는 이미 강간, 혼인빙자간음, 외설 행위 등 강요로 이루어졌거나 타인에게 해를 끼치는 행위만 성범죄로 취급한다. 성년 사이에 자원해서 벌이는 모든 사적인 성행위는 더 이상 범죄로 여기지 않는다. 이러한 현대사회의 기준에 따르면 법의 처벌을 받지 않는 성행위에 항문성교, 간통, 동성애 등이 있다.

범죄라고 할 수는 없지만 잘못된 행동에 속하는 성행위가 있다. 그중에서 가장 대표적인 것이 바로 간통이다. 간통법이 사라진 사회에서 또는 시대에 간통은 더 이상 법적 제재를 받지 않는다. 하지만 혼인 관계에서 지켜야 할 도덕과 혼인 관계에 충실하겠다는 맹세를 위반했기 때문에 이러한 행위에 대해 배우자 쌍방이 따로 약속하지 않았다면 도덕적으로 잘못이라고 할 수 있다. 비록 혼인 관계에 들어선 자연인은 여전히 성적 권리를 포함하여 미혼자들이 지닌 모든 권리를 지니고 있기는 하지만, 혼인 관계 이외의 사람과 마음대로 성관계를 맺어서는 안 된다. 혼인 관계에 들어섰다고 해서 배우자 이외의 제삼자와 성관계를 할 수 있는 권리를 상실하는 것은 아니다. 「형법」을 따라도 역시 누가 배우자 외의 제삼자와 성관계를 했다고 징벌할 수는 없다. 하지만 간통은 분명 혼인의 맹세를 위반한 잘못이고 파경에 이르는 등 나쁜 결과를 낳을 수 있어서 잘못된 것이다.

소위 '쌍방이 따로 약속한다'는 것은 배우자 쌍방의 사전 동의 아래 제삼자와 성행위를 한다는 의미이다. 예를 들면 배우자 교환과 폴리아모리(다자간 연애)의 성행위가 있다. 배우자 교환은 배우자 쌍방이 동의한 혼외 성행위이다. 사전 동의를 했기 때문에 혼인 서약을 위반하지 않는다. 폴리아모리는 서양 사회에서 세기의 전환기에 새로 일어난 인간관계로, 배우자 쌍방이 제삼자가 한 명 혹은 그 이상, 그들의 혼인 관계 안으로 들어오는 것을 미리 허락하는 것으로 성립된다. 서로 화목하게 지내며 애정을 나누고 성관계도 한다. 이러한 관계 역시 혼인 서약을 위반하지 않는다.

마지막으로, 현대사회에서 죄도 아니고 잘못도 없다고 인정하는 성행위가 있다. 그것은 결혼하지 않은 성년들 사이에서 발생하며 쌍방 혹은 여럿이 스스로 원해서 하는 성행위이다. 그중에서 비교적 전형적인 것이 동성의 성행위와 비혼자들 사이의 성행위이다. 사적 장소에서 하는 동성 성행위는, 비록 많은 이성애자가 이해하지 못하지만, 누구의 권리도 해치지 않고 누구도 다치게 하지 않기 때문에 법률이나 도덕에 저촉되지도 않는다. 비혼자들 사이의 성행위와 비혼자들 사이에서 발생하는 '하룻밤 정사'식의 성행위 역시 이러한 범주에 속한다. 보통 '하룻밤 정사'는 성과 사랑을 분리한 성관계이기 때문에 대부분 사람이 여기에 반감이 크다. 하지만 반감은 반감일 뿐이다. '하룻밤 정사'는 사실 죄도 아니고 잘못도 아니다. 현대사회에는 이런 형태의 인간관계가 점점 더 늘어나는 추세이다.

정리하면, 사회 문명의 진보로 인해 성적 행위규범은 점점 더 느슨해지고, 범죄와 잘못으로 규정되는 성행위는 점점 더 적어질 것이다.

✦
'하류사회'를 위한 변호

나는 종종 내 연구 영역으로 인해 마음에 갈등이 생기곤 한다. 어쩔 수 없이 '하류사회'를 변호할 때 그렇다.

얼마 전 신문에서 음란 사이트 검색에 벌금을 부과하느냐 마느냐에 대한 논쟁을 보았다. 음란 사이트에서 선정적 내용을 검색하고 내려받았다가 경찰에 발각되어 벌금을 문 사람이 있는데, 누구는 벌금을 내는 것이 맞다고 하고, 누구는 벌금을 내는 것이 옳지 않다고 주장했다. 벌금을 내지 말아야 한다고 주장하는 사람은 '산시 포르노 사건'*을 인용했는데, 그 사건 역시 당시에 전국적으로 큰 논쟁을 일으켰다. 그 사건은 경찰이 예를 갖춰 사과하고 공민이 집에서 포르노를 볼 권리가 있다고 결론 내는 것으로 마무리되었다.

---

* 2002년 8월 18일에 장린張林 부부가 집에서 포르노를 보다 잠이 들었다가 밤중에 제복 입은 공안(경찰)들에게 잡혀가는 일이 발생했다. 이들은 밤 11시경 장린 부부의 침실로 곧장 들어가 두 사람을 체포하고 텔레비전과 비디오기기를 가져갔다. 이틀 후 이 사건이 신문에 실리면서 많은 법학자, 변호사, 법관, 검찰, 경찰 등 관계자들의 의견이 분분했고 전국적으로 '공권력과 사생활 보호권의 관계 및 그 한계'에 대해 많은 토론이 벌어졌다. 결국 11월 검찰에서 '사실이 불명확하고 증거가 불충분하다'는 이유로 장린의 체포를 불허했고, 12월 중국 공안이 정식으로 사과하고 2만 9137위안(한화 약 500만 원)을 보상금으로 지불했다.

이 사건에 대한 사람들의 의견은 대부분 벌금을 내지 말아야 한다는 것이었다. 즉 공민에게 음란 사이트를 검색할 권리가 있다는 말이다. 인터넷 음란 사이트는 무수히 많고 전 세계 수십억 네티즌이 날마다 검색하고 내려받고 있다. 그러니 모든 사람에게 벌금을 부과하면 아무도 내지 않을 것이다. 그러자면 전 세계의 모든 경찰은 다른 일을 할 수 없을 것이다. 이 일만으로도 1년 치 업무량을 초과하기 때문이다. 두 번째는 모든 사람에게 1위안씩만 벌금을 부과해도 수십억 위안인데, 이 사건에는 1000위안이 넘는 벌금이 부과되었다. 이 기준을 엄격하게 집행한다면 국가는 벌금 수입만으로도 국민총생산의 몇 배를 벌게 된다. 그러므로 이러한 조치는 부당하고 황당하다.

　　나의 고통은 어쩔 수 없이 '하류사회'의 기본권리를 변호할 수밖에 없지만 속으로는 매우 역겨워한다는 데 있다.

　　한 사회에서 살더라도 하류사회의 사람들은 상대적으로 물질과 육체를 중시하고, 상류사회의 사람들은 상대적으로 정신과 영혼을 중시한다. 하류사회의 사람들은 기본적으로 식욕과 성욕 두 가지를 추구하지만, 상류사회는 비교적 절제하고 온화하고 우아하며, 금욕적이다. 최소한 그다지 노골적이지는 않다. 음란물 소비와 성매매는 기본적으로 하류사회의 소비 방식이다. 물론 고대에는 달랐을 것이다. 당시의 청루(기생집) 문화는 매우 고상했다. 가야금과 바둑, 서예와 그림이 있고 시를 짓고 읊었기에 하류사회에서는 누릴 수 없었다. 지금은 다르다. 성매매는 기본적으로 빈곤의 문제이다. 성 노동자들은 대부분 사회 하류층 출신이고 성병과 에이즈, 더럽고 위험한 환경에 노출되어 있다. 상류사회 사람들은 그런 것들을 피하고 두려워한다.

물론 성적 지향의 문제는 별도로 논해야 한다. 동성애의 계급적 특징은 분명하지 않고(하지만 사회 상류층으로 갈수록 수용 정도가 높다), 사도마조히즘은 세계적으로 상류사회, 적어도 중산계층 이상의 오락 방식이다. 노동자계급과 하류사회의 사람들은 이러한 놀이를 좋아하지 않는다. 국내의 한 사도마조히즘 클럽(남성 마조히즘)의 대표가 자신들의 연례 모임에 나를 초대하면서 말하기를, 이 클럽 사람들은 돈이 있고 권력이 있거나, 시간이 많은 사람들이고 그중에는 해외 유학파도 많다고 했다.

다시 말하면, 하류사회의 사람들도 인간이다. 그들이 자신의 가련한 욕망을 만족시키고 싶어서 인터넷에서 음란물을 내려받는데, 국가가 무슨 근거로 그들에게 벌금을 부과할 것인가? 중요한 것은 그에게 권리가 있다는 것이다. 「헌법」은 그가 자유롭게 여러 책을 읽고 여러 인터넷사이트를 검색할 수 있는 권리를 보장한다. 이것이 바로 공민의 인신 자유권이고 공민의 성 권리이다. 이는 중대한 원칙의 문제이다. 나는 그를 변호하지 않을 수 없다. 헌법 정신에 비추어, 현대의 중화인민공화국 공민은 남을 해치지 않는다는 전제 아래 개인의 감각적 욕망을 만족시킬 권리를 지닌다.

나는 상류사회의 양식과 정신을 중요하게 여기고 욕망을 절제하고 8영8치八榮八恥*, 5강4미3열애五講四美三熱愛**를 장려한다. 하지만 나는 때로 '하류사회' 사람들의 취미를 변호하지 않으면 안 된다. 왜냐하면 그들 역시 인간이고 그들에게도 권리가 있기 때문이다. 모두가 이 때문에 나를 오해하거나 내가 그런 하류적 취미를 장려한다고 여기지·않기를 바라며, 나를 욕함으로써 자신의 고상함을 드러내려고 하지 않기를 바란다. 나를 욕하는 많은 사람의 마음속에도 이러한 하류적 욕망이 있다. 그들은 감추고 숨기는 것을 비교적 잘하거나 억누르는 데 능할 뿐이다.

인식

✦

나쁜 사람에게도
성 권리는 있다

내가 성적 권리 문제에 대해 발표할 때 어떤 소문이 돌았다. 내가 '내연녀'에 찬성한다는 소문이다. 내가 '내연녀'를 반대한다고 분명히 밝혔는데도(나는 "내연녀는 중국 전통문화의 가치 없는 잔재"라고 여러 번 말했다) "리인허가 내연녀를 반대한다는 놀라운 이야기"와 같은 제목의 글을 보곤 했다. 내가 내연녀를 반대하는 입장이 매우 의외이고 믿기 어려운 것 같다.

이 일로 인해 나는 '국가 백만 인재 프로젝트 학습반'의 학습 과정에 한 번 참여했을 때의 일이 떠올랐다. 그때 회의 참석자들의 요구에 응해 내가 '중국 당대 성 법률 비판'(주제는 공민의 성적 권리였다)을 발표하고 나자 한 참석자가 수줍은지 쭈뼛쭈뼛 내게 물었다. "당신의 논리대로라면 탐관오리가 마음대로 해도 좋은 것 아닌가요?" 나는 이 말이 너무나 의외여서 그가 무슨 말을 하는지 이해가 되지 않았다. 내가 발표한 공민의 성적 권리에서 그는 어떻게 나쁜 사람이 마음대로 할 수 있다는 결론을 도출했을까?

여기에는 몇 가지 오해가 있고 생각한다.

첫째, 그는 공민의 성적 권리를 위해 내가 하는 변호가 '내연녀'

의 권리를 위한 변호라고 생각했다. 왜냐하면 많은 탐관오리가 내 연녀를 두고 있기 때문에, 내가 그들이 마음대로 하는 것을 용인한 다고 추론한 것이다. 나는 인간의 성행위를 세 가지로 나누는데, 첫 째는 죄가 되는 것으로 강간이나 혼인빙자간음, 외설 행위 등이 여 기에 속한다. 둘째는 잘못이 있는 것으로 기혼자가 정부를 두는 행 위이다. 셋째는 자원한 것이고, 사적인 일이며, 성인이라는 세 가지 기준에 맞는 비혼 개인들 사이의 성행위이다. 세 번째 성행위는 죄 도 아니고 잘못도 아니며 도덕적으로도 문제가 없다. 내가 사람들 의 성적 권리를 변호할 때는 주로 세 번째 성행위에 관해서이다.

내연녀를 두는 것은 크게 잘못된 일이다. 중국의 전통적인 일부 다처(첩)의 잔재이고 여성을 괴롭히는 것이며 여성과 남성이 불평 등하다는 증거이고, 혼약과 상대방에게 성실하겠다는 언약을 위 반한, 가장 나쁘고 역겨운 행위이다. 나는 그것을 매우 혐오하기 때문에 사람들에게 이러한 행위를 하는 사람은 길가에 나다니는 쥐새끼라고 말하고, 당 전체가 그런 행위를 말살하고 공민 전체가 그것을 토벌해서 맥을 못 추게 쓸어버려야 한다고 외쳤다.

한 독일 기자는 이렇게 썼다. "서방과 달리 중국에서 정부를 두 는 것은 높은 지위를 드러내는 상징이다." "중국 남성에게 정부가 있는지를 묻는 것은 그에게 무례하게 구는 것이 아니라 아첨하는 것이다." 이러한 평론을 본 뒤 내가 중국인이라는 사실에 얼굴이 붉어졌다. 우리 중국 페미니스트들은 그토록 역겨운 현상이 중국 에서 유행하게 놔두어서는 절대 안 된다. 우리는 단호하게 그것을 비판하고, 생각 있는 사람들이 이 가증스러운 발상을 철저하게 없 애야 한다. 그리고 내연녀를 둔 사람들이 자신들의 행위에 자랑스러움을 느끼는 것이 아니라 부끄러움을 느끼도록 해야 한다.

둘째, 내가 보통 공민의 성 권리를 변호한다고 할 때, 보통 공민에는 각양각색의 나쁜 사람과 탐관오리도 포함된다. 예를 들어 어떤 탐관이 동성애자라면 그가 탐관이기 때문에 동성애를 할 권리가 없는가? 아니다. 그는 동성애를 할 권리가 있다. 또 나쁜 사람이 동성애를 한다는 이유로 법률적 제재를 받아서는 안 된다. 이는 탐관이 결혼할 권리가 있고 밥을 먹을 권리가 있는 것과 같은 이치이다. 나쁜 사람이라는 이유로 생존권과 생리적인 기본욕구를 만족시키는 성 권리를 박탈할 수는 없다. 나쁜 사람의 기본권을 변호하는 것을 사람들이 감정적으로 받아들이기 어려워한다는 사실을 알고 있다. 하지만 기본적인 인권은 현대사회의 기본 원칙으로서, 모든 공민에게 적용되어야 한다. 설사 범죄로 인해 공민권을 박탈당한 사람일지라도 그의 기본적인 인권은 보호되어야 한다. 범죄자라도 밥 먹고 결혼하는 등의 권리는 보호받아야 하는 것과 마찬가지이다.

내가 하고 싶은 말은 내가 변호하는 사람들의 삶이 모두 나쁘지는 않다는 것이다. 동성애자든 사도마조히스트든 그들은 모두 나쁜 사람이 아니다. 당신과 나처럼 보통 사람이다. 단지 약간 특수한 취미를 가졌을 뿐이다. 설사 탐관오리처럼 나쁜 사람이라 해도 밥을 먹을 권리와 성 권리 같은 기본 인권은 보장되어야 한다. 이 점은 전제정치에 익숙한 야만적 상태에 오랫동안 빠져 있던 우리가 가장 받아들이기 어려운 관점이다. 문화혁명 때 사람들은 다양한 '계급의 적'과 '나쁜 사람'들을 타도하고 발로 짓밟았을 뿐 아니라 심지어 '그 고기를 먹고 그 가죽을 베고 잠을 자려'고도 했다.

광시에서는 '나쁜 사람들'을 정말로 삶아서 먹지 않았던가? 중국 사회가 문명화되려면, 중국인이 소양을 높이려면 먼저 억지로라도 '나쁜 사람도 사람이고 인권이 있다'는 이 낯선 생각을 받아들여야 한다. 그래야 비로소 다른 것들을 이야기할 수 있다.

한 여성 에이즈 환자의 일기

이것은 매우 감동적인 일기이다. 나는 한 글자 한 구절, 단숨에 다 읽었다. 이는 내 독서 역사상 아주 드문 일이다. 나는 책을 읽는 속도가 느린 데다 바빠서 책 한 권을 읽으려면 며칠이 걸린다. 하지만 이 책은 하루 만에 다 읽었다. 대부분의 책은 건너뛰면서 읽고 종종 매 단락의 첫 구절만 진지하게 읽고 나머지는 빠르게 지나간다. 하지만 이 책은 건너뛸 수가 없었다. 아마도 그 속에 담긴 한 구절 한 구절이 모두 진실한 마음과 감정이기 때문일 것이다. 한 글자 한 글자가 핏방울이고, 한 구절 한 구절이 눈물이다. 그리고 모두 허구가 아니라 사실이었다.

주리아㴭力亞가 쓴 이 일기는 간단하면서도 비참한 사실이다. 순수하고 아름답고 평범한 여자가 타국 남자를 사랑해 불치병에 감염되었다. 처음에 그는 절망의 심연으로 떨어졌지만 마침내 다시 떨쳐 일어나 인생의 길을 완주하겠다는 결심을 한다.

이 책의 의미는 무엇보다 깨우침에 있다. 중국인들은 흔히 이 치명적인 병이 자신과는 아주 멀리 떨어져 있다고 생각한다. 최소한 친구와 친척 중에 누가 이 병에 걸렸다는 이야기를 들어 보지 못했을 것이다. 아프리카의 작은 나라인 에스와티니처럼 성인 43퍼센트가 이 병에 감염되지도 않았고, 또 20세기 말 서양 국가와도 다르다. 어느 사회집단에는 감염된 친구나 친척이 없는 사람이 없고 매일 이 병으로 죽은 친구의 장례식이 있다. 주리야의 처지는 우리 모두에게 경종을 울린다. 이렇게 순결하고 평범하며 무고한 여성도 순간의 소홀함으로 인해 병에 걸린다는 사실은 에이즈란 위험이 아주 가까이 다가왔음을 시사한다. 건강한 사람들도 모두 경계해야 한다.

다음으로 주리야의 처지로부터 우리는 질병은 질병일 뿐 도덕과는 무관하다는 것을 알 수 있다. 설사 에이즈라 해도 예외는 아니다. 인생을 살면서 불행한 일을 많이 만날 수 있는데, 병에 걸리는 것이 그중 하나이다. 하지만 사람들은 감기나 심장병, 암에 걸린 사람들에게는 단순한 동정을 보낼 뿐 어떠한 도덕적 질책도 하지 않는다. 하지만 에이즈에 걸린 사람에 대해서는 도덕적 평가를 하려고 한다. 이것은 매우 불공평하다. 주리야의 상황을 보면 그가 병에 감염된 것은 암에 걸린 것처럼 불행일 뿐이지 도덕적 잘못 때문은 결코 아니다. 외국인과의 연애나 혼전 성행위가 도덕적 문제라고는 할 수 없다. 이러한 행위는 일반적으로 결혼 후에 성관계를 갖는 중국의 전통적 사회 관습을 조금 벗어났을 뿐이다. 미혼자들 중 70퍼센트 정도가 혼전 성행위를 하는 오늘날, 이러한 행위는 사회도덕을 위반했다고 할 수 없으며 사회 행위규범도 크게 위반하지 않았다. 그래서 그녀의 처지는 그저 불행일 뿐 도덕적 문제는 없으니 그렇게 많은 질책과 저주를 받아서는 안 된다.

주리야 사건을 통해 우리는 에이즈 시대에 성은 더 이상 안전하지 않다는 사실을 알게 되었다. 중국의 성해방은 정말 '시기를 잘못 만났다.' 1960년대에 서양 각국에서 청년들이 기쁨에 넘쳐 성 해방을 축하하고 있을 때, 중국에서는 유사 이래 가장 혹독한 금 욕의 시대로 들어갔다. 1980년대에 들어 에이즈가 갑자기 퍼지자 서양 각국에서는 '안전한 성'을 부르짖으며 심지어는 무성의 시대 로 들어갔지만, 중국에서는 국내 사회 분위기가 완화되면서 조용 한 성혁명이 일어났다. 성혁명의 이론이 잘못되었다는 것이 아니 라 시기를 잘못 만나서 안타까운 것이다. 만일 사회 분위기가 완화 되지 않고, 혼전 성행위가 보편화되지 않았다면 주리야가 감염될 확률은 훨씬 낮았을 것이다. 하지만 소수의 감염 때문에 사회 분위 기가 완화되지 말았어야 한다거나 청년들에게 혼전 성행위를 할 권리가 없어야 한다고 주장할 수는 없다. 왜냐하면 주리야의 감염 이 우리에게 주는 깨달음은, 성 자유는 이념적으로는 잘못이 없으 며 그것은 인간의 본성에 부합하는 인간의 권리이지만 반드시 질 병 예방에 유의해야 한다는 것이다.

인류의 성행위는 어떤 형식을 취하든 어떤 대상과 함께하든 잘 못이 아니다(혼외 성관계는 혼약을 위반한 잘못이기에 제외하고). 다만 어떤 성행위는 비교적 위험하고, 어떤 성행위는 비교적 안전 할 따름이다. 전자는 보호 조치가 없는 성행위, 과거 성 경험을 알 지 못하는 낯선 사람과의 성행위, 체액을 교환하는 성행위 등이다. 후자는 보호 조치를 한 성행위, 오랜 동반자와의 성행위, 체액을 교환하지 않는 성행위 등이다. 요컨대, 사람들에게는 위험성이 있 는 행위를 할 수 있는 권리가 있고 그것이 도덕적으로도 문제가 없 기는 하지만, 병에 감염되고 싶지 않다면 안전한 성행위를 선택하 는 것이 가장 좋다. 다원적 도덕관을 제창한다는 전제 아래, 인간은 성적인 면에서 과거가 어떠한지 알고 있는 사람과만 섹스하고, 보호 조치를 한 상태에서만 섹스하고, 자위와 사이버섹스를 통해서 욕망을 충족하는 것이 가장 장려할 만한 선택일 것이다. 그편이 안전하기 때문이다.

에이즈는 전 인류에게 잔혹하고 거대한 타격이다. 그것은 인류의 자유와 즐거움을 제한했으며 아름다운 사랑의 꽃을 냉혹하게 짓밟았다. 주리야가 용감하게 자신의 처지를 밝혀서 경종을 울려주어서 고맙다. 개인의 불행을 감수하고 다른 사람의 행복을 생각하는 고상한 인격에 감사한다. 그의 남은 삶이 즐겁고 보람 있고 행복하기를 기원한다.

비혼 동거와 계약 결혼

　푸코는 우리가 결혼 관계나 가족관계 등 인간관계를 맺고 있지만, 우리가 맺는 인간관계 유형은 애처로울 정도로 적다고 말했다. 세계 각국 사람들의 삶을 보면 혼인 관계 이외의 선택이 이미 새로운 추세로 자리 잡고 있다.

　혼인 이외의 인간관계 형식 중 하나가 비혼 동거이다. 현대화된 사회에서 동거 현상은 크게 증가했다. 킨제이 시대 미국에서는 하층사회의 사람들만이 동거를 했지만, 현재는 모든 계층에서 동거하는 사람이 아주 많다. 미국에서 실시한 조사에 따르면 1990년에는 30세 미만 여성 중 40~50퍼센트가 동거 경험이 있다고 답했다. 반면 1988년 조사된 수치는 4퍼센트였다.

　미국에서 동거가 증가하고 있지만 스웨덴과 비교하면 크게 못 미친다. 스웨덴에서는 성인의 90퍼센트가 동거 경험이 있다. 기혼자들 중에서 99퍼센트가 혼전에 동거를 했다. 많은 북유럽 국가에서 배우자와 함께 사는 사람들 중 절반이 비혼 동거를 하고 있다. 프랑스에서 1977년 5월에 실시한 조사에서는 18~19세 중 10퍼센트가 동거를 한다고 밝혔고, 동일한 연령대의 기혼자 중에서는 30퍼센트가 혼전에 동거를 한 경험이 있다고 답했다. 비혼 동거 현상은 세계 각국에서 계속 퍼지고 있다.

날로 증가하는 동거 관계에 대응하기 위해 서양의 많은 나라에서는 현실적 필요와 이익단체의 적극적인 요구에 힘입어 새로운 대책을 세웠다. 1989년 뉴욕주에서는 '동거 동반자관계'를 등록하는 법안을 통과시켰고 미국의 몇몇 다른 도시에서도 이러한 관계를 인정했다. 동거자들도 기혼자들과 같은 권리를 누리도록 하려는 것이 그 목적이다. 예를 들어 세금을 내고 보험을 들 때 동거자들을 부부로 인정한다. 스웨덴과 덴마크에서도 이러한 관계를 승인했다.

'동반자관계법' 신설에 대한 저항은 주로 동성애를 반대하는 관점에서 기인했다. '동반자관계법'에 따르면 동성애 반려자는 아이 양육권과 감독권을 제외하고는 이성애 부부와 마찬가지로 동등한 권리를 누릴 수 있기 때문이다.

현재 많은 서양 국가에서 '계약 결혼' 제도를 마련했다. 계약 형식으로 당사자 쌍방의 법률적 연대 관계를 인정하는 것이다. 이것은 전통 혼인과 비혼 동거 사이에 있는 형식이다. 이 계약 결혼 관계가 성립된 후에 당사자 쌍방은 법적 부부와 같은 동등한 권리를 누릴 수 있다.

예를 들어 프랑스에서 계약 결혼은 1999년 11월에 인정되었는데, 그것이 마련된 원래 의도는 동성애 반려 관계를 법률적으로 인정하기 위해서였다. 프랑스 사람들은 동성애자가 혼인의 자유라는 평등한 권리를 당연히 누려야 한다고 생각했다. 하지만 프랑스의 전통적인 혼인 제도로는 이러한 권리를 보장할 수 없었다. 그래서 프랑스 정부는 혼인과 동거 관계 사이에 계약 결혼이라는 형식을 절충안으로 마련해, 계약 결혼을 한 쌍방이 재산상속을 할 수 있는 등의 권리를 법률로 보장했다.

계약 결혼이 법적으로 보장된 후 프랑스인의 80퍼센트가 이에 찬성했다. 이 법이 제정된 후 2003년까지 해마다 계약 결혼은 25퍼센트에서 30퍼센트 비율로 크게 증가했다. 2004년 8월 말까지 계약 결혼의 누적 건수는 13만 1651건에 달해, 계약 결혼을 시행한 첫해에 체결한 6151건과 비교하면 21배가 증가했다.

본래는 동성애 반려자들을 위해 맞춤 제작한 이 혼인 형식이 뜻밖에도 많은 이성애자에게 환영을 받은 것은 예상하지 못한 일이었다. 불과 몇 년 뒤 이성 계약 결혼의 비율이 동성 계약 결혼을 앞질렀음을 통계는 보여 준다. 주요 원인은 이혼율이 매우 높은 프랑스에서(파리의 이혼율은 50퍼센트에 달한다) 이혼이 당사자 쌍방에게 주는 경제적 손실과 정신적 상처가 매우 심각하다는 데 있다. 계약 결혼의 장점은 계약 해지의 자유로움과 간편함에서 여실히 드러난다. 서로 생각이 일치할 필요 없이 당사자 중에 한 명이 언제든 계약 결혼 관계를 중지할 수 있다.

내가 보기에, 현재 중국 공민의 동거와 계약 결혼에 대한 요구는 상당히 높아졌다. 그중에는 동성애 동반자도 있고 이성애 동반자도 있다. 중국의 이혼율은 해마다 증가하고 있으며(1972년 2퍼센트에서 현재 14퍼센트로 증가했다. 많은 대도시의 이혼율은 20퍼센트 이상이며 몇몇 도시는 50퍼센트를 넘는다) 이혼이 당사자들에게 많은 경제적 손실과 정신적 고통을 가져오기 때문에, 이혼으로 인한 고통을 줄이기 위해 비혼 동거와 계약 결혼에 대한 사람들의 요구가 커졌다. 이외에 전통적인 혼인 관계로 들어갈 수 없는 일부 사람들이 친구 관계로 편하게 지내다가 성병 전염의 위험성이 높아지는 문제가 있었다. 그런데 계약 결혼 제도가 마련되면 전통적인 혼인 관계를 맺을 수 없던 많은 사람들이 단기적 관계를 줄이고 장기적 관계를 맺고 유지하도록 장려할 수 있다. 그럼으로써 성병 전염의 위험성을 낮출 수 있다.

　비혼 동거에 대한 입법자들의 태도는 두 가지이다. 하나는 현실에 유익하게 이끌어야 한다는 입장으로, 당사자들에게 가장 좋은 결과를 기준으로 법률을 제정하는 것이다. 그 예로 앞에서 언급한 서양의 많은 국가에서 동반자관계법을 이미 마련했거나 마련하고 있다. 또 다른 태도는 도덕적 의분에서 출발해 당사자들에게 가차 없는 징벌과 공격을 하는 것이다. 예를 들어 간통죄를 부활시키거나 동거를 금지하는 것이다. 우리 입법자들은 당사자들의 최대 이익을 보호한다는 원칙에서 출발해 최대한 전자의 입장을 취해야 한다. 도덕주의자의 입법 사상을 배척하고 당사자들의 최대 이익이라는 원칙에 따라 우리의 법률을 제정해야 한다.

성매매, 도박, 마약의 미세한 차이

난양 음란물 사이트 검색 사건은 피고가 항소한 후 사안이 경미하다는 이유로 선고되었던 벌금 1900위안의 처벌 결정이 취소되고 훈계 조치로 바뀌었다. 이 사건의 결과는 산시성에 사는 부부가 집에서 포르노를 본 사건과 비슷하다. 그 사건은 전국적으로 여론을 들끓게 만들었고 경찰 측에서 당사자들에게 사과하고 3만 위안을 보상하는 것으로 끝이 났다. 하지만 두 사건의 처리는 약간 다르다. 난양 사건은 피고가 '인터넷 관리법'(일종의 행정법규)을 위반한 일로, 경찰의 법률 적용이 타당했지만 피고의 사안이 경미해서 처벌을 철회한 경우이다. 경찰에서는 사과하지 않았다.

원칙적으로 말해, 타인의 이익을 침해하지 않는다는 전제 아래 공민의 모든 행위는 죄가 되지 않는다. 하지만 예외가 있다. 바로 매춘, 도박, 마약이다. 이 세 가지 행위는 일반적으로 다른 사람을 침해하지 않으며 모두 개인이 자원해서 한 행위이다. 그런데 사회는 왜 이 행위들을 바로잡으려고 할까? 타인을 해치기 때문이 아니라 스스로를 해치기 때문이다. 도박은 행위자의 재산에 손해를 입히고, 마약은 행위자의 신체를 상하게 할 수 있다. 문제는 '매춘'에서 발생하는데, 여기서 말하는 매춘은 일반적으로 음란물과 성매매를 가리킨다. 객관적으로 말하면, 매춘은 도박이나 마약과는 약간 다르다. 매춘은 다른 사람을 해치지도 않고 자신을 상하게 하지도 않으며, 전적으로 성인이 자원한 무해한 행위이다.

중국의 법률은 독특해서 똑같이 타인을 상하게 하지 않는 '매춘, 도박, 마약' 이 세 가지 중에서 유독 매춘을 강하게 처벌하고 도박과 마약은 다소 가볍게 처벌한다. 이렇게 말하는 증거는 '매춘'에 대한 처벌 규정은 「형법」에 있고(「형법」에서 음란물과 성매매에 관한 두 장) 도박과 마약은 일반적으로 사회 안녕과 질서를 위한 치안 차원에서 처벌하거나 당사자를 재활원에 들여보낸다. 자신을 해하는 행위는 가볍게 처벌하고 자신을 상하게 하지 않는 행위는 무겁게 처벌하는데 아무리 생각해도 이해할 수 없다.

만일 우리가 입장을 바꿔 입법자의 시각에서 이러한 기이한 법률 제정 배후에 있는 논리를 생각해 보면, 가능한 논리는 다음 몇 가지이다.

우선, '매춘'은 비록 도박이나 마약처럼 타인을 상하게 하지는 않지만 중독이 될 수 있다. 일단 중독이 되면 마지막에는 자신을 상하게 할 수 있다. 고대에 어떤 사람이 과도하게 성생활을 해서 '약 찌꺼기'로 변했다는 이야기가 있다(어느 시대 궁의 궁녀와 비빈들이 모두 병약해 골골거리자 황제가 다급히 태의에게 약을 처방하라고 했다. 태의의 약방에는 건장한 남자가 몇 명 있었다. 며칠이 지나자 궁녀들의 병세가 좋아졌다. 하지만 밤마다 궁에서는 죽은 사람을 담은 포대 자루가 들려 나왔다. 그것이 무엇이냐고 누가 물으니 '약 찌꺼기'라고 답했다고 한다). 만일 입법자들이 성생활에 중독되어 자기 몸을 상하게 하는 사람을 걱정하는 논리에서 매춘을 강하게 처벌한다고 해도, 이러한 논리로 정당화할 수 없는 것들이 있다. 예를 들어 어떤 사람이 흡연에 중독되어 폐암에 걸려 사망했다면, 이것 때문에 「형법」에서 흡연을 금지하거나 흡연에 벌금을 부과하는 조항을 만들어야 할까?

다음으로 비록 '매춘'은 남을 상하게 하지 않고 자신(신체)도 상하게 하지 않지만, 인간의 정신에 문제를 일으킬 수 있다. 진취적으로 생활할 수 없게 해서 포부가 없이 죽기만 기다리는 산송장으로 만들어 버리고, 몸뚱이의 욕망에만 빠져 있는 저급하고 후안무치한 인간으로 만들 수 있다. 만일 입법자들이 이러한 것을 고려했다 해도 정당화할 수 없는 것이 있다. 왜냐하면 '매춘' 외에도 허무주의적 철학이나 부정적 염세주의도 모두 같은 부작용을 일으킬 수 있기 때문이다. 어떤 학설은 인간의 정신을 더 많이 손상시켜 심지어 자살에 이르게 할 수도 있다. 이것 때문에 「형법」에 허무주의 전파를 금지하는 조항을 추가해야 할까?

마지막으로 '매춘' 관련 입법에 숨겨진 논리는 바로 성 반대, 즉 성은 근본적으로 유해하다는 논리이다. 누군가 음란물을 봤다면 (난양 사건의 당사자처럼) 그 사람이 나쁜 사람이라는 증거이기에 벌금을 부과해야 한다는 것이다. 설사 사안이 경미해 용서하더라도 '당신이 나쁜 일을 했지만 다시 저지르면 안 돼'라며 훈방 조치를 해야 했다. 이렇게 해서 법률은 '성은 근본적으로 유해한 것이기에, 당신이 나쁜 일을 저질러서 법률은 당신이 죄가 있다고 판단한 것' 이라고 스스로를 정당화할 수 있게 되었다.

그런데 근본적으로 성이 유해한가? 이런 법률은 좋은 법률인가? 누구나 직접 판단을 내릴 수 있을 것이다.

✦

'자발적 원칙'에 관해

내가 '성애 3원칙'(자발적, 성인, 사적이라는 세 가지 원칙에 위배되지 않는다면 인간의 성행위는 법률적 제재를 받아서는 안 된다)을 제시한 이후 논쟁이 벌어졌다. 자발적 원칙을 반대하는 의견에는 이런 것이 있었다. '당신이 살인범을 만났는데, 공교롭게도 살인을 당한 사람이 자발적으로 살인범에게 살인하도록 시켰다면 살인범은 범죄를 저지르지 않은 것입니까?'

자발적 원칙은 성적 영역에만 적용된다. 이것이 나의 반박이다.

살인과 관련해 자발적 원칙이 적용되지 않으며 이와 더불어 몇 가지 다른 일에도 적용되지 않는다. 예를 들어 마약을 하거나 도박을 하는 것이다. 마약은 당사자의 몸을 상하게 할 수 있고, 도박은 당사자의 재산에 피해를 줄 수 있기 때문에 마약을 금지하고 도박을 금지하는 법이 있다.

자발적 원칙의 배경에는 개인의 권리를 옹호하는 이론이 있다. 사람은 때로 자발적으로 자신을 상하게 하는 일을 하기도 한다. 예를 들어 자살이나 마약 그리고 도박이다. 이러한 일을 사회가 제한하는 것은 부득이한 조치이다. 왜냐하면 이러한 행위는 사람의 안전이나 건강과 충돌을 일으키기 때문이다. 법률의 출발점은 당사자를 징벌하는 것이 아니라 보호하는 것이다.

자발적 원칙이 성적 영역에 적용되는 이유는 성생활이 인간을 상하게 하는 것이 아니라 인간에게 유익한 것이라는 데 있다. 이것이 바로 자발적 원칙이 성에는 적용되지만 살인(자살을 방조하는 것을 포함해서), 마약, 도박에는 적용되지 않는 이유이다.

✦

성희롱에 관하여

얼마 전 전국에서 최초로 성희롱 사건이 원고의 승소로 끝이 났다. 이 사건은 중국 사법 역사에서 의미가 중대할 뿐 아니라 페미니즘 관점에서도 의미가 아주 크다.

'성희롱'이라는 개념을 처음 제시한 사람은 미국 페미니스트 캐서린 앨리스 매키넌Catharine Alice MacKinnon 변호사였다. 그는 페미니즘에 대한 법률 이론을 만들고 법률 개혁을 추진하는 데 힘썼다. 그는 성희롱을 범죄로 성립시켰다. 이 개념이 제기되면서 미국 법률이 여성을 대하는 태도가 완전히 바뀌었다.

성희롱은 해치고 강요하는 정도가 범죄가 되기에는 부족해 보이기 때문에 법률적으로나 학술적으로 정의를 내리기 어려웠다. 매키넌은 이렇게 정의했다. "성희롱의 가장 개괄적인 정의는 권력이 불평등한 관계에서 강제적으로 행해진, 하기 싫은 성적 요구를 가리킨다. (…) 그중에는 언어적 성 암시 혹은 놀림, 끊임없이 추파를 보내거나 눈짓을 하는 것, 강제적 입맞춤, 고용원에게 일자리를 잃을 수 있다는 협박을 배경으로 하는 것, 비열한 요구를 해서 강압적으로 성관계가 발생하는 것 등이 포함된다."

매키넌은 1970년대에 법률가로 활동을 시작했는데, 누군가 그에게 카미타 우드Carmita Wood라는 여성이 처한 상황을 이야기했다. 이 여성은 상사의 희롱에서 벗어나기 위해 어쩔 수 없이 직장을 떠나야만 했다. 그는 '개인적 이유'로 사직했기 때문에 실업 지원을 받을 권리가 없었다. 매키넌은 이 일에 강한 분노를 느껴 공소장을 썼다. 주요 논점은 '성희롱은 젠더에 바탕을 둔 차별이다'라는 것이었다.

1977년 여성 피해자가 직장을 다니기 위해 어쩔 수 없이 상사의 요구에 굴복해야 했던 사건을 심리할 때, 컬럼비아 항소 법정은 매키넌의 변호에 귀를 기울였다. 매키넌은 '성희롱은 직접적으로 여성의 사회적 지위를 해치는 것에서 시작된다'라고 지적했다. 1986년 미국 최고법원은 이 점을 인정했고 매키넌의 투쟁은 승리로 마무리 되었다.

미국의 한 여성 조직이 1978년에서 1979년까지 연방 여성 직원 198명을 대상으로 조사했는데 40퍼센트의 사람들이 직장에서 성희롱을 당한 적이 있고, 25퍼센트가 이러한 희롱에 저항했다가 진급을 못 했으며, 그중 11퍼센트는 전출되었고 5퍼센트는 해고를 당했다고 증언했다. 미국의 《레드북 매거진Redbook Magazine》이 여성 9000여 명을 대상으로 진행한 조사에서도 응답한 여성 중 약 88퍼센트가 다양한 성희롱을 경험했다고 한다. 미국의 노동여성협회Working Women's Association, WWA의 조사에 따르면, 답변한 여성 155명 가운데 70퍼센트가 성희롱을 참지 않아 강압적으로 직장을 잃었다고 했다.

1991년 11월, 흑인 여성 변호사 아니타 힐Anita Hill이 전 상사이자 연방대법관 후보이던 클래런스 토머스Clarence Thomas가 자신을 성희롱했다고 공개적으로 고발했다. 여기서 매키넌의 성희롱 개념은 전대미문의 발전을 하게 된다. 텔레비전에서 인사청문회를 실시간으로 중계해서 성희롱이 누구나 다 아는 범죄행위가 되었기 때문이다.

그 후 몇 년 동안 많은 국가에서 미국을 배워 나갔다. 프랑스가 그 예이다. 1992년 프랑스는 여성권리 정무 차관 베로니크 니에르츠Véronique Neiertz가 제안한 성희롱 금지 법률 초안을 통과시켰다. 이후로도 각국에서 성희롱에 관한 조사와 대책 연구가 많이 이루어졌고, 성희롱은 세계에서 통용되는 새로운 범죄로 자리를 잡았다.

지금 중국 최초 성희롱 사건이 성공적으로 종결되었다. 베이징에서 발생한 또 다른 성희롱 사건 역시 재판이 진행 중이다. 법률적 수단으로 성희롱을 제지함으로써 권력을 가진 계층이 마음대로 하지 못하게 하고, 취약계층의 권익을 성공적으로 보호할 수 있다. 우리는 한 걸음 더 나아가 성희롱에 관한 입법안을 제대로 만듦으로써 노동환경을 효과적으로 개선할 뿐 아니라 국민 전체의 기본 소양을 크게 높여야 한다.

✦

양전닝과 '세대 초월 관계'

양전닝楊振寧[*] 선생이 82세라는 고령에 28세 여인과 결혼을 해서 세상을 정말로 깜짝 놀라게 했고, 일시에 이런저런 시끄러운 논란을 만들어 냈다.

사람들은 가장 먼저 이 결혼에 섹스는 없을 것이라는 생각을 했다. 하지만 꼭 섹스가 없을 것이라고도 할 수 없다. 성과학에서 조사하여 밝힌 바에 따르면 82세에 성기능을 완전히 상실하는 것은 아니기 때문이다. 이 밖에도 성행위의 정의가 음경과 질의 교환이라는 좁은 범주에만 제한되는 것은 아니기 때문이다. 엄격히 말해서 애무와 키스 등도 넓은 의미로 보자면 섹스 범주에 들어가야 한다. 천보를 물러나고 만보를 물러나서 이 결혼에 섹스가 완전히 없다고 하더라도, 역시 이 결혼이 완벽하게 행복한 일일 수 있다. 요즘 세상에는 이미 '섹스리스족'이라는 현상이 등장했고 이들이 주류로 유입되고 있다. 이들은 자신들과 반려자 사이에 존재하는 섹스 없는 사랑이 견고하며 그 사랑에는 어떠한 조건도 없다고 생각

---

[*] 1957년에 노벨물리학상을 받은 중국 출신 미국 학자였으나 2016년 미국 국적을 포기하고 중국 국적을 취득했다. 2004년 28세 웡판翁帆과 결혼했다.

한다. 그들은 인터넷에 전문 사이트를 개설해 목소리를 내고 있다. 그리고 그 사이트에서 "여성도 남성도 내게 쾌감을 주지 못한다"고 말한다. 그들은 심지어 옷에 '나는 섹스리스족이다, 내 배우자도 그렇다!'라고 새겨 넣기도 했다.

양 선생의 결혼이 파장을 일으킨 주요한 원인은 그들이 세대를 뛰어넘는 관계였기 때문이다. 즉 결혼하는 쌍방의 나이 차이가 한 세대를 넘어섰기 때문이다. 이것은 우리들에게 인간관계에 등급을 매길 수 있는가 하는 문제를 제기한다. 전통적이거나 보수적인 사유 방식에서는 인류의 성관계를 고상하거나 저급한 등급으로 구분한다. 예를 들어 연령이 대체로 비슷한 관계에서 이루어지는 성관계는 고급 관계에 속하고, 연령이 크게 차이 나는 경우는 저급한 관계에 속한다. 또한 이성애 관계는 고급 관계에 속하고, 동성애 관계는 저급한 관계에 속한다. 일대일 관계는 고급 관계에 속하고, 일대다 관계는 저급한 관계에 속한다. 미국의 저명한 페미니스트 학자 게일 루빈Gayle Rubin은 그의 유명한 글에서 '세대 초월 관계'라는 용어를 사용해 같은 연배의 애정 관계만이 고급 관계이고 세대를 넘는 애정 관계는 저급한 관계라고 여겨서는 안 된다고 주장했다.

루빈이 지적한 바에 따르면, 이러한 등급제의 사유 속에서 '아름답고', '정상적'이고, '자연적'인 성관계는 마땅히 이성애적인, 혼인 제도 안에서 이루어지는, 일부일처인, 번식을 위한 그리고 비상업적인 성관계이다. 이러한 성관계는 일대일인 반려 관계에서 발생하고, 친밀한 관계에서 발생하며, 같은 세대 사이에서 그리고 가정 안에서 발생해야 한다. 이러한 관계에서는 음란물이나 페티시 도

인식
343

구恋物用具 그리고 어떠한 자위기구도 사용하지 말아야 하며, 남성 역할과 여성 역할 이외의 다른 역할은 없어야 한다. 이러한 규칙을 위반하는 어떠한 성행위이든 모두 '부도덕한 것'이고 '정상적이지 않은 것' 혹은 '자연스럽지 않은 것'이다.

일반적 규칙을 위반하는 성행위는 아마도 동성애, 비혼, 난교, 번식을 위하지 않거나 상업적인 것, 자위라거나 성적인 집단 모임 속에서 발생한 것, 낯선 사람과 우연히 발생한 것, 세대를 건너뛴 것, '공공장소'에서 발생하거나 최소한 숲속이나 욕실에서 발생한 것 등을 말할 터다. 그리고 음란물, 페티시 도구, 자위기구 혹은 역할 연기 등을 포함할 것이다.

루빈은 또 특별히 그림을 한 장 만들어 성의 등급제를 설명했다. 대다수의 평가 시스템은 어떤 특수한 인간관계 혹은 행위가 경계 선의 어느 쪽에 놓여야 하는지를 분명히 하려고 한다. 경계선의 한 쪽은 좋은 품성이고 다른 쪽은 사악한 것이다. 어떤 성행위가 경계 선에서 멀어질수록 그것은 숭고하거나 사악한 것이다. 과거 몇십 년 사이에 변화한 서양의 발전 추세로 볼 때, 본래 사악한 쪽에 속 해 있던 관계는 이미 점점 경계선에 가깝게 다가가거나 심지어 경 계선을 넘어서고 있다. 예를 들어 결혼하지 않은 반려자의 동거나 자위행위 그리고 동성애 반려자와의 일대일 관계 등은 점점 사람 들의 존중을 받는 방향으로 이동하고 있다. 하지만 난잡한 동성애 관계, 사도마조히즘, 페티시즘, 트랜스베스타이트, 트랜스젠더 혹 은 세대 초월 행위는 여전히 구제할 수 없는 끔찍한 행위로 여겨 진다. 그 속에 감정, 사랑, 자유 선택, 자애로움 혹은 정신적 승화가 포함되어 있을 가능성은 고려되지 않는다.

우리는 인간관계의 등급 의식을 없애고 인간관계의 차이 의식을 세워야 한다. 이러한 차이 의식은 인간관계에 차이가 존재하지만 결코 이러한 차이 때문에 등급이 나뉘지 않음을 인정한다. 이것은 또 다원적인 가치관이다. 다원적 가치관은 인간의 본성이 매우 풍부하고 다채롭기 때문에 인간관계를 유일하고 정확하다고 여겨지는 틀 속에 집어넣어서는 안 됨을 인정한다. 이러한 의미에서 양전닝 선생의 용감한 선택은 하나의 모범이 되었다.

상하이 '지하철 항의'
사건 평론

중국 정부가 운영하는 상하이 지하철 공식 웨이보 계정에 여성들이 '나쁜 사람들에게 성희롱을 당하지 않도록 노출이 심한 옷을 입지 말라'라는 권고가 올라왔다. 그러자 두 여성이 피켓을 들고 지하철역으로 가서 항의했다. 피켓에는 "나는 야하게 입을 수 있지만 당신이 나를 건드릴 수는 없다"라고 적혀 있었다. 두 개 매체가 상하이에 가서 '지하철 항의' 사건을 취재했고, 나는 이 사건이 언급할 가치가 있다고 여겼다. 내 의견은 다음과 같다.

먼저, 이 사건은 성범죄 사건의 피해자에게 책임이 있는가 없는가 하는 페미니즘의 고전적인 논쟁과 관련이 있다. 미국에서 한 강간범이 피해자의 야한 옷차림을 이유로 들어 자신의 행위를 변호한 적이 있다. 결과는 물론 그의 주장이 성립되지 않았다. 중국 「형법」에는 '여성 모욕죄'가 있어서 전적으로 이러한 범죄행위를 제재하고 있다. 피해자의 옷차림은 범죄의 이유가 될 수 없으며 범죄자의 죄를 경감시킬 수도 없다.

다음으로, 옷의 노출 여부는 상대적이고 변화하는 개념이다. 어떻게 입어야 '노출'인지 절대적 기준이 없다. 미국 경찰은 1950년대에 풍속을 해쳤다는 이유로 해수욕장에서 비키니를 입고 수영하는 여성들을 체포했다. 하지만 지금은 중국 해변에도 비키니를 입은 사람이 있다.

상하이 지하철 당국의 시각에서 여성들이 어떻게 입어야 '노출'이 아닌 것일까? 어쩌면 치마가 무릎 위로 올라가면 안 된다고 규정해야 할지도 모른다. 왜냐하면 일부 사람들의 기준에 비추어 보면 그것은 '노출'이기 때문이다. 만일 전통적인 도리에 따른다면, 여성들은 대문을 나서지 않고 중문을 넘지 않고 큰 소리로 말하지 않고 이를 드러내고 웃지 말아야 한다. 그 기준에서는 여성이 지하철에서 이를 드러내고 웃는다면 그것은 '노출'인 셈이다!

셋째, 대부분의 관습은 탕자리, 무쯔메이 그리고 상하이 지하철 여성처럼 용감한 사람들이 바꾸었다. 그들은 자신의 생각을 실천해 세상을 놀라게 했다. 관습이 충격을 받으면 변화는 조용히 일어난다. 결국에는 누가 봐도 이상하지 않게 되고, 보수적인 소수만이 세상일에 어둡다고 손가락질을 받는다. 중국이 여성의 전족과 남성의 변발에서 이렇게 변화, 발전하는 데에는 이러한 용감한 사람들이 큰 공을 세웠다. 우리는 그들에게 경의를 표해야 한다.

✦

공민권, 여권 그리고 성권

인신 자유권은 중요한 공민권이다. 이 권리에는 공민의 신체가 타인에게 침해받거나 불법적으로 구금당하지 않도록 보호해 주며, 타인을 다치게 하지 않는다는 전제 아래 몸을 자기 뜻대로 할 수 있는 자유권도 포함되어야 한다. 그래서 성적 권리는 마땅히 인신 자유권의 항목에 포함되어야 한다. 공민의 성적 권리는 공민이 자발적으로 하는 모든 성행위를 포함해야 하며 그 전제는 타인을 다치게 해서는 안 된다는 것이다. 여성은 공민이기에 여성의 권리에는 당연히 앞에서 언급한 성적 권리도 포함되어야 한다.

21세기가 되어서 중국인 대부분은 앞에서 언급한 원칙을 인정하고 자신이 공민권, 여권 그리고 성적 권리를 지녀야 한다고 생각하게 되었다. 하지만 30년 전에는 성적 권리를 침범하는 일이 흔했다. 최고인민검찰원의 사건 판례집에 기록된 사건을 하나 예로 들겠다. 이 사건은 판례집의 한 소분류 속에 기록되어 있고, "남성 여러 명을 유혹해 그들과 문란한 성관계를 맺음"이라는 표제가 붙어 있었다. 그리고 "피고인 왕××, 여, 연달아 남자 여럿을 유혹해 그들과 문란하게 성관계를 맺었다"라고 기록되어 있다. 검찰원은 그 여성을 건달죄로 기소했고 법원에서는 이 죄목으로 피고인에게 유죄판결을 내렸다.

이 사건의 판결에는 분명 황당한 점이 있다. 법률이 이 사건을 처벌한 이유는 혼인 관계 이외의 성행위이기 때문이다. 이 판결의 논리에 따르면, 혼인 관계가 아닌 사람들이 성행위를 하면 형사처벌을 받아야 한다. 엄격하게 이 법률을 집행한다면 대다수 공민은 모두 처벌받는다. 여러 나라와 여러 시대의 조사 통계에 근거하면 혼외 성행위는 40퍼센트가 넘고 혼인하지 않은 사람들의 성 활동(혼전 성행위와 독신들의 성 활동) 인구를 더하면 인구의 반이 넘는다. 현재 우리 사회에서 혼전 성 활동과 비혼 동거자는 갈수록 늘어나는데, 결혼하지 않고 성관계를 해서는 안 된다는 원칙을 엄격하게 집행하려는 시도는 지극히 비현실적이다. 북유럽 일부 국가에서는 혼전 성행위 비율이 인구의 95~99퍼센트에 달한다. 중국은 그렇게 높은 비율은 아니지만 점점 높아지고 있으며 막을 수 없는 상태가 되었다. 그래서 「형법」으로 혼인 관계 이외의 성행위를 처벌하는 것은 점점 더 황당해 보일 뿐이다.

이러한 법률은 개인에게 자기 신체를 다룰 권리가 있다는 공민권의 관점에서 볼 때 잘못되었을 뿐 아니라, 여권의 관점에서도 용인할 수 없다. 사건의 죄명이 "남성 여러 명을 유혹해 그들과 문란한 성관계를 맺음"이다. 먼저 남성이 여성을 유혹한 것이 아니라 여성이 남성을 유혹했는지 어떻게 확실히 알 수 있을까? 비혼 성인 간 성행위에서 쌍방이 동등한 책임을 져야지 왜 일방적으로 여자쪽에만 죄를 묻는가? 만일 이러한 판결의 이유가 여자가 남성 여러 명과 성관계를 했기 때문에 죄를 묻는 것이라면, 그렇다면 그 여성과 성관계를 한 남성들은 모두 오로지 그 여성과만 성관계를 했다고 증명할 근거가 있는가? 만일 그들 중에 누군가 그 외에 성 파트너가 있다면 마땅히 같은 죄로 처벌해야 하는 것 아닌가? 다음으로 여성에게 '여러 남성'과 성관계를 할 권리가 없는가? 이것은 여성의 기본권리 문제이다. 여성이 자발적으로 남성과 성관계를 할 수 있는 권리는 처벌이 아니라 법률의 보호를 받아야 한다.

30년 전 중국 사회에서 실제로 발생한 사건은 오늘날 사람들이 보기에는 불가사의한 부조리극이다. 30년 전 매우 엄중했던 법정 판결이 오늘날에는 황당하고 우습다는 사실은 우리 사회가 분명 변했고 발전했음을 보여 준다. 사람들의 행위규범과 관념은 이미 변했고, 사람들의 권리의식은 이전보다 크게 높아졌다. 지금은 권리의식이 최고로 높아진 시대이다. 몇천 년 동안 왕권만 있지 개인의 권리의식은 없던 나라였지만, 지금은 역사상 전례가 없이 중국인들이 행복을 느끼는 시대이고 기뻐해야 할 시대이다.

학교장의 초등학생
성폭행 사건

하이난성 완닝시 한 초등학교 교장이 6학년 학생을 성폭행한 사건으로 전국이 떠들썩했다. 어떤 간부는 입이 딱 벌어질 정도로 광분하기도 했다.

강간범은 어디에나 있다. 하지만 학교장이 강간범이 되어서는 안 된다. 초등학생이 성폭행을 당하고 완전히 보호받지 못했다. 이 난장판은 생각지도 못한 지경까지 이르렀다. 간부 등용의 허점, 초등학교 성교육의 부실, 법률 의식의 부족, 긴급 신고 출동 제도의 결함, 이 모든 것이 낱낱이 드러났다.

그동안 발생한 소녀 성매수죄에 대한 논쟁에서 자발적 연령제한 문제가 언급되었다. 자발적 연령제한은 성행위 당사자로서 자발성을 가질 수 있는 연령을 법률로 규정한 것이다. 이 연령보다 어린 청소년은 법률에 의해 자신의 행위를 결정할 능력이 없는 것으로 인정한다. 그래서 설사 행위가 자발적이었다고 해도 법률은 성폭행으로 인정한다. 나라마다 자발적 연령제한의 규정은 다르다. 예를 들어 영국의 자발적 연령제한은 16세이고, 중국은 14세이다. 이 연령보다 낮으면 당사자가 자발적이었다고 해도 성폭행으로 간주되어 범죄가 된다.

그래서 현행 소녀 성매수죄는 강간범이 형량을 줄일 수 있는 죄명이 되었다. 현실에서 성인이 14세가 안된 여자아이와 성행위를 했을 때, 상대가 자발적이었든 아니었든 죄가 된다. 하지만 여자아이가 자발적 성매매를 했다고 규정하면 성인은 강간범이 아닌 성매수자가 된다. 강간은 형사 범죄로 징역을 선고하지만, 성매수는 치안 관리 규정을 위반한 것이기에 벌금을 내면 죄에서 벗어날 수 있다. 그래서 소녀 성매수죄는 강간범이 죄에서 벗어나게 도와주는 죄명이 되었다.

어린 여성들을 보호하기 위해서는 소녀 성매수죄를 없애고 14세 이하 유소녀와의 모든 성행위를 제재해야 한다. 다만 상대방이 14세 이하인지 정말 몰랐을 경우와 잘못이 경미한 경우에만 사법적 해석에 따라 죄를 경감해야 한다. 이렇게 해야 법률 조항과 법률 집행이 모순되지 않고 일치할 수 있다. 소녀 성매수죄는 자발적 연령제한 규정과 모순되는 죄명이다.

자발적 연령제한 규정을 엄격하게 집행할 때 주목해야 하는 예외는 두 청소년 쌍방이 자발적으로 원한 혼전 성행위이다. 만일 쌍방이 정말로 원했다면 전에 있었던 그 사건(16세 소년과 15세 소녀가 자발적으로 연애해서 동거했으며 쌍방의 부모 역시 반대하지 않았다)처럼 소년을 강간범으로 처리하지 말아야 한다. 다만 조금만 더 참으라고 설득해야 한다. 자발적 연령제한은 소녀들이 성폭행을 당하지 않게 하려는 조치이므로 성폭행이 발생했는지를 살피는 것이 관건이다. 성폭행이 발생했으면 징벌하고, 성폭행이 발생하지 않았으면 징벌할 필요가 없다. 이 사건에서 초등학교 교장은 당연히 법률적으로 엄격한 제재를 받아야 한다. 그가 비용을 지불했고 성폭행을 당한 어린 소녀가 강렬하게 반항을 하지 않았어도, 그녀가 자발적 연령제한보다 어리기 때문에 법률은 그녀가 자신의 행위를 결정할 능력이 없음을 인정해야 한다. 그래서 이 사건은 성폭력에 해당함을 인정하고 그 성인을 엄격하게 처벌해야만 한다.

✦
성과 역사 발전

프랑스 신소설 문학(누보로망)의 주요 작가인 알랭 로브그리예(Alain Robbe-Grillet)는 소설 속 인물의 입을 빌려 "성의 투쟁은 역사 발전의 동력이다"라고 말했다. 이 말을 처음 들었을 때 너무나 눈에 익어 익숙했는데 알고 보니, 어렸을 때 암기했던 정치 격언이었다. "계급투쟁은 역사 발전의 동력이다."

이 말은 언뜻 들으면 황당할지 모르나 어느 정도는 이치에 맞는 말 아닐까? 좀 더 생각해 보면 얼토당토않은 말은 아니다.

먼저, 역사에서 몇몇 전쟁은 여성을 쟁취하기 위해 발발했다. 고대 그리스에서 헬레네를 빼앗기 위해 일어났던 트로이전쟁을 예로 들 수 있다. 아가멤논과 아킬레우스를 앞세운 그리스군은 파리스와 헥토르가 지키는 트로이성을 10년이나 공격했다. 이 모든 과정은 역사적 사건이자 참혹한 전쟁이었지만, 역사 발전의 동력이었다고 할 수 있다. 이러한 사건을 예로 들면, 성은 역사 발전의 동력으로 자리매김할 수 있을 뿐 아니라, 때로는 역사적 사건의 직접적 원인이자 도화선이 된다고 할 수 있다.

다음으로, 역사 발전이라는 거시적 시각으로 보면, 식욕과 성욕은 인간 생존경쟁의 기본 동인이다. 사람이 살아가는 데 가장 기본적인 두 가지 욕구는 식욕과 성욕이다. 이는 완전히 생리적 욕구에서 나왔으며 후대를 잇고 싶은 종족 본능에서 나온 욕구로, 매슬로 Abraham Harold Maslow의 인간 욕구 5단계에서 첫 번째 단계에 속한다. 물론 이 두 가지 욕구는 제일 낮은 단계에 속하지만 인간 생존의 기본 동력으로 충분히 성립할 수 있다. 그래서 인간이 성적 욕구를 만족시키기 위해 벌이는 투쟁을 역사 발전의 동력이라고 말하는 것은 전적으로 일리가 있다. 사람들은 성교의 기회를 쟁취하기 위해 열심히 노력하고 경쟁하면서 역사 발전을 추동했던 것이다.

또 다음으로 개인적 생존이라는 미시적 차원에서 보면, 인간은 최고의 배우자를 선택하기 위해 쟁탈을 벌이곤 한다. 이러한 쟁탈과 선택의 과정에서 있는 힘껏 자신을 발전시키려고 노력해서 돈과 권력을 가지거나 유명한 사람이 되려고 몸부림치는 등 비교적 높은 사회적 지위를 차지하려고 싸운다. 이러한 노력이 사회발전을 촉진하기도 했다. 그래서 성은 간접적으로 역사 발전의 동력이 되었다.

이 외에도 프로이트의 승화 이론이 있다. 이 이론에 따르면 세계의 모든 문학과 예술은 인간의 욕망이 저지당하면서 정신적으로 승화된 산물이다. 모든 화가, 음악가, 문학가 등 예술가는 성욕이 과도하게 차고 넘치거나 해소할 방법이 없어서 그것을 예술적 창작 활동으로 전환한 것이다. 이러한 충동은 역사 발전의 동력이라고는 할 수 없어도 최소한 문화 발전의 동력이 된다.

"성의 투쟁은 역사 발전의 동력이다"라는 말은 총명한 사람이 생각해 낸 예지적인 말이다.

사형에서 무죄 석방으로
: 푸산 사건 논평

리×우, 황×량, 리×원 세 사람은 2011년 '알몸으로 문지르기 (물다이)', '손으로 해 주기(핸드잡Handjob)' 등의 퇴폐 안마 서비스를 조직적으로 제공해서 체포되었다. 난하이 법원은 1심 판결에서 세 사람에게 유죄를 선고했지만, 푸산 중급인민법원에서 재심을 하라고 돌려보내자 난하이 검찰원은 기소를 철회하고 불기소하기로 결정했다. 2013년 8월 8일, 푸산시 난하이 법원은 국가에 배상을 신청한 리×우 등 3인에 대해 각각 국가배상을 실시했다(《난팡 두스바오南方都市報》).

성매매 문제에서 중국은 줄곧 가혹한 형벌과 법을 집행했다. 전 세계에서 성매매로 사형을 선고한 사례를 찾기 힘들지만, 중국에서는 몇십 년간 실행해 왔다. 그렇기 때문에 5년 징역형을 판결했던 안마방 주인을 푸산 중급법원에서 무죄로 석방한 일이 전국에 큰 파문을 불러일으킨 것이다.

나는 『신중국 성담론 연구新中國性話語研究』를 쓸 때 '매음 관리'라는 장에서 피고인이 성매매로 사형당한 몇몇 사건을 인용했다.

사례 1: 최고인민법원은 오늘 저장성과 광둥성 법원에 부녀 매음을 조직하고 강요한 두 사건에 대한 심리 결과를 공포했다. 왕궈창, 레이즈융, 양첸강 등 주범 3인에게 각각 사형을 선고한다. 정치권을 영구적으로 박탈하며 오늘 즉시 총살형을 집행한다. 기타 사건 연루 범인들은 각각 사형 집행유예*, 무기징역, 유기징역을 선고한다.("부녀 매음을 조직하고 강요한 두 사건 심리가 끝나고, 왕궈창, 레이즈융, 양첸강은 각각 사형을 선고받다", 《런민르바오》, 1996. 6. 19.)

사례 2: 11월 20일, 톈진시 고급인민법원은 전 톈진시 푸리화엔터테인먼트 법정대리인 천리, 사장 퉁강 등의 성매매 조직, 성매매 조직 지원, 은폐 사건에 대해 최종 판결을 내렸다. 성매매 조직죄로 천리, 퉁강에게 사형 집행유예를 선고하고 정치권을 종신 박탈했다. 그리고 자산 중에 보석류 9점, 폰티악과 쉐보레 세단 각 1대를 몰수했다. 다른 피고들에게는 2년에서 15년 사이의 유기징역을 선고했다. 조사에 따르면 1995년 12월 22일부터 1997년 7월 26일까지, 천리, 퉁강은 전 푸리화공사의 부사장 왕징리와 함께 매음 조직을 사전 모의해 매음 방법, 비용 납부, 보증금 납부, 휴가, 벌금 등의 제도를 마련했다. 전 푸리화공사 사우나 부사장 리융춘, 양야정의 협조를 받아 모집, 유인, 수용 등의 수단을 사용하여 100명에 가까운 성매매 여성을 모으고 관리하면서 공사 사우나의 안마실과 귀빈실을 고정 장소로 이용해 여성들이 성매매를 하도록 조직했다. 천리, 퉁강은 거액의 불법 수입 2600여만 위안을 챙겼다.(천제陳傑, "성매매 조직 사

---

* 중국에만 있는 제도로 사형 판결과 동시에 집행을 2년간 유예하고 노역을 부과한다. 그 뒤에 노역에 대한 평가를 통해 무기징역으로 감형한다.

건에 대해 톈진이 판결을 내리다", 《런민르바오》, 1998. 11. 24.)

사례 3: 주범 후카이잉에게 법에 따라 사형집행유예 2년을 판결했으며 모든 개인 자산을 몰수했다. 기소되었을 때 제1 주범 판쉐융에게는 법에 따라 무기징역을 판결했고 개인 자산을 모두 몰수했다. 법원은 심리를 거쳐 올해 35세인 판쉐융이 1999년 2월부터 베이징시 하이뎬구 타이저 우우 406호 화메이산장을 임차해 베이징시 화메이엔터테인먼트로 등록하고 사장이 되었다는 사실을 밝혀냈다. 작년 8월 18일 올해 20세인 후카이잉은 판쉐융과 청부계약서에 서명하고, 이어서 후카이잉, 판쉐융은 성매매 여성 20여 명을 조직해 화메이산장에서 11월 19일까지 방탕한 성매매를 이어 갔다. 3개월 동안 후카이잉은 매월 도급금으로 12만 1000위안을 지급하는 방식으로 판쉐융에게 성매매 수입금 36만 3000여 위안을 상납했다. 후카이잉은 성매매 수입으로 5만여 위안을 챙겼다. 이 밖에도 후카이잉은 1999년 11월 동안 여러 차례 성매매 여성들을 모집해 화메이산장에서 성 매수자들에게 음란 공연을 하기도 했다. 법원은 오늘 베이징 화산호텔 오락실 사장 둥즈취안 등 5인의 성매매 조직, 성매매 조직 협조 사건과 베이징 철도빌딩 옌위안레크리에이션센터 류옌빈 등 5인의 성매매 조직, 성매매 조직 협조 사건에 대해서도 동시에 판결했다. 사건에 연루된 범죄자 10인은 각각 무기징역과 유기징역에 처해졌다.("베이징 성매매 거대 조직 사건 공개 판결 선고", 《런민르바오》, 2000. 9. 26.)

이번 안마방 주인은 5년 징역에 처해졌다가 상고에 성공하여 무죄로 석방되었고 국가배상금도 받았다. 푸산 중급법원의 판결 근거는 「형법」에서 성매매 행위를 '성교'로 정의했는데, 이 안마방에서 발생한 성매매는 성교를 하지 않고 여성이 손과 입, 가슴을 이용해 남성 생식기에 접촉하기만 했다는 것이다.

이 사건을 어떻게 봐야 할까?

먼저, 성행위를 넓은 의미와 좁은 의미로 구분해야 한다. 넓은 의미에는 질성교, 항문성교, 구강성교, 핸드잡 등이 포함된다. 베이징 법원과 같은 일부 지방법원에서는 성교를 넓은 의미로 정의했기 때문에 성매매가 성립되고 포주는 마땅히 죄를 지었다고 판단했다.

좁은 의미의 성교는 음경과 질의 결합만을 의미한다. 푸산 법원이 좁은 의미로 성교를 정의했기 때문에, 해당 사건에서는 성행위가 일어나지 않았고 따라서 성매매가 성립되지 않으므로 안마방 주인은 죄가 없다고 판단한 것이다. 이 판례에서 재미있는 점은 법률 조문을 엄격하게 파고들어 성교를 좁은 의미로 정의했다는 점이다. 이 판례는 앞으로 이런 종류의 서비스는 질성교만 하지 않으면 죄가 아니라는 신호를 주었다. 성행위에 대한 이런 협의적 해석이 학문적으로는 정확하지 않지만, 「형법」 조문을 세밀하게 살피고 피고에게 가장 유리한 좁은 의미로 「형법」 조문을 해석해서 양형을 선고한 것이다. 변호사의 시각에서도 전문적이고 효과적인 변호를 했다고 할 수 있다.

다음으로, 과거 중국에서는 포주에 대한 처벌이 과도했다. 양형의 경중은 각 나라 간에 횡적 비교를 해야 한다. 성 거래가 합법인 나라는 말할 필요도 없고, 성 거래가 불법인 나라에서도 포주에게 중한 처벌(사형)을 하는 경우는 보기 힘들다.

마지막으로, 중국의 성매매 법률은 전체 국민이 기본적으로 성적 서비스에 대한 수요가 없던 시대의 법률이다. 1950년대부터 1970년대까지 중국에서는 전국적으로 '저임금 고취업률' 정책을 실시했다. 모든 사람의 임금은 간신히 입에 풀칠할 정도였기 때문에 성적 서비스에 대한 수요는 형성되지 않았고, 그래서 성매매에 대한 가혹한 형벌과 법률이 실행될 수 있었다. 1980년대 이후 사람들 주머니에 여윳돈이 생겼고 이는 부유한 사람들의 성적 서비스에 대한 유연한 수요(사치형 수요)를 유발했다. 다른 한편으로 다년간 출생 인구 성비 편차가 컸던(남녀 영아 비율이 약 120:100) 결과가 점차 드러났다. 그 결과가 빚은 여성 배우자의 절대적 부족은 빈곤계층 사람들 사이에서 성 서비스에 대한 '강력한 수요'(결핍형 수요)를 만들어 냈다. 수요가 있으면 공급이 있고, 법률이 아무리 가혹해도 소용이 없다.

30여 년간 성매매에 대한 가혹한 형벌과 법률은 두려움을 갖게 하는 효력을 상실했다. 성 서비스업은 점점 제어할 수 없는 지경이 되었다. 상황이 이러하니, 과거의 법으로는 다수를 처벌할 수 없는 국면에 놓이게 되었다. 성매매를 겨냥했던 가혹한 형벌과 법률은 날로 실행 가능성을 상실하고 있으며 오히려 가혹한 형벌과 법률로 인해 야기된 문제(성매매업의 조직폭력화, 경찰 부패, 관리 부패, 성 노동자가 대량으로 강도, 강간, 살인과 같은 형사 범죄의 피해자로 전락)는 그것이 해결할 수 있는 문제보다 훨씬 더 많다. 이러한 분석에 기초하면 성매매 비범죄화가 가장 좋은 선택이다. 우리의 정책은 성년 사이의 모든 자발적 행위를 범죄가 아닌 일로 바꾸는 것이어야 한다. 그 일에 금전이 개입되든 아니든 말이다. 그와 동시에 성 노동 종사자들에게 다른 곳에 취업할 수 있는 기회와 전문 기술 교육을 제공하는 데 노력을 기울이는 한편, 성별 간 불평등, 빈부격차, 인구 성비 불균형 등의 문제를 해결하는 장기적이고 힘겨운 노력을 해야 한다. 그럼으로써 성 서비스업에 대한 국민들의 수요를 크게 낮추고, 마침내 전국적으로 성매매를 근절하는 목표를 실현해야 한다.

이것이 바로 푸산 사건이 우리에게 시사하는 점이다.

구속 없는 사랑의 실천

중국에서 리인허李銀河라는 이름은 늘 논쟁과 이슈 한가운데에 있었다. 성 연구자라는 직업, 파격적인 그의 성 이론, 요절한 천재 작가 왕샤오보王小波의 아내였으며 왕샤오보와 사별한 뒤 만난 열 두 살 연하 FtM 트랜스젠더 다샤大俠와의 동거, 그와 아이를 입양해 키우는 것까지 연구뿐 아니라 개인사에서도 전통적인 중국의 성 관념과 제도에 정면으로 저항해 온 인물이다. 그의 저항은 단순히 구호나 이론에 그치지 않고 변혁을 위한 구체적 실천으로 이어진다. 그는 동성혼인법안 승인과 결혼 형식의 다원화, 성매매 비범죄화, 여성 노동자의 강간 피해 산업재해 보상 등을 주장하며 중국의 성 법률 수정을 지속적으로 건의하고 있다.

이러한 실천을 바탕으로 중국 내 여러 매체에서는 그를 영향력 있는 비판적 지식인으로 꼽아 1999년에는 중국에서 가장 영향력 있는 50인(《야저우저우칸亞洲周刊》 선정)과 '2011년의 중국 지식인'에 선정되기도 하였다. 중국의 노간부들은 그에게 편지를 보내 비난하고, 반대로 동성애자들은 그의 연구에 감사를 표한다. 이러한 상황 역시 리인허의 관점과 주장, 활동이 중국에서 지닌 상당한 영향력을 보여 준다.

리인허는 중국 최초로 성을 연구한 여성 사회학자이자 자유주의 페미니스트이다. 1979년 피츠버그대학에서 사회학자 버카트 홀츠너Burkart Holzner와 지리 네네바자Jiri Nehnevajsa의 강의를 듣고 사회학에 관심을 갖게 되었고, 중국 사회학의 창시자라고 할 수 있는 페이샤오퉁費孝通의 지도를 받았으며 1982년 미국으로 유학을 떠나 피츠버그대학에서 사회학 박사학위를 받아 1988년에 귀국했다.

귀국 이후 리인허의 연구는 '배우자 선택 기준', '청춘기 연애', '독신', '혼전 성행위 규범', '출산 거부', '혼외 연애', '이혼', '동성애' 등 방면에서 진행되었다. 하지만 성에 있어 보수적이던 중국의 당시 상황을 고려하면 이러한 연구 주제는 무모하고 불가능에 가까운 것이었다. 하지만 리인허의 연구팀은《베이징완바오北京晚報》에 독신자, 출산 거부자, 이혼자를 찾는다는 광고를 내고 연구 표본을 만들어 갔다. 이 과정에서 한 독신자 남성이 자신이 독신인 이유가 동성애자이기 때문이라고 밝힘으로써 동성애자가 본격적으로 리인허의 연구 대상에 포함될 수 있었다. 그 결과로 1992년 중요한 연구 성과인『그들의 세계: 중국 남성 동성애자 군락 투시他們的世界: 中國男同性戀群落透視』를 발표하고 1998년에는 '성학性學 3부작'으로 불리는『중국 여성의 감정과 성中國女性的感情與性』,『동성애 하위문화同性戀亞文化』,『사도마조히즘 하위문화虐戀亞文化』를 발표했다. 연구 당시 남성 동성애자 120명으로 구성된 표본을 만들고 조사하는 과정에 참여했던 남편 왕샤오보는 그 경험을 토대로 퀴어 영화〈동궁서궁東宮西宮〉의 극본을 쓰기도 했다.

현재 중국의 젠더 연구는 대부분 리인허의 연구 성과에 많은 빚을 지고 있다. 그는 중국사회과학원 사회학연구소 연구원, 교수,

박사 지도교수를 역임하고 현재는 퇴임하여 웨이하이에 거주하며 글을 쓰고 있다. 이번에 소개하는 『이제부터 아주 위험한 이야기를 하겠습니다: 검열의 나라에서 페미니즘-하기(원제: 我的社會觀察)』는 2014년에 출간된 책으로 중국의 젠더와 섹슈얼리티 문제와 관련된 리인허의 시각이 다방면으로 잘 담겨 있다.

리인허의 모든 주장은 기본적으로 인간애에 바탕을 두고 있다. 그에게 인간애란 인간의 기본권과 생명권을 지키려고 하는 열망이며, 그 열망은 어떠한 차별도 허용하지 않는다. 어떤 성정체성을 가졌든 리인허는 그것이 타자를 구속하거나 억압하지 않는다면 모두 있는 그대로 인정해야 한다고 주장한다.

그 인간애의 바탕에 있는 '독립적이고 자유로운 자아'의 추구는 리인허가 태어나면서부터 받은 선물이며 축복이자 평생 지켜야 하는 십자가이기도 했다. 리인허의 부모는 중국공산당 혁명 당시 옌안으로 갔던 '38식 노간부'였는데, 가정에서 평등을 실천하기 위해 리인허의 두 언니에게는 천陳이라는 아버지의 성을 물려주고, 리인허와 오빠에게는 어머니의 성인 리李를 쓰도록 했다. 리인허의 부모님은 철저하게 성평등을 실천하는 모습을 보이며 자식들에게도 이를 가르쳤다. 이러한 영향으로 리인허에게 '독립된 자아'와 '평등'은 매우 자연스러운 실천 행위였다.

또한 리인허에게 연애는 인간의 존재를 드러내는 한 방식이며, 사랑이야말로 진정한 삶의 목표였다. 리인허에게 사랑은 다른 모든 조건보다도 우선하는 것이었다. 왕샤오보와의 만남에서도 트랜스젠더 연인 다샤와의 만남에서도 사랑 이외의 다른 조건은 아무것도 없었다. 오로지 상대에 대한 온전한 애정, 격정적인 사랑의 힘만

이 유일한 조건이었다. 이 책에서도 저자가 끊임없이 강조하는 것은 사랑이다. 그 사랑이 어떠한 관계의 만남이든 '성인들의 자발적이고 사적인 관계'라는 '성애 3원칙'(「'자발적 원칙'에 관해」 참고)에만 어긋나지 않는다면 모두 수용해야 한다는 입장이다.

그러한 사랑의 관계에서 리인허는 어떠한 거짓도 용납하지 않는다. 그가 이혼의 자유를 주장하는 이유 역시 식어 버린 사랑의 관계를 거짓으로 유지하기를 거부하기 때문이다. 그의 매력 역시 사상의 진보성보다 거짓 없는 '솔직함'의 추구에 있다. 일례로 그는 자신에게 제기된 성정체성 루머에 분노하며 성명을 발표한 적이 있다. 2014년 리인허가 중년 여성과 10여 년을 동거하면서도 대중에게 자신의 동성애 정체성을 숨기고, '동성애 소수 단체의 권익을 위한다'는 후광을 얻고자 중국 동성애자들을 이용했다는 비판이 인터넷에 올라왔다. 여기에 리인허는 즉각 「소위 레즈비언 정체성 폭로에 대한 대답」이라는 성명과 잇따른 보충 설명을 발표해 공개적으로 17년간 의학적 성별 조정을 받지 않은 FtM 트랜스젠더와 동거했으며, 자신은 동성애자가 아님을 강변한다. 또한 자신이 이성애자임을 강조한 것은 그것이 '사실'이기 때문이지, 동성애자보다 이성애자가 더 정상적이라거나 도덕적으로 우월하다는 의미는 아니라고 덧붙였다.

리인허에게 이성애와 동성애는 모두 사랑을 표현하는 방법에 불과했다. 하지만 그를 동성애자라고 규정한 것은 '사실'이 아니기 때문에 받아들일 수 없었던 것이다. 그들의 격정적인 애정 관계에서 다샤가 지닌 여성의 몸은 조금도 장애가 아니었다. 오히려 이러한 상황을 숨기려고 했다는 세간의 거짓된 평가가 리인허를 분노하게 했던 것이다.

　사랑과 진실, 자유와 평등을 좇아 온 페미니스트 리인허는 자신의 사상을 현실과 분리된 상아탑 속에 가두고 사상과 분리된 삶을 영위하길 거부했고, 사상과 실천을 철저하게 일치시키려고 하는 실천가이다. 다소 파격적인 리인허의 주장이 불편할 수도 있고, 그의 모든 주장에 동의할 필요도 없다. 하지만 소수자의 관점이든, 자기 생각과는 정반대인 관점이든, 모든 관점은 발표될 권리가 있다는 리인허의 주장만은 우리 사회에 필요한 메시지가 아닐까 한다.

이제부터 아주 위험한 이야기를 하겠습니다

: 검열의 나라에서 페미니즘-하기

1판 1쇄 인쇄 2020년 3월 3일
1판 1쇄 발행 2020년 3월 11일

지은이	리인허	책임편집	김지은
옮긴이	김순진	인문교양팀	전민지
펴낸이	김영곤	교정	송경희
펴낸곳	아르테	디자인	스튜디오 비알엔

아르테클래식본부
본부장   장미희
마케팅   이득재·오수미·박수진
영업본부 이사   안형태
본부장   한충희
영업   김한성·이광호
해외기획   박성아·장수연·이윤경
제작   이영민·권경민

출판등록   2000년 5월 6일 제406-2003-061호
주소   (10881) 경기도 파주시 회동길 201(문발동)
대표전화   031-955-2100
팩스   031-955-2151
이메일   book21@book21.co.kr
ISBN   978-89-509-8685-8 03300

페이스북 facebook.com/21arte
클래식클라우드 페이스북 @21classiccloud
21arte 블로그 arte.kro.kr
클래식클라우드 네이버포스트 post.naver.com/classiccloud
인스타그램 instagram.com/21_arte
클래식클라우드 인스타그램 @classic_cloud21
홈페이지 arte.book21.com

아르테는 (주)북이십일의 문학·교양 브랜드입니다.

(주)북이십일 경계를 허무는 콘텐츠 리더

아르테 채널에서 도서 정보와 다양한 영상 자료, 이벤트를 만나세요!
방학 없는 어른이를 위한 오디오클립 〈역사탐구생활〉